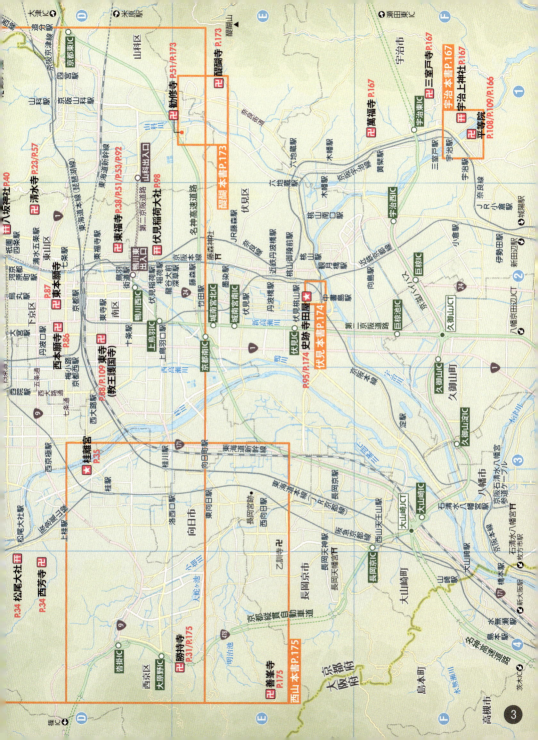

あなただけの
プレミアムな
おとな旅へ！
ようこそ！

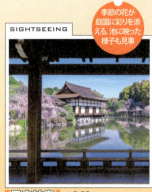

SIGHTSEEING

季節の花が庭園に彩りを添える。池に映った様子も見事

【平安神宮】 ➡ P.83

KYOTO
京都への旅

移ろう四季に染まりつつ
平安文化を沈める古都

古い歴史の街を謳うとき、枕詞に、伝統云々と言うが、古都京都ほど、革新に革新を重ねてきた街も珍しいのだ。工芸文化や食文化、あるいは平安期に疫病退治祈願として起源した祇園祭などにしても貪欲に、新しく変貌してきた。その進取の精神こそが伝統で、この街独特の美意識を培った。その奥の奥に燦然と輝く源が、平安の華美な貴族文化だろう。いま幻影のようなその絵巻は旅人を誘惑してやまない。

応仁の乱は街ごと破壊したが
貴族文化は堂々と蘇った

清水寺の三重塔、春の桜が壮麗さを引き立てる

SIGHTSEEING

三千院 ➡ P.168

自然豊かな京都にも注目。大原には美しい山里が広がる

SIGHTSEEING

常寂光寺 ➡ P.74

賑やかな嵐山を離れ、閑静な嵯峨野を訪れるのも一興

神社仏閣、庭園に洗練された美意識

STATUE
唐代の美女・楊貴妃の冥福を祈って造られたという観音像
〖泉涌寺〗➡P.27

CULTURE
昭和を代表する作庭家・重森三玲による本坊庭園
〖東福寺〗➡P.38

新緑の時期に訪れたい、大徳寺の塔頭・高桐院の参道

MUSEUM
京都画壇の作品が見られる美術館にも注目したい
〖福田美術館〗➡P.112

CONTENTS

ニュース＆トピックス ‥‥‥‥ 22

特集

平安歌人が愛した寺社 ‥‥‥ 24
- 紫式部 ‥‥‥‥‥‥‥‥‥‥ 24
- 清少納言 ‥‥‥‥‥‥‥‥‥ 26
- 和泉式部 ‥‥‥‥‥‥‥‥‥ 28
- 藤原定家 ‥‥‥‥‥‥‥‥‥ 30
- 西行法師 ‥‥‥‥‥‥‥‥‥ 31

心に残る美しき庭園10選 ‥‥ 32
- 池泉庭園 ‥‥‥‥‥‥‥‥‥ 32
- 枯山水庭園 ‥‥‥‥‥‥‥‥ 36

京都さんぽ ‥‥‥‥‥‥‥‥ 40
- 祇園周辺の古社寺へ ‥‥‥‥ 40
- 閑とした嵐山の美景 ‥‥‥‥ 42
- きぬかけの路 ‥‥‥‥‥‥‥ 44
- 哲学の道 ‥‥‥‥‥‥‥‥‥ 46

京都の四季を旅する ‥‥‥‥ 48
- 春 ‥‥‥‥‥‥‥‥‥‥‥‥ 48
- 夏 ‥‥‥‥‥‥‥‥‥‥‥‥ 51
- 秋 ‥‥‥‥‥‥‥‥‥‥‥‥ 52
- 冬 ‥‥‥‥‥‥‥‥‥‥‥‥ 54

京都全図 ‥‥‥‥‥‥‥‥‥‥ 2

京都への旅
移ろう四季に染まりつつ
平安文化を沈める古都 ‥‥‥‥ 4
京都はこんな街です ‥‥‥‥ 12
京都の街を移動する ‥‥‥‥ 14
京都トラベルカレンダー ‥‥ 16

プレミアム滞在モデルプラン
京都 おとなの2泊3日 ‥‥‥ 18

歩く・観る

清水寺周辺　　56
- 清水寺 ‥‥‥‥‥‥‥‥‥‥ 56
- 清水寺周辺の風情ある路地へ ‥ 62
  - 甘美です。参道の誘惑　64
- 高台寺 ‥‥‥‥‥‥‥‥‥‥ 65

祇園・先斗町　　66
- 花街情緒を歩く ‥‥‥‥‥‥ 66
  - 花街の甘味にほっこりする。 68

四条河原町周辺　　70
- 賑わいの錦市場へ　70

嵐山・嵯峨野　　72
- 渡月橋 ‥‥‥‥‥‥‥‥‥‥ 72
- 天龍寺 ‥‥‥‥‥‥‥‥‥‥ 73
- 自転車で感じる嵯峨野の風光　74

金閣寺周辺　　76
- 金閣寺 ‥‥‥‥‥‥‥‥‥‥ 76
- 龍安寺 ‥‥‥‥‥‥‥‥‥‥ 78
- 金閣寺からひと足のばして
  - 趣深い名刹を訪ねる　79

銀閣寺周辺　　80
銀閣寺　　80
南禅寺　　82
平安神宮　　83

二条城・御所周辺　　84
元離宮 二条城　　84
京都御所　　85

京都駅周辺　　86
西本願寺　　86
東本願寺　　87
東寺(教王護国寺)　　88

歴史 1200年の都を巡り歩く　　90

KYOTOご利益案内
古都のパワースポットを巡る　　98
女性に大人気の寺社にお詣り　　100
お守り＆おみくじ　　102

美と出会う

絵画　　104
琳派、若冲の煌めき　　104

仏像　　108
仏さまの深遠なる世界　　108

美術館＆博物館　　110
お茶の文化を知る　　110
KYOTO近現代アート　　112
テーマ型ミュージアム　　114
雅をまとう迎賓館　　115
アミューズメントスポット　　116

食べる

京都ごはん
伝統と洗練。京料理の名店10選　　118
料理人の技と思いに対峙する
美食の劇場　　122
とっておきの京の朝ごはん　　124
あたたかな食卓 おばんざい　　126
お豆腐のやさしい味わい　128
精進料理をカジュアルに　129
先斗町通＆木屋町通 鴨川納涼床　　130
和のぬくもり、風雅な時間　　132
みやびやかに。古都の一皿　　134

カフェ＆スイーツ
お庭を眺めて 和スイーツ　　136
麗しの古都 抹茶スイーツ　　138
京都珈琲文化案内　　140
京の街で話題のショコラトリー　　141
愛されるパンケーキ　　142
かき氷が大好き　144

付録地図
京都中心部　　2
嵐山・金閣寺　　4
上賀茂・京都御所　　6
四条河原町・京都駅　　8
北大路・鷹峯　　10
今出川・北野天満宮　　12
平安神宮・銀閣寺　　14
四条烏丸・祇園　　16
京都駅・東福寺　　18
四条河原町周辺　　20
祇園・円山公園　　22
高台寺・清水寺　　24
京都市バス主要路線図　　26

買う

京都の逸品
伝京都発 おしゃれ雑貨selection	146
暮らしのなかで輝く道具たち	148
京都流コンセプトショップ	150
カラフル&キュートな和小物を買いに。	152
注目の京コスメBEAUTY事情	154

京都味みやげ
絶品の味わいをお持ち帰り。	156
華やぎの和菓子	158
おやつで、ひと休み	160
モダンなお菓子のニューフェイス	161
帰りも楽しくなる京都のお弁当	162
名店の特別なお菓子を京都駅で買う。	164

京都中心部から足をのばして
宇治	166
大原	168
鞍馬・貴船	170
高雄	172
醍醐	173
伏見	174
西山	175

泊まる
京都・宿泊のきほん	176
「星のや京都」で過ごす特別な休日	177
憧れの三大老舗旅館	178
京の美とラグジュアリーホテル	180
京町家に泊まる	182

京都へのアクセス	184
京都の市内交通	186
京都近郊路線図	188
御所・離宮の参観手続き	189
INDEX	190

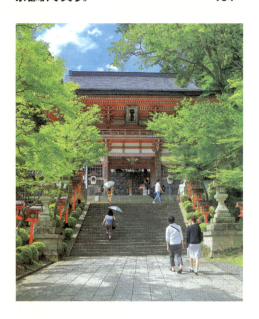

本書のご利用にあたって

● 本書中のデータは2020年11～12月現在のものです。料金、営業時間、休業日、メニューや商品の内容などが、諸事情により変更される場合がありますので、事前にご確認ください。

● 本書に紹介したショップ、レストランなどとの個人的なトラブルに関しましては、当社では一切の責任を負いかねますので、あらかじめご了承ください。

● 営業時間、開館時間は実際に利用できる時間を示しています。ラストオーダー(LO)や最終入館の時間が決められている場合は別途表示してあります。

● 営業時間等、変更する場合がありますので、ご利用の際は公式HPなどで事前にご確認ください。

● 休業日に関しては、基本的に定休日のみを記載しており、特に記載のない場合でも年末年始、ゴールデンウィーク、夏季、旧盆、保安点検日などに休業することがあります。

● 料金は消費税込みの料金を示していますが、変更する場合がありますのでご注意ください。また、入館料などについて特記のない場合は大人料金を示しています。

● レストランの予算は利用の際の目安の料金としてご利用ください。Bが朝食、Lがランチ、Dがディナーを示しています。

● 宿泊料金に関しては、「1泊2食付」「1泊朝食付」「素泊まり」は特記のない場合1室2名で宿泊したときの1名分の料金です。曜日や季節によって異なることがありますので、ご注意ください。

● 交通表記における所要時間、最寄り駅からの所要時間は目安としてご利用ください。

● 駐車場は当該施設の専用駐車場の有無を表示しています。

● 掲載写真は取材時のもので、料理、商品などのなかにはすでに取り扱っていない場合があります。

● 予約については「要予約」(必ず予約が必要)、「望ましい」(予約をしたほうがよい)、「可」(予約ができる)、「不可」(予約ができない)と表記していますが、曜日や時間帯によって異なる場合がありますので直接ご確認ください。

● 掲載している資料および史料は、許可なく複製することを禁じます。

■ データの見方

- ☎ 電話番号
- ⊕ 所在地
- 開館／開園／開門時間
- 営業時間
- 定休日
- 料金
- 交 アクセス
- P 駐車場
- 宿泊施設の客室数
- in チェックインの時間
- out チェックアウトの時間

■ 地図のマーク

- ★ 観光・見どころ
- 卍 寺院
- ⛩ 神社
- ✝ 教会
- R 飲食店
- C カフェ・甘味処
- S ショップ
- SC ショッピングセンター
- H 宿泊施設
- i 観光案内所
- ♨ 温泉
- バス停

旅のきほん **1**

エリアと観光のポイント
京都はこんな街です

有名寺社や景勝地をはじめ、見どころの詰まった京の街。
まずは全体像を把握したい。

舞台からの眺めを楽しみ、石畳の道を散策
清水寺周辺 ➡P.56
きよみずでらしゅうへん

ハイライトは清水寺の舞台。風情ある石畳の坂道や、豊臣秀吉の正室・北政所（ねね）の創建した高台寺にも注目。

↑豪壮な清水寺の舞台

観光のポイント 門前の食事処やおみやげ店巡りも楽しいので、たっぷり時間をとって訪れたい

清らかな川が流れる、麗しの花街をはんなりと
祇園・先斗町 ➡P.66
ぎおん・ぽんとちょう

祇園は京都屈指の人気エリア。町家や柳並木がえもいわれぬ情緒を醸し出す。先斗町には、品格ある名店が並ぶ。

↑古都の風情を感じる

観光のポイント 祇園、先斗町は、夕方から夜の風情が素晴らしい。気軽に入れる飲食店もある

デパートやショップが林立する繁華街
四条河原町周辺 ➡P.70
しじょうかわらまちしゅうへん

寺町通などの商店街が続き、賑わいをみせる。電車、バスとも交通の便が良く、宿をとるにもおすすめのエリア。

↑賑わいをみせる錦市場

観光のポイント 京の台所・錦市場はぜひ立ち寄って。さまざまなテイクアウトグルメを満喫

桂川の周辺に広がる、風光明媚な地
嵐山・嵯峨野 ➡P.72
あらしやま・さがの

竹林の道や桂川といった美しい自然が楽しめ、天龍寺をはじめ名刹も点在している。保津川下りなども人気。

↑美しい風景が広がる

観光のポイント JRや嵐電でアクセス。渡月橋を起点に、ゆったり散策を楽しみたい

世界遺産の寺院を訪ね歩いて
金閣寺周辺 ➡P.76
きんかくじしゅうへん

京都を初めて訪問するなら黄金に輝く金閣寺は必見。きぬかけの路沿いには、龍安寺など世界遺産の寺が並ぶ。

↑日に照らされた金閣寺

観光のポイント 金閣寺を訪れたあとは、のんびり歩きながら周辺の寺院へ。途中にはカフェなども点在

東山文化の象徴と、疏水沿いの小路
銀閣寺周辺 ➡P.80
ぎんかくじしゅうへん

簡素ながらも趣のある銀閣寺。永観堂（禅林寺）や南禅寺も近い。これらの寺院を結ぶのが、哲学の道だ。

↑哲学の道の紅葉

観光のポイント 四季折々の自然が美しい哲学の道。桜や紅葉の観賞にもぴったり

宮殿と城が鎮座する、かつての都の中心
二条城・御所周辺 ➡P.84
にじょうじょう・ごしょしゅうへん

江戸幕府の盛衰を見届けた二条城と、明治時代まで天皇が居住した御所。どちらも壮麗な建物を擁している。

↑京都御所・建礼門

観光のポイント ガイドツアー（HPで要確認）を利用して、京都の歴史に関する知識を深めたい

京都観光はここからスタート
京都駅周辺 ➡P.86
きょうとえきしゅうへん

旅行者の玄関口。東寺（教王護国寺）など名だたる寺院も周辺に点在。駅ビルの買い物も楽しみのひとつ。

↑東寺（教王護国寺）の五重塔

観光のポイント 東本願寺は歩きで行けるが、そのほかの寺院へはバスか電車で

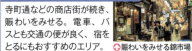

ひと足のばして

平安時代の華やぎを垣間見る
宇治 うじ ➡ P.166

極楽浄土を表現した平等院が最大の見どころ。『源氏物語』の舞台としても名高い。

里山に抱かれた古刹の数々
大原 おおはら ➡ P.168

杉苔が広がる2つの庭を誇る三千院をはじめ、見事な庭園を有する寺院が点在する。

神秘的な空気に満ちた寺社
鞍馬・貴船 くらま・きふね ➡ P.170

天狗伝説が残る鞍馬山と、涼やかな貴船川沿いのエリア。パワースポットもある。

紅葉の名所・清滝川沿いに位置
高雄 たかお ➡ P.172

高雄(高尾)は栂尾・槇尾と合わせて「三尾」と称され、紅葉が素晴らしい。

花の名所である寺院が連なる
醍醐 だいご ➡ P.173

桜で有名な醍醐寺、蓮などが池に映える勧修寺など、季節の花が美しい寺で有名。

幕末史跡と酒蔵を訪ねて
伏見 ふしみ ➡ P.174

坂本龍馬ゆかりのスポットと、良質な水を生かした酒造りで知られるエリア。

京都の西に連なる山々を歩く
西山 にしやま ➡ P.175

徳川綱吉の母が再興した善峯寺などの寺社を、周囲の自然と楽しみつつ巡りたい。

旅のきほん 2

移動はバス、地下鉄、タクシーが基本
京都の街を移動する

京都の街の玄関口は京都駅。新幹線もこの駅に停車する。
京都駅前、北側の烏丸口が市内バスのターミナルになっていて、
ここから市内各地へのバスが発着している。

　京都市内は、JR、私鉄各線の鉄道路線も走っているが、観光スポットを巡るには意外に不便。公共交通機関を利用するなら、地下鉄と、市内を縦横に走るバスが便利だ。バス路線図は、京都駅前の案内所で入手できるほか、京都市交通局のWebサイトからPDFをダウンロードできる。
　市内移動はバス、地下鉄をベースに、場合によってタクシーを組み合わせるとよいだろう。グループでの移動であれば、バス、地下鉄よりもタクシーのほうが料金的にも安くつく場合もある。また、京都は観光都市だけあって、タクシーの運転手さんから情報が聞けたりすることもある。
　気をつけたいのは、紅葉シーズンなど、京都の街が混雑を極める季節。ひどい渋滞のため、バスやタクシーでは、なかなか目的地にたどり着けないこともしばしば。そうした時期には、電車、地下鉄、そして徒歩が基本と考えたほうがよい。市内交通の詳細はP.186参照。

● 通りの名前
京都の街の通りには、それぞれ名がつけられており、交差点名は、東西、南北に走る通り名を組み合わせた名前になっていることがあるので、大きな通りだけでも知っておくと位置がわかりやすい。たとえば、南北に走る河原町通と東西に走る四条通がぶつかるのが、「四条河原町」の交差点。

● 上ル・下ル・西入ル・東入ル
読み方は、あがる・さがる・にしいる・ひがしいる。京都の住所表記に使われることのある表記だが、これはアクセスを示している。「上ル」とは、御所方向に向かうこと（北に向かう）、下ルは南へ、西入ル、東入ルはそれぞれの方向に向かうこと。たとえば「寺町通三条下ル」とあれば、目指す場所は、寺町通沿い、それも東西に交差する三条通から南に進んだところにあるということ。

14

旅のきほん 3

四季さまざまな表情をみせる古都をチェック
京都トラベルカレンダー

四季折々の自然が、寺社や川辺を彩る京の街。訪ねる時どきで、まったく違った風情が感じられる。祇園祭など、全国的に有名な祭りや催しも魅力のひとつ。

1月
初詣には、伏見稲荷大社や北野天満宮などが参詣客で賑わう。

2月
底冷えする寒さ。降雪により、名所の雪景色が見られることも。

3月
まだまだ寒い時期。下旬頃から、市街地の桜が咲き始める。

4月
4月上旬くらいまでが桜の見頃。春の特別公開を行う寺院もある。

5月
新緑が深まる。飲食店が鴨川沿いに席を設ける、納涼床がオープン。

6月
梅雨に入る。アジサイ花菖蒲などが美しく咲き誇る。

- ● 月平均気温（℃）
- ■ 月平均降水量（mm）

月	1	2	3	4	5	6
気温	4.6	5.1	8.4	14.2	19.0	23.0
降水量	50.3	68.3	113.3	115.7	160.8	214.0

> 街歩きで外を歩くことも多いので、しっかりと防寒対策を

> 徐々に気温が上がってくるが、薄手のアウターは用意したい

21日 初弘法
毎月、弘法大師の命日21日に、東寺（教王護国寺）(P.88)の境内で開かれる縁日。一年で最初の縁日を初弘法と呼ぶ。古道具などを売る多くの露店が出る。

25日 初天神
菅原道真公を偲び、毎月25日に北野天満宮(P.44)で開催される縁日。1月は特に賑わう。約15万人が訪れ、1000軒ほどの露店が立つ。

2・3日 節分祭
八坂神社(P.40)の節分の行事。舞殿では四花街の芸舞妓が、豆まきや舞踊奉納を行う。境内では景品抽選券付きの福豆授与もある。

25日 梅花祭
約1500本の梅が咲く梅苑を有する北野天満宮(P.44)。毎年菅原道真公の祥月命日に、咲き誇る梅のなか、祭典が開かれる。

中旬〜下旬 東山花灯路
清水寺(P.57)などがある東山地域に露地行灯が並ぶ。日本情緒豊かな陰影のある灯りと、ボリューム感のあるいけばな作品の花で、思わず歩きたくなる路を演出する（雨天決行）。

最終日曜 はねず踊り
小野小町ゆかりの寺院・随心院(P.113)では、小野小町と深草少将との恋物語をテーマにした、舞が披露される。

1日〜下旬 都をどり
京都の五花街のひとつ、祇園甲部の舞妓と芸妓による舞踊公演。全8景（2021年は全7景）で四季の情景を表現する。明治5年（1872）の京都博覧会の余興で披露されたのが始まり。

第1日曜、第2土・日曜 嵯峨大念仏狂言
清涼寺（嵯峨釈迦堂）(P.75)で上演される民俗芸能。鎌倉時代、融通念仏を広めた円覚上人が始めたと伝わる。

1〜4日 千本ゑんま堂 大念佛狂言
京都の三大念仏狂言のひとつで、千本ゑんま堂（引接寺）で行われる。ほかの念仏狂言とは異なり、セリフがある。

15日 葵祭 (P.27)
上賀茂神社(P.99)と下鴨神社(P.99)の例祭で、正式には「賀茂祭」。見どころは「路頭の儀」と呼ばれる行列。平安貴族に扮した人々が、京都御所から上賀茂神社までの大路を練り歩く。

1日 貴船祭
貴船神社(P.171)の例宮での神事に始まり新緑が美しい県下の神輿が巡行する奥宮では出雲神楽が納されたあと、こども千度詣りが行われる。

30日 夏越祓
茅の輪をくぐり、半間の厄落としと無災を祈願する。平安宮(P.83)や、地主神社(P.100)で執り行われ

椿 1月下旬〜4月中旬
⇧椿

梅 2月中旬〜3月中旬
⇧梅

桜 3月下旬〜4月中旬

⇧桜

京たけのこ 4月〜5月上旬
⇧京たけのこ

アジサイ 6月〜7月上旬
⇧アジサイ

賀茂なす 5月〜7月上旬

花菖蒲 5月下旬〜6月

聖護院かぶ 11月中旬〜2月

↑葵祭

↑観月の夕べ

↑時代祭

↑鞍馬の火祭

7月

気温が上がり、蒸し暑くなる。1カ月間にわたり祇園祭で街が沸く。

26.8 半袖で過ごせる。汗をかきやすいので、着替えもあるとよい

220.4

～30日
祇園祭(P.41)
の祭礼。中断された時期があったものの1000年以上にわたって開催されてきた。17日(前祭)と24日(後祭)の山鉾巡行が特に有名。

土用の丑の日前後
御手洗祭(足つけ神事)
下鴨神社(P.99)境内の井上社(御手洗社)にある御手洗池の中に足を浸し、罪や穢れを祓い、無病息災を祈る。

8月

京都の夏は「油照り」といわれるほど、じりじりと厳しい暑さ。

28.2 35℃を超える猛暑日も多い。熱中症にならないよう、水分補給を

132.1

16日
五山送り火
夜空に美しく輝く夏の風物詩。東山如意ヶ嶽の「大文字」が最も有名。20時に「大文字」に点火され、以降西に向かって順に点火される。

最終土・日曜
愛宕古道街道灯し
愛宕神社の一の鳥居から二尊院(P.74)、清凉寺(嵯峨釈迦堂)(P.75)にかけて、嵯峨野の街道沿いに約800個の行灯がともる。

9月

残暑はあるが、中旬から気温が下がってきて、朝晩冷えを感じる。

24.1

176.2

第1日曜
八朔祭
松尾大社(P.34)で行われる夏祭りで、八朔は旧暦の8月1日(朔日)のこと。五穀豊穣と家内安全を祈り、六斎念仏踊りや八朔相撲などが奉納される。

中秋の名月
観月の夕べ
旧嵯峨御所 大本山大覚寺(P.74)で3日間にわたり開催される。ライトアップされた大沢池に浮かぶ舟から、お月見が楽しめる。

10月

一気に気温が下がる時期。秋の特別公開や特別拝観が開始する。

17.8

120.9

22日
時代祭
平安神宮(P.83)の大祭。明治維新、江戸、安土桃山、室町、吉野、鎌倉、藤原、延暦と8つの時代の文物風俗を模した、約2000名による行列が街を練り歩く。

22日
鞍馬の火祭
由岐神社(P.171)の例祭で、京都三大奇祭のひとつに数えられる。大小さまざまな松明が揃う様子は、実に壮観。

11月

中旬から紅葉シーズン。非常に混み合い、旅費も高くなる。

だいぶ冷え込むようになる。下旬には冬物のコートが必要

12.1

71.3

1～10日
祇園をどり
京都花街で唯一秋に開催される舞台。祇園東歌舞会の芸舞妓が華やかに舞う。オリジナリティある企画や構成が特徴。

第2日曜
嵐山もみじ祭
嵐山渡月橋(P.72)の上流一帯で行われる。今様歌舞船、能舞台船など多くの舟が桂川(大堰川)に浮かぶ。河原ではイベントも。

12月

寒さが厳しくなる。上旬頃まで紅葉が楽しめるスポットもある。

7.0

48.0

中旬～下旬
嵐山花灯路
嵯峨・嵐山の散策路が露地行灯といけばな作品で彩られる。渡月橋(P.72)などもライトアップされ、幻想的な雰囲気に(雨天決行)。

31日
をけら詣り
八坂神社(P.40)の行事で、一年間の無病息災を願うもの。をけら灯籠に灯されたをけら火を吉兆縄に移し、消えないよう持ち帰る。

↑賀茂なす

↑鹿ヶ谷かぼちゃ
鹿ヶ谷かぼちゃ 8月中旬～9月中旬

萩 9月

↑萩

↑丹波栗
丹波栗 9～10月

↑紅葉
紅葉 11月中旬～12月上旬

↑聖護院かぶ
聖護院かぶ 11月中旬～2月

※日程は変動することがありますので、事前にHPなどでご確認ください。

17

プレミアム滞在モデルプラン
京都
おとなの2泊3日

趣深い古刹を訪ね、風情ある街並みを歩く。世界観が凝縮された名庭や、華やかな美術工芸の傑作も鑑賞したい。五感を研ぎ澄ませて、千年の古都で育まれてきた上質な文化を感じる旅へ。

↑東福寺にある本坊庭園・北庭の市松の庭

1日目

作庭家たちの美意識が生んだ小さな宇宙
石組みと砂だけで構成された枯山水庭園、四季の彩りも注目したい池泉庭園。

| 8:45 | 京都駅 |

約15分
京都駅からJR奈良線で3分、東福寺駅下車、徒歩10分

| 9:00 | 東福寺 |

約45分
東福寺駅からJR奈良線で3分、京都駅下車。京都駅から地下鉄烏丸線で13分、北大路駅下車。北大路バスターミナルから市バス204系統で11分、金閣寺道下車。金閣寺まで徒歩5分、金閣寺から龍安寺へは徒歩20分

| 11:00 | 金閣寺／龍安寺 |

約35分
龍安寺から嵐電・龍安寺駅まで徒歩10分、嵐電北野線で9分、帷子ノ辻駅下車。嵐電嵐山本線に乗り換えて8分、嵐山駅下車。天龍寺まですぐ

| 14:00 | 天龍寺／宝厳院／福田美術館 |

嵐山に到着！たら、まずは渡月橋へ

東福寺 で
モダンな庭園を鑑賞する
東福寺 ▶P.38
とうふくじ

昭和を代表する作庭家・重森三玲による東福寺本坊の方丈庭園。東西南北の4つの禅宗庭園は、モダンな意匠で知られる。本堂と普門院、開山堂を結ぶ通天橋から見下ろす景色も圧巻だ。

洛北の きぬかけの路 に建つ
世界遺産の寺院を巡る
金閣寺 ▶P.76
きんかくじ

かつて足利義満の別荘として使われていた。金閣(舎利殿)に目を奪われがちだが、鏡湖池を中心とした回遊式の庭園が見事だ。

龍安寺 ▶P.78
りょうあんじ

作者や制作年代も不明の、ミステリアスな枯山水庭園で知られる寺院。鏡容池を中心に広がる池泉回遊式庭園も見どころ。

14:00	福田美術館／ 天龍寺／宝厳院

約40分
嵐山駅から嵐電嵐山本線に乗り13分、嵐電天神川駅下車。徒歩4分の太秦天神川駅から地下鉄東西線で12分、三条京阪駅下車。祇園界隈までは街並みを眺めつつ、歩くのが楽しい

18:00	祇園

約20分
祇園バス停から市バス206系統で京都駅まで20分

21:00	京都駅

プランニングのアドバイス

美しい庭園を誇る社寺があるエリアは数多い。岡崎エリアには、植治の庭で知られる平安神宮(P.83)神苑、無鄰菴(P.35)、また小堀遠州の作庭で知られる南禅寺(P.82)の庭も。金閣寺、龍安寺を巡ったあとは、仁和寺に立ち寄るのもおすすめ。御殿の庭園は見事。お昼は龍安寺の塔頭寺院のひとつ西源院(P.129)で、精進料理を味わいたい。

自然美に恵まれた
嵐山 をそぞろ歩き

福田美術館 ➡ P.112
ふくだびじゅつかん

2019年秋、渡月橋の近くにオープン。京都画壇の作品をはじめ、江戸時代から近代にかけての作品など約1500点を有する。

天龍寺 ➡ P.73
てんりゅうじ

大方丈の裏手には、天龍寺を開山した夢窓疎石の作庭による、曹源池庭園が広がる。嵐山や亀山を借景とした池泉回遊式庭園だ。

宝厳院 ➡ P.42
ほうごんいん

天龍寺の塔頭。春と秋の年2回のみ拝観できる。獅子吼の庭には、嵐山の景観が匠に取り入れられている。

祇園 で京都ならではの
花街風情を楽しむ

祇園 ➡ P.66
ぎおん

石畳の小径に町家が並ぶ、京情緒満点の人気エリア。店の提灯が灯る夜に歩けば、花街らしさがいっそう強く感じられる。夜は京料理を味わってみたい。

「京の美」の伝統と革新に出会う一日

貴重なコレクションを誇る美術館や、伝統の技が光る建築物で美術鑑賞を満喫。

9:40	京都駅
	約20分 地下鉄烏丸線で京都駅から10分、今出川駅下車、徒歩10分
10:00	樂美術館
	約20分 徒歩で約20分
11:30	京都迎賓館
	約40分 河原町今出川バス停まで徒歩15分。河原町今出川バス停から市バス201系統で15分。東山二条・岡崎公園口下車、徒歩3分
13:30	細見美術館
	約5分 徒歩で約5分
15:00	京都市京セラ美術館
	約35分 岡崎公園動物園前バス停まで徒歩1分。岡崎公園動物園前から市バス100系統で京都駅まで30分
18:00	京都駅

プランニングのアドバイス

樂美術館と細見美術館は、企画展によって展示内容が変わるので、展示会情報は、オフィシャルサイトで事前に確認を。岡崎エリアでの昼食のおすすめは、「手をけ弁当」で知られる六盛など。夜の食事は、祇園、先斗町界隈または四条河原町周辺で探すとよいだろう。

歴代の 樂茶碗 と 華麗な茶道工芸を見学

樂美術館 ➡P.110
らくびじゅつかん

450年以上の歴史を持つ樂家歴代の樂茶碗と茶道工芸美術が見学できる。

琳派、若冲 の 世界に浸れる美術館

細見美術館 ➡P.105
ほそみびじゅつかん

貴重なコレクションのなかには琳派と伊藤若冲の作品も多い。常設展示は行っておらず、年間を通してテーマが変わる企画展を実施している。

洗練を極めたおもてなしの場 京都迎賓館 で伝統技能に感動

京都迎賓館 ➡P.115
きょうとげいひんかん

2005年に開館した、海外からの賓客を迎えるための施設。西陣織、蒔絵など日本が誇る匠の技が、館内の随所に用いられている。

京都の西にある愛宕山に夕日が沈んでいく様子が描かれた壁面装飾

新と旧が融合した 最新のアートスポット へ行く

京都市京セラ美術館 ➡P.112
きょうとしきょうセラびじゅつかん

2020年5月に本館がリニューアルオープン。竹内栖鳳、上村松園など明治以降の京都を中心とした近代美術の作品を中心に3700点余り収蔵。

美術鑑賞の間に、ひと息つけるショップやカフェも備えている

撮影：来田猛

3日目

京の街の中心部で、往時を偲ぶ歴史散策

京都で紡がれてきた歴史の物語には欠かせない名所を巡って、教養を深める。

8:40	京都駅

約20分
地下鉄烏丸線で京都駅から10分、今出川駅下車、徒歩5分

| 9:00 | 京都御所 |

約15分
京都御所・建礼門から廬山寺まで徒歩15分。廬山寺から誠心院までは、徒歩25分

| 11:00 | 廬山寺／誠心院 |

約3分
誠心院から錦市場の錦天満宮まで徒歩3分

| 12:30 | 錦市場 |

約25分
錦市場から徒歩8分の四条河原町バス停から、市バス12系統で15分。二条城前下車、徒歩2分

| 14:30 | 元離宮 二条城 |

約15分
地下鉄東西線で二条城前駅から2分、烏丸御池駅で烏丸線に乗り換え5分、京都駅下車

| 17:30 | 京都駅 |

プランニングのアドバイス

京都御所から徒歩15分ほどで鴨川に出られるので、川沿いを散策することもできる。錦市場のある四条河原町エリアは、京都でも有数の繁華街なので、ランチ利用にぴったりな食事処やカフェも多い。二条城周辺では、歩いて20分ほどの位置に新選組ゆかりの地・壬生がある。

かつて天皇の住まいだった 京都御所 を見学する

京都御所 ➡P.85
きょうとごしょ

平安時代の宮廷を彷彿させる旧皇居。簡素ななかに厳粛な空気が漂い、伝統美の魅力を再発見できる。清少納言（P.26）の名随筆『枕草子』は、ここで過ごした約10年の宮廷生活を綴ったもの。

平安時代に活躍した 女流作家 たちのゆかりの地へ

廬山寺 ➡P.24
ろざんじ

紫式部が暮らした邸宅跡とされる。代表作の『源氏物語』はここで執筆されたという。本堂前に広がる源氏庭も必見だ。

誠心院 ➡P.29
せいしんいん

優れた恋の歌を多く残した歌人・和泉式部が初代の住職といわれる。和泉式部の墓や絵巻、歌碑などが残っている。

江戸時代から続く 錦市場 でグルメ探訪

錦市場 ➡P.70
にしきいちば

江戸時代初期に魚市場として始まり、「京の台所」として約400年の歴史を歩んできた。道幅の細い通りに多種多様なお店が所狭しと並ぶ。

徳川慶喜が大政奉還の意思を表明した 二条城 へ

元離宮 二条城 ➡P.84
もとりきゅう にじょうじょう

徳川家康によって築かれた豪壮な城。15代将軍の徳川慶喜は二の丸御殿大広間で、大政奉還の意思を表明した。輝かしい狩野派の障壁画や極彩色の天井などの装飾もじっくり見学したい。

21

❖ KYOTO NEWS & TOPICS 2021-2022

ニュース＆トピックス

京都で今、注目を集めているスポット情報をお届け。美しい外観も印象的な美術館を筆頭に、プレミアムな京都滞在にふさわしいホテル、かわいらしい和菓子に出会えるショップなど盛りだくさん。

京都の アートシーン を賑わす美術館から目が離せない

街そのものが歴史的美術館ともいえる京都に個性豊かな美術館が続々登場。文化発祥の地ならではのアートコレクションと進化し続ける展示会に心躍る。

京都市京セラ美術館
きょうとしきょうセラびじゅつかん
➡ P.112

歴史ある美術館が最新の改修を経て、現代アートにも対応する伝統と革新の融合する新たなアートの中心地として再誕生。

天井が高い中央ホールには、バルコニーとらせん階段が増設された

2020年5月オープン

近代を代表する庭師七代目小川治兵衛（植治）が手がけたとされる日本庭園

撮影：来田猛

「京都ならでは」を体感できる ラグジュアリーホテル が続々オープン

外資系ホテルの進出が注目されがちだが、京都ならではの個性豊かなホテルも勢いを増している。京都感あふれるステイで、旅の気分がよりいっそう盛り上がる。

2020年8月オープン

アラン・デュカスが手がけるレストランで、京食材のフレンチ

開放感ある全面窓と、自然素材を用いたミニマルで心地よい客室

MUNI KYOTO
ムニ キョウト

「唯一無二の景色」がホテルのコンセプト。風光明媚な嵐山の景色と歴史に溶け込む、新たなラグジュアリー空間は、隣接の美術館とともに風致地区に指定されている。

嵐山 MAP 付録P.4 B-3
☎075-863-1110
所 右京区嵯峨天龍寺芒ノ馬場町3
交 嵐電・嵐山駅から徒歩4分
P 5台（有料） in 15:00
out 12:00   室 21室
予約 1室15万7440円〜21万6090円（税別、価格は目安）

2020年11月オープン

モダンな和室に天然温泉、坪庭が配されたOnsenスイート

HOTEL THE MITSUI KYOTO
ホテル ザ ミツイ キョウト

元離宮 二条城の向かい三井総領家（北家）の居宅跡に開業。「日本の美しさとーEMBRACING JAPAN'S BEAUTY―」をコンセプトに、建築、工芸、食の細部にまで、三井家や日本の伝統美と洗練さが宿る。

二条城周辺 MAP 付録P.8 B-1
☎075-468-3100 所 中京区油小路通二条下ル二条油小路町284 交 地下鉄東西線・二条城前駅から徒歩3分 P 23台（有料）
in 15:00   out 12:00   室 161室
予約 1泊朝食付1室9万円〜（税別）

平均面積50㎡以上の客室は、伝統的な茶室を現代的に解釈した空間

入口は元禄16年（1703）に創建された梶井宮門を復元したもの

レトロな外観を生かした複合商業施設がパワーアップして登場

地元で長く親しまれてきた歴史的建築物に、モダンなデザインが融合した施設は、街の新しい交流拠点にも。京の街や人を盛り上げてくれるスポットにも足を運んでみたい。

新風館
しんぷうかん

烏丸御池の新風館が、歴史的建築物を生かして再開発された。ホテル・店舗・映画館からなる複合施設としてリニューアルオープン。

烏丸御池周辺 MAP 付録 P.20 A-1
☎075-585-6611 ㊟中京区烏丸通姉小路下ル場之町586-2 ㊐ショップ11:00〜20:00、レストラン8:00〜24:00 ※店舗により異なる ㊡1月1日 ㊋地下鉄・烏丸御池駅からすぐ Ⓟなし

日本初進出となるエースホテルはアメリカの新鋭ホテルブランド

昭和58年(1983)に京都市指定・登録文化財第一号として指定

2020年6月リニューアルオープン

撮影：Forward Stroke inc.

立誠ガーデン ヒューリック京都
りっせいガーデン ヒューリックきょうと

貴重な近代建築でもある元立誠小学校の校舎と、校舎の趣に調和した建物からなる複合施設。商業店舗や図書館、ホテルなどを備える。

四条河原町周辺
MAP 付録 P.21 E-3
☎なし ㊟中京区蛸薬師通河原町東入ル備前島町310-2 ㊐店舗により異なる ㊋阪急京都線・京都河原町駅から徒歩3分 Ⓟなし

2020年7月オープン

ザ・ゲートホテル京都高瀬川 by HULICは、旅の拠点にもぴったり

地域の人々に愛されてきた立誠小学校。アーチ型の玄関などレトロな装飾にも注目

2008年から続いてきた清水寺の「平成の大修理」が完了

屋根の檜皮が約50年ぶりに葺き替えられるなど、9つの堂塔を対象に行われてきた清水寺の「平成の大修理」。最後の舞台板の張り替えが終了したことで、大修理プロジェクトも完了した。新しくなった清水寺の姿に注目だ。

清水寺
きよみずでら
➡P.57

本堂屋根は、檜の樹皮を1枚ずつ葺き替えた

見た目も味わいも新しい女性和菓子作家の逸品に熱視線

今注目されているのが、進化系和菓子。なかでも女性和菓子作家が作り出すものは、美しさだけでなく、素材の組み合わせが生む味わいがユニークで見逃せない。

菓子屋のな
かしやのな

小説からイメージした「アントニオとララ」など、菓子の銘も美しい。洋のテイストも、バランスよく取り込んだ味わいは感動的。

西本願寺周辺 MAP 付録P.16 A-3
☎非公開 ㊟下京区醒ヶ井通万寿寺通角篠屋町75 ㊐12:00〜18:00 ㊡日・月曜 ㊋地下鉄烏丸線・五条駅から徒歩10分 Ⓟなし

アントニオとララ900円は、ハーブの香りとともに楽しむ、洋菓子のようなあんこ玉

白こし餡とレモン風味の寒天を使った爽やかな練りきり。山紫陽花440円

和菓子＆アルコールが一緒に楽しめるカフェスペース

夏柑440円はサマーフレッシュという柑橘と、新しょうがの餡が絶妙にマッチ

白ワインの琥珀羹がさっぱりとした味わい。夏に人気の甘酸っぱいキウイ羊羹440円

和歌に詠われた物語の世界を追体験
平安歌人が愛した寺社

非凡な文才と独創性で平安文化に多大な影響を与えた5人の歌人たち。彼らの足跡が残る寺社は風趣にあふれ、官能と情趣にあふれた平安文化を彷彿とさせる。

特集●平安歌人が愛した寺社

世界最古の長編恋愛小説を描いた才媛
紫式部
むらさきしきぶ

『源氏物語』でその名を知られ、和歌にも秀でた平安の女流作家。和泉式部や清少納言とともに中古三十六歌仙に名を連ねる。

小説、日記文学、和歌と多才だった平安の女性官僚

　生没年は不詳だが、一説では天延元年(973)頃の生まれとされる。父・藤原為時は中流貴族の学者・詩人であった。27歳頃に結婚して一女を得たが、数年後に夫と死別。『源氏物語』は未亡人時代に書き始めたとされる。のちに、一条天皇の中宮(妻)・彰子に仕え、宮中での日常を『紫式部日記』に著す。歌でも才を発揮し、少女時代からの和歌を集めた『紫式部集』を残す。長和3年(1014)頃に40歳余で没したとされる。

百人一首かるた 57.紫式部〈嵯峨嵐山文華館所蔵〉

○「紫式部邸宅跡」の御朱印。御朱印は全5種

紫式部が暮らした邸宅跡『源氏物語』の誕生地
廬山寺
ろざんじ

京都御所周辺 MAP 付録P.14 A-2

平安中期に船岡山に創建された天台宗系寺院。元亀2年(1571)に現在地に移転。境内は紫式部の邸宅跡とされ、『源氏物語』もここで執筆したという。本堂前には、キキョウの花が咲く源氏の庭がある。

☎075-231-0355 ⬤上京区寺町通広小路上ル北之辺町397 営9:00～16:00 休無休(源氏庭は12月31日、1月1日、2月1～10日) 料500円 交市バス・府立医大病院前下車、徒歩5分 P20台

○2月の節分行事「鬼おどり」でも知られる

新古今和歌集

めぐり逢ひて見しやそれともわかぬ間に雲隠れにし夜半の月影

現代語訳
久しぶりに逢えたというのに、あなたかどうか見分けがつかないうちに帰ってしまった。まるで雲にすっと隠れてしまった夜更けの月のように。

廬山寺・源氏庭
手入れの行き届いた白砂と苔が美しい。平安朝の庭園をイメージして昭和40年(1965)に整備された。夏にはキキョウの紫の花が色を添える。

↓黒木の鳥居や小柴垣、竹林が風雅な雰囲気

『源氏物語』の舞台
竹林や苔庭が美しい

野宮神社
ののみやじんじゃ

嵐山 MAP 付録P.4 B-3

有名な縁結び・子宝の神様。伊勢神宮の斎宮に選ばれた皇女が伊勢へ向かう前にここへ籠って身を清めた。『源氏物語』のなかで、六条御息所と光源氏の切ない別れの場面の舞台となった。

☎075-871-1972 所京都市右京区嵯峨野宮町1 営境内自由、社務所9:00〜17:00 休無休 交嵐電・嵐山駅から徒歩5分 Pなし

ミステリーに包まれる
2人の平安歌人の墓

小野篁・紫式部の墓
おののたかむら・むらさきしきぶのはか

大徳寺周辺 MAP 付録P.11 D-4

紫式部は没後、虚構の物語で人々を惑わしたため地獄に落ちたと流布された。紫式部を地獄から救うため、閻魔大王の補佐役との伝説を持つ小野篁の墓の隣に祀り、供養したといわれている。

所京都市北区紫野西御所田町 休見学自由 交市バス・北大路堀川下車、徒歩3分 Pなし

↑一帯は平安貴族の葬送地・蓮台野とされる場所になっている

宇治市
源氏物語ミュージアム
うじしげんじものがたりミュージアム

映像や模型を使って『源氏物語』の魅力や平安時代の貴族文化を紹介するミュージアム。映像シアターではアニメや実写、人形によるオリジナル映画を上映。

宇治 MAP 本書P.167 B-1

☎0774-39-9300 所宇治市宇治東内45-26 営9:00〜17:00 (入館は〜16:30) 休月曜(祝日の場合は翌日) 料600円 交JR宇治駅から徒歩15分／京阪宇治線・宇治駅から徒歩8分 P15台(有料)

↑『源氏物語』宇治十帖の主な舞台である宇治に、1998年に開館した

『源氏物語』の世界を映像や模型で再現

↑光源氏の物語をわかりやすく紹介する「平安の間」

宇治橋のたもとにある紫式部像

紫式部

才気煥発で表現力豊かな名随筆家
清少納言
せいしょうなごん

同じく宮廷で名を馳せ、紫式部とはライバル関係を噂された。
『源氏物語』と双璧をなす王朝女流文学『枕草子』の作者。

優れた感性と機知に富み
中宮に寵愛された女流作家

　康保3年(966)頃の生とされ、天武天皇の末裔・清原氏の出身。父・清原元輔は歌人で三十六歌仙のひとり。結婚して間もなく離別し、正暦4年(993)頃に一条天皇の中宮定子に仕えた。豊かな学才で定子の寵愛を受け、多くの高官らと交流を持った。約10年務めた宮廷での生活を綴ったのが名随筆『枕草子』。晩年は隠棲生活を送ったという。家集『清少納言集』を残し、『小倉百人一首』に選ばれた歌人でもある。

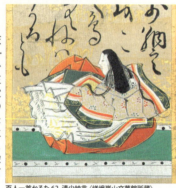

百人一首かるた 62.清少納言〈嵯峨嵐山文華館所蔵〉

約500年間利用された旧皇居
平安時代の建築様式を残す
京都御所 ➡P.85
きょうとごしょ

京都御所周辺 MAP 付録P.13 F-3

南北朝時代から明治初期までの天皇の住まい。現在の紫宸殿や清涼殿は江戸末期の再建で、平安時代の建築様式を模している。平安時代の御所(内裏)は、現在地よりも約2km西にあった。

◎中央には天皇がご休息に使われた御帳台が置かれている

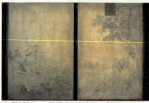

◎『枕草子』に登場する清涼殿の「荒海の障子」

清涼殿

天皇が日常を過ごした場所。江戸時代に寝殿造りを模して再建され、清少納言が宮廷生活を送った平安時代の面影を残す。建物東にある「荒海の障子」は『枕草子』に登場する

特集●平安歌人が愛した寺社

※清涼殿は2022年3月まで修復工事予定

↑新緑や紅葉が美しい御座所庭園。現在の庭は明治時代に再興された

皇室とゆかりの深い御寺
清少納言が晩年を過ごした地

泉涌寺
せんにゅうじ

東福寺周辺 MAP 付録P.19 F-3

平安前期の開創と伝わる真言宗泉涌寺派総本山。四条天皇以降、14代の天皇の陵墓が築かれ、御寺と呼ばれる。清少納言が晩年を過ごしたとされる父の別荘「月輪山荘」が、この付近にあったとされる。境内に清少納言の歌碑が残る。
☎075-561-1551 所東山区泉涌寺山内町27
営9:00～16:30（12～2月は～16:00） 休無休
料伽藍拝観500円、御殿は別途300円 交市バス・泉涌寺道下車、徒歩25分 P30台

↑歌碑には「夜をこめて 鳥のそら音ははかるとも よに逢坂の関はゆるさじ」と詠われている

清少納言

『枕草子』にも登場する
名水「飛鳥井」が湧く

白峯神宮
しらみねじんぐう

京都御所周辺 MAP 付録P.13 E-2

明治天皇が崇徳天皇と淳仁天皇を祀るため建立。手水舎に流れる湧水の飛鳥井は平安時代から知られる名水で、清少納言が『枕草子』のなかで紹介している。手水のみ利用できる。
☎075-441-3810 所上京区飛鳥井町261 営8:00～17:00 休無休
料無料 交市バス・堀川今出川下車、徒歩1分 P6台

↑蹴鞠の名手・飛鳥井氏の邸宅跡に創建された

> これを見よ上はつれなき夏草も
> 下はかくこそ思ひ乱るれ
>
> 続千載集
>
> 現代語訳
> 上のほうは何ともない様子でも、下のほうはこんなにも色変わりしている夏草のように、私も表面上は平然としていますが、内心では恋に思い悩んでいるのです。

葵祭
あおいまつり

平安遷都の100年以上も前から上賀茂、下鴨両社（P.99）の祭礼として行われてきた例祭。毎年5月15日に行われる。本来賀茂祭というが、現在では葵祭と呼ばれることが多い。
☎075-254-7650（葵祭行列保存会）
所京都御所（10:30）→下鴨神社（11:40頃）→上賀茂神社（15:30頃）

多くの女流歌人に詠まれた 平安の優雅な王朝絵巻

下鴨神社では5月3日に流鏑馬神事が行われる

↑王朝装束に葵の葉を飾った500人を超える行列

もの思へば沢の蛍もわが身より あくがれ出づる魂かとぞ見る

後拾遺和歌集

現代語訳 もの思いにふけっていると、沢を飛んでいる蛍たちも、私の体から出てきた魂のように見えるのです

特集●平安歌人が愛した寺社

恋の歌に秀でた才色兼備の女流歌人
和泉式部
(いずみしきぶ)

率直で多感、個性豊かな優れた叙情歌を数多く詠んだ恋多き女性。波乱万丈の生涯は没後に多くの伝説を生み、芸能の題材となった。

自身の恋愛遍歴をもとに多くの情熱的な恋歌を生む

生没年不詳、970年代頃の生まれとの説がある。和泉守橘道貞と結婚し、娘・小式部内侍を授かる。冷泉天皇の皇子・為尊親王、その弟・敦道親王と相次いで関係を持ち、結婚生活は破綻。敦道親王との恋の行方は『和泉式部日記』に詳しい。敦道親王と死別後、一条天皇中宮彰子に仕えた。のちに藤原保昌と再婚し、晩年は不詳。『和泉式部集』や多くの勅撰集などに情感豊かな恋の秀歌を残した。

百人一首かるた 56.和泉式部〈嵯峨嵐山文華館所蔵〉

➡貴船神社近くにある蛍岩。7月が見頃となる蛍の名所

和泉式部が祈願をした恋愛成就の「恋の宮」
貴船神社 ➡P.171
きふねじんじゃ

貴船 **MAP** 本書P.171 A-1

鴨川の水源にあり、水神様、縁結びの神として信仰を集める古社。和泉式部は夫・藤原保昌との復縁を願って祈願したところ願いが叶ったという。境内に立つ和泉式部歌碑は、参詣の折の歌とされている。

➡貴船神社・結社にある和泉式部歌碑。上記「もの思へば〜」の歌が詠まれている

貴船神社・参道
本宮と結社、奥宮を結ぶ参道は「恋の道」と呼ばれ、恋愛成就を願う多くの参詣者がこの道を歩く。和泉式部もこの参道を歩いて参拝したという

謡曲『誓願寺』で有名
和泉式部が帰依した寺

誓願寺
せいがんじ

四条河原町周辺 MAP 付録P.21 D-2

創建は飛鳥時代と伝わる古社。和泉式部は誓願寺に帰依し、往生を遂げたという。清少納言と秀吉側室・松の丸殿も帰依したことから女人往生の寺と呼ばれる。

☎075-221-0958 所中京区新京極通六角下ル桜之町453 休境内自由
交市バス・四条河原町下車、徒歩6分 Pなし

↑毎年6月に和泉式部忌法要を行う

↑本尊・阿弥陀如来坐像は鎌倉〜南北朝頃の作

和泉式部が初代の住職
式部の墓や絵巻が伝わる

誠心院
せいしんいん

四条河原町周辺 MAP 付録P.21 D-3

関白藤原道長が、娘・藤原彰子の女房（女官）・和泉式部に与えたお堂が起源とされている。泉涌寺派の寺院で、式部が初代住職を務めた。本堂には本尊・阿弥陀如来と和泉式部、藤原道長の像を安置している。境内に和泉式部の墓とされる宝筐印塔がある。

☎075-221-6331 所中京区新京極通六角下ル中筋町487 休7:00〜19:00 休無休 料無料
交市バス・四条河原町下車、徒歩5分 Pなし

↑新京極商店街にある誠心院の山門

↑寺に伝わる『和泉式部縁起絵巻』。和泉式部は娘を亡くしたのちに出家し、往生を遂げたと伝える。式部の墓が描かれている

↑↑女人往生のため誓願寺に日参する和泉式部（左）。ついには出家し、紫雲のたなびくなか極楽往生を遂げた（下）

↑和泉式部が詠んだ春の歌の石碑が境内に立つ

和泉式部

藤原定家

妖艶華麗な歌を詠む中世歌人の第一人者

ふじわらのさだいえ／ていか

華のある歌で新風を起こし
新古今時代を牽引した立役者

平安末期から鎌倉初期の歌人。応保2年（1162）に歌人の家に生まれ、若くして歌才を発揮した。後鳥羽上皇に見いだされて『新古今和歌集』の編者となり、のちに『新勅撰和歌集』『小倉百人一首』を編集。妖艶で幻想的な独特の歌風を提唱し、新古今時代の代表歌人となる。晩年は出家し、79歳で逝去。歌学・古典研究でも多大な業績を残し、日記『明月記』も著した。

百人一首かるた 97.権中納言定家
〈嵯峨嵐山文華館所蔵〉

藤原定家が永眠する
見どころ豊富な禅寺

相国寺
しょうこくじ

京都御所周辺 **MAP** 付録P.13 F-2

14世紀末に足利義満が創建した臨済宗相国寺派の大本山。日本最古の法堂建築など、多くの立派な伽藍が並ぶ。法堂の天井画を飾る鳴き龍（春・秋のみ公開）が有名。墓所に藤原定家の墓があり、足利義政、伊藤若冲の墓も並び立つ。

☎075-231-0301
所 上京区今出川通烏丸東入ル
時 春と秋の特別拝観受付10:00～16:00
休 不定休
料 境内自由（春と秋の特別拝観時は800円）
交 地下鉄烏丸線・今出川駅から徒歩10分
P なし

→境内の墓所に藤原定家が眠る

→法堂は豊臣秀頼の寄進で国の重要文化財

中庭
紅葉で人気の厭離庵。晩秋の散り紅葉は特に趣ある鮮やかさ

見わたせば
花も紅葉もなかりけり
浦の苫屋の秋の夕暮

新古今和歌集

【現代語訳】見渡してみると、春の花も、秋の紅葉もないことよ。浜辺にある粗末な漁師小屋しか（ない）。寂しい秋の夕暮れだ。

紅葉鮮やかな静寂の寺
百人一首が生まれた地

厭離庵
えんりあん

嵯峨野 **MAP** 付録P.4 B-2

嵯峨野の小倉山麓にある尼寺。かつて、藤原定家の山荘があり、『小倉百人一首』を編集した地とされる。定家が筆を洗うのに使ったと伝わる「柳の井」や定家塚がある。紅葉の時期のみ境内を公開。

☎075-861-2508
所 右京区嵯峨二尊院門前善光寺山町2
時 11月1日～12月7日9:00～16:00
休 期間中無休 料 500円
交 市バス・嵯峨釈迦堂前下車、徒歩10分 P なし

→定家の山荘名を冠した茶席「時雨亭」

嵯峨嵐山文華館 ▶P.114
さがあらしやまぶんかかん

百人一首の歴史や魅力について紹介するミュージアム。100人の歌人を紹介し、かるたの展示も行う。

嵐山 **MAP** 付録P.4 B-3

「小倉百人一首」の歌や歴史にふれる

→2階にある120畳もの畳ギャラリー

俗世を捨て桜と月を好んだ旅の歌人
西行法師
<small>さいぎょうほうし</small>

日本各地を旅して経験した自然や心情を率直に詠む

　平安末期の歌人。武家出身で、北面の武士として鳥羽上皇に仕えた。23歳で出家し、仏道修行のかたわら和歌に励む。生涯の大半を諸国行脚で過ごし、各地の風光明媚な自然や旅先での心情を和歌に詠んだ。なかでも花や月の和歌を多く残す。藤原定家の父・俊成らと新古今の流れをつくり、『新古今和歌集』に94首の歌が選ばれている。家集は『山家集』など。

百人一首かるた 86.西行法師
〈嵯峨嵐山文華館所蔵〉

井戸の脇に西行の歌碑がある

西行の使った井戸が残る歌人・俳人ゆかりの地
西行井戸
<small>さいぎょういど</small>

嵯峨野 MAP 付録P.4 B-2

西行が小倉山麓の二尊院近くに結んだ庵に居住した折、使っていたとされる井戸。隣の墓地には元禄の俳人・向井去来の墓があり、去来の庵「落柿舎」も近い。井戸の近くに、全国の歌人・俳人から募って建てられた多くの歌碑が並ぶ。

所 右京区嵯峨小倉山緋明神町
開 休料 見学自由
交 市バス・嵯峨釈迦堂前下車、徒歩10分　P なし

西行法師が出家した桜で有名な花の寺
勝持寺 ➡ P.175
<small>しょうじじ</small>

西山 MAP 本書P.175 A-1

白鳳時代の7世紀に役行者が開基したと伝わる天台宗寺院。西行はこの寺で出家して庵を結び、しばらく起居した。その際に植えたと伝えられる「西行桜」が有名。

花と月を愛した西行を偲んで建つ簡素な庵
雙林寺 花月庵
<small>そうりんじ かげつあん</small>

祇園 MAP 付録P.23 E-4

西行が出家の翌年に住んだ雙林寺塔頭・蔡華園院の跡地に建てられた庵。江戸時代に復興、再建された。庵内に西行法師像を安置（非公開）。

☎ 075-561-5553
所 東山区下河原鷲尾町525　⏰ 10:00〜16:00
休 無休　料 無料（本堂は200円）
交 市バス・祇園下車、徒歩7分　P なし

境内には西行ゆかりの宮城野の萩が群れる

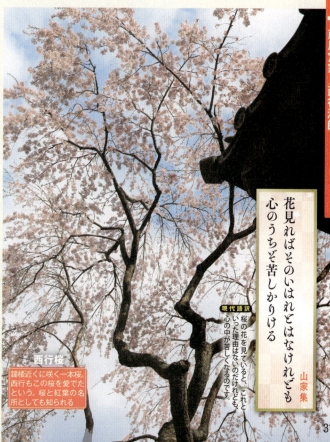

西行桜
鐘楼近くに咲く一本桜。西行もこの桜を愛でたという。桜と紅葉の名所としても知られる

花見ればそのいはれとはなけれども心のうちぞ苦しかりける

現代語訳
桜の花を見ていると、これといった理由はないのだけれども、心の中が苦しくなるのです。

<small>山家集</small>

藤原定家／西行法師

庭園がつくる幽玄の世界に遊ぶ

心に残る美しき庭園⑩選

流れる水、香る風、生い茂る草木。
庭はひそやかに、そこにあるだけで訪れる者に癒やしと憩いを与えてくれる。
作庭家による繊細かつ優美な自然表現を、時間をかけて鑑賞したい。

特集 ● 心に残る美しき庭園10選

池を中心とした
自然美あふれる庭
池泉庭園

KYOTO GARDENS

水をたたえた池を持つ庭は、
古来、山水に親しんできた日本人ならではの芸術品。
自然の姿を凝縮して再構成した美的空間に
花、緑、紅葉と四季の彩りが加わり、
より情趣を醸し出す。

池の手前の白砂による汀が日本の州浜を表現し、池には三尊石や龍門瀑などの石組みで中国大陸の荒磯を表す

風光明媚な嵐山にたたずむ名刹で
大自然と融合した修禅の庭を拝観

天龍寺
てんりゅうじ

世界遺産

嵐山 MAP 付録P.4 B-3

足利尊氏が後醍醐天皇の霊を慰めるため、暦応2年(1339)夢窓疎石を開山として創建した。

➡ P.73

曹源池庭園 そうげんちていえん

天龍寺大方丈の裏手に広がる庭は、夢窓疎石の作庭で、嵐山や亀山を借景とした池泉回遊式庭園だ。亀山離宮の旧苑地を利用した日本古来の池庭に、禅宗由来の北宋水墨画的な庭園様式が融合した名園とされる。

⇧ 中国故事の「登龍門」から龍と化す途中の鯉を表す龍門瀑の石

池泉庭園の基本

日本の庭園は池を中心に石や植栽を配する池泉式と、水を用いずに自然を表す枯山水に分かれる。池泉庭園には浄土式、寝殿造系、書院造系とあり、それぞれ回遊式、舟遊式、観賞式と庭の楽しみ方がある。

● **池泉回遊式庭園**
ちせんかいゆうしきていえん

中国から伝わった蓬莱神仙思想の影響を受け、池中に蓬莱島を築いて九山八海石など据え、長寿や永劫の繁栄を祈った。

● **池泉舟遊式庭園**
ちせんしゅうゆうしきていえん

平安時代、貴族たちが邸内の庭に池を造り、舟を浮かべて管弦や詩歌などを楽しみながら鑑賞した庭。

● **池泉観賞式庭園**
ちせんかんしょうしきていえん

書院など室内から見て楽しめるように、池を中心に滝、築山、植栽などで動きや距離感を表した庭で、座観式庭園ともいわれる。

池泉庭園

京都で最古の歴史ある社に
モダンな3つの庭園

松尾大社
まつのおたいしゃ

松尾大社周辺 MAP 付録P.4 C-4

大宝元年(701)秦氏が創建した古社。酒造とも関わりが深く、日本第一酒造神としても尊崇されている。松風苑三庭は、昭和を代表する作庭家・重森三玲による現代庭園の傑作。

☎075-871-5016
所 西京区嵐山宮町3
時 境内自由、庭園拝観9:00〜16:30
(日曜、祝日は〜17:00、受付は各30分前まで) 休 無休 料 庭園・神像館共通500円 交 阪急嵐山線・松尾大社駅から徒歩2分 P 約100台

蓬莱の庭 ほうらいのにわ

昭和50年(1975)に完成した松風苑は上古の庭、曲水の庭、蓬莱の庭の三庭からなる。蓬莱の庭は、全体が羽を広げ鶴をかたどった池泉回遊式庭園。

⬆鎌倉時代に流行した、不老不死を願う蓬莱思想が、作庭技術にも反映された

境内一面を覆う青苔が
神秘へと誘う庭

西芳寺
さいほうじ

世界遺産

松尾大社周辺 MAP 付録P.2 B-3

天平3年(731)、行基が創建。暦応2年(1339)に夢窓疎石が中興した。庭は本堂東南に広がる池泉回遊式庭園と山腹の枯山水石組みの上下2段の庭がある。

☎075-391-3631
所 西京区松尾神ヶ谷町56
時 要事前申込(HPで要確認)
休 無休 料 参拝料3000円以上
交 京都バス・苔寺・すず虫寺下車すぐ
P なし

➡黄金池に舎利殿の建つ浄土庭園の形式は、金閣寺や銀閣寺にも影響を与えた

➡黄金池を中心にした下段の庭。苔と木立で神秘的な世界をつくり出している

庭園 ていえん

約120種類の苔が境内を覆い、「苔寺」の通称が有名。夢窓疎石作庭当時に苔はなく、苔庭になったのは江戸時代末期頃という。

意匠を凝らした建築美と庭園美の最高峰
桂離宮
かつらりきゅう

桂 MAP 本書P.175 B-1

江戸時代初期に八条宮智仁親王が別荘として創建した。建築家ブルーノ・タウトが"泣きたくなるほど美しい"と絶賛した離宮は、回遊式庭園と数寄屋建築の匠の技を見事に調和させている。

☎075-211-1215
(宮内庁京都事務所参観係)
所 西京区桂御園
⊕事前申込(P.189)のほか、当日申込も可能。申込方法はWebの宮内庁参観案内を参照 休月曜(祝日の場合は翌日)、ほか臨時休あり 料1000円 交阪急京都線・桂駅から徒歩20分 Ｐあり

庭園 ていえん

池畔に書院や茶亭を配し、築山、州浜、橋、石灯籠など細心の美的構成。入り組んだ苑路のおかげで、庭園の多彩な光景が楽しめる。

池泉庭園

⇧中心的な建物の書院。古書院、中書院、新御殿が配置されているほか、月見台も設けられている

⇧母屋では無料の10分ガイドを実施。庭園カフェも営業している

有朋の指示による植治の原点的庭園
無鄰菴
むりんあん

南禅寺周辺 MAP 付録P.15 E-4

明治の元勲・山縣有朋の別荘。有朋自らが指示した庭は、七代目小川治兵衛(植治)の作庭で、東山を借景に疏水の水を躍動的に取り入れた開放的な庭だ。

☎075-771-3909 所 左京区南禅寺草川町31 ⊕9:00〜18:00(10〜3月は〜17:00) 休無休 料600円 交地下鉄東西線・蹴上駅から徒歩7分 Ｐなし

庭園 ていえん

傾斜地を利用した庭は、醍醐寺の三宝院の滝を模したとされる三段の滝、池、芝生などのびやか。紅葉が美しくせせらぎの音も心地よい。

©植彌加藤造園

35

水を使わず水を感じる小宇宙
枯山水庭園
KYOTO GARDENS

室町時代の、禅宗の影響を受け、水を用いず、
砂や石、植栽や苔などで山水を表現する庭。
豊かな感性と巧みな技が織りなす
砂紋や石組み、刈り込みの樹木などには、
自然に対する深い想いがこめられている。

特集●心に残る美しき庭園10選

広さ約250㎡、東西25m、南北10m余の白砂の空間に5・2・3・2・3と、15個の石組みを配置

無言の石と向き合う禅の庭は見る者の感性が試される

龍安寺
りょうあんじ

世界遺産

金閣寺周辺 MAP 付録P.5 E-1

細川勝元が宝徳2年(1450)に徳大寺実能の別荘を譲り受けて創建した。白砂敷と15個の石組みで構成されたシンプルな石庭が、国内外問わず多くの観光客を惹きつける。

➡ P.78

石庭 せきてい

方丈前庭が、有名な虎の子渡しの庭と称される石庭。油土塀に囲まれたわずか75坪の白砂の庭に一木一草もない石組みのみで表現した枯山水は、見る者に謎を問いかける。土塀の高低で遠近法も取り入れられている。作者も作庭年代も不明。

⬆ 一切のものから超越した唯一無二の禅の庭といわれ、鑑賞者が心で見る庭だ

枯山水庭園の基本

禅宗寺院を中心に発達した庭園。禅宗の自然観と水墨画の影響で、水を用いないで山水の風景を象徴的に表現した庭は、主として白砂と石組みによって構成される。水の流れを表現するため人工的な砂紋が描かれるのが特徴。瞑想や座禅の場にふさわしく、室内から一望できる造形になっている。

枯山水庭園

市松模様や北斗七星を写した庭
東福寺
とうふくじ

東福寺周辺 MAP 付録P.19 E-3

嘉禎2年(1236)に摂政が、奈良の東大寺と興福寺から1字ずつ取り、京都最大の大伽藍を造営。京都屈指の紅葉の名所であり、禅宗伽藍を代表する三門、東司、禅堂など室町時代の禅僧の生活を伝える建築が残る。方丈の東西南北には昭和の作庭家・重森三玲が手がけた4つの禅宗庭園がある。モダンで斬新な意匠で、2014年に国指定名勝に指定された。

☎075-561-0087 所東山区本町15-778 開9:00(秋の拝観期間8:30)～16:30(受付は~16:00)12~3月は~16:00(受付は~15:30) 休無休 料本坊庭園500円、通天橋600円(11月10~30日は1000円)、本坊庭園・通天橋共通1000円(11月10~30日は設定なし) 交JR・京阪東福寺駅から徒歩10分／京阪鳥羽街道駅から徒歩8分 P20台 ※秋の拝観期間は利用不可

本坊庭園 ほんぼうていえん

昭和14年(1939)造営。釈迦の生涯を意味する「八相成道」にちなんで「八相の庭」と称される。作庭の唯一の条件は、本坊内の材料は捨てることなく、再利用しなければならないということであった。

◎北庭の市松の庭。苔と境内の石を再利用した敷石の市松模様が有名

特集 ● 心に残る美しき庭園10選

◎サツキの刈り込みと葛石(かずらいし)で表現された立体的な市松模様の西庭

◎巨石の四仙島と五山にちなむ築山の苔地と丸い砂紋が斬新な南庭

◎東庭の北斗七星の庭。白砂、苔、7個の柱石の古材で星座を表現

禅宗伽藍に融合する
昭和・平成の庭
建仁寺
けんにんじ

祇園 **MAP** 付録P.24 B-1

建仁2年(1202)栄西禅師を開山とした京都最初の禅刹。俵屋宗達筆の『風神雷神図屏風』(P.104)の複製や法堂の天井画『双龍図』が名高く、方丈前庭の「大雄苑」や中庭の「〇△□乃庭」「潮音庭」など近年作庭された庭も独創的。

☎075-561-6363
所 東山区大和大路通四条下ル4丁目小松町584
開 10:00～17:00(受付は～16:30)
休 無休(4月19・20日、6月4・5日など行事による閉門あり)
料 方丈、法堂など600円
交 京阪本線・祇園四条駅から徒歩5分 P 40台

→方丈から法堂を望む。広い縁に腰を下ろしてゆったりと鑑賞できる

大雄苑
だいおうえん

方丈の南側に広がる枯山水庭園。白砂に巨石を配し、法堂を借景とした昭和初期作庭のもの。

枯山水庭園

鹿おどしの音が響く
風流人の庭
詩仙堂
しせんどう

一乗寺 **MAP** 付録P.7 F-2

江戸時代の文人・石川丈山が隠棲した山荘跡。丈山作庭の白砂を敷き詰めた唐様庭園は、丸く刈り込まれたサツキと秋の紅葉が見事。丈山考案とされる鹿おどしののどかな響きも静寂な庭のアクセントに。

☎075-781-2954
所 左京区一乗寺門口町27
開 9:00～17:00(受付は～16:45)
休 5月23日 料 500円
交 市バス・一乗寺下り松町下車、徒歩7分 P なし

唐様庭園
からようていえん

書院から眺める庭は白砂を大海、サツキの刈り込みを連山に見立てている。山の斜面に沿って滝や小川が流れ、多彩な表情を見せる。

↑四季折々の日本の風情が楽しめる庭

桂離宮の美意識を受け継ぐ
意匠を凝らした建築と庭
曼殊院門跡
まんしゅいんもんぜき

一乗寺 **MAP** 付録P.7 F-2

最澄が比叡山に開いた一坊が、明暦2年(1656)に桂離宮を造った八条宮智仁親王の皇子である良尚法親王によって現在地に造営された門跡寺院。大小の書院の雅な意匠や庭園など「小さな桂離宮」との別名もある。

→5月上旬に花を咲かせる霧島ツツジと秋の紅葉の名所としても名高い

枯山水庭園
かれさんすいていえん

小書院を舟に見立て白砂に鶴島亀島を配した遠州好みの庭。鶴を表す樹齢400年の五葉の松と、その根元にキリシタン灯籠がある。

☎075-781-5010
所 左京区一乗寺竹ノ内町42
開 9:00～17:00
(受付は～16:30)
休 無休 料 600円
交 市バス・一乗寺清水町下車、徒歩20分 P 50台

39

京都さんぽ ①

華やぐ街から山裾へ。由緒ある寺社巡り
祇園周辺の古社寺へ

ぎおん

祇園の東側には、古い歴史を持つ風格ある寺社が集まっている。壮大な建築や風雅な庭園など、見どころもたっぷりの寺社を参拝する。

祇園のシンボル八坂神社から壮大な寺域を誇る名刹へ

　八坂神社の門前町として栄えた祇園。四条通に建つ八坂神社の西楼門は、昔も今も祇園の街を見守るシンボルゲートだ。神社の東には、京都随一の桜の名所の円山公園が広がり、浄土宗の聖地・知恩院、皇室ゆかりの青蓮院門跡といった格式高い寺院が東山の山麓に続いている。

　華やかな祇園の街から足をのばして、山裾の自然と風雅に調和した歴史ある寺社を訪ねてみたい。

祇園界隈は着物で歩きたい

祇園・高台寺(P.65)の周辺には、レンタル着物のショップが数多くある。古都の風情にあふれるこのエリアを歩くとき、着物を着て出かけると、よりいっそう感慨深い旅になる。各種プランが用意されているので、事前に調べて予約してみてはいかが？

夢京都　祇園本店
ゆめきょうと ぎおんほんてん
MAP 付録P.22 C-3
☎075-561-9410　所東山区祇園町北側300　営9:00〜18:00　休無休
交市バス・祇園下車すぐ　Pなし

↑小物類などもすべて貸してくれる

1 八坂神社
やさかじんじゃ
MAP 付録P.23 D-3

祇園祭で有名な「祇園さん」

飛鳥時代創祀と伝わる古社。全国の祇園社の総本社で、京の街の守り神。厄除けや商売繁昌のご利益で知られる。祇園造の本殿のほか、多くの摂社末社が建つ。

☎075-561-6155
所東山区祇園町北側625　休境内自由
交市バス・祇園下車すぐ　P40台(有料)

↑四条通にそびえる鮮やかな西楼門は祇園のシンボル

↑奉納行事を行う舞殿(左)と13座の神を祀る本殿(右)

2 円山公園
まるやまこうえん
MAP 付録P.23 E-3

約630本が咲く桜の園

丘陵地に広がる園内に、回遊式の日本庭園が設けられ、周囲を散策できる。京都随一の桜の名所で、なかでも公園中央の大きなしだれ桜は有名。開花期にライトアップされる。

☎075-561-1350(京都市都市緑化協会)
所東山区円山町　休入園自由、ライトアップ3月下旬〜4月上旬 日没〜24:00
交市バス・祇園下車すぐ　P134台(有料)

↑「祇園の夜桜」と呼ばれるしだれ桜
↓池を中心に風流な景色を見せる円山公園の日本庭園

特集●京都さんぽ

→ 境内に建つ美御前社は美貌の神。美容水が評判

豪華な京の夏の風物詩
祇園祭
きおんまつり

日本三大祭りのひとつ、八坂神社の祇園祭は、平安時代の疫病退散祈願が起源。7月1日から1カ月かけて、さまざまな神事や行事が行われる。ハイライトは17・24日の山鉾巡行。絢爛豪華に飾られた33基の山鉾が、祇園囃子を奏でながら京都の中心部を巡行し、多くの人で賑わう。

移動時間 ◆ 約30分

散策ルート

祇園バス停
ぎおん
↓ バス停に降りれば、八坂神社の西楼門がすぐ。 徒歩1分

1 八坂神社
やさかじんじゃ
↓ 八坂神社の境内を歩いて東側へ。しだれ桜が目印。 徒歩3分

2 円山公園
まるやまこうえん
↓ 園内散策後、神宮道へ出て北へ。三門が見える。 徒歩2分

3 知恩院
ちおんいん
↓ 知恩院の境内は広々として、穏やかな雰囲気。 徒歩5分

4 青蓮院門跡
しょうれんいんもんぜき
↓ 参拝後は華頂道を西に歩き、知恩院前バス停へ。 徒歩10分

知恩院前バス停
ちおんいんまえ

祇園周辺の古社寺へ

3 知恩院
ちおんいん

MAP 付録P.23 F-2

法然が入滅した聖地に建つ

浄土宗の開祖・法然上人が、平安末期に庵を結んだ地に建つ浄土宗総本山。日本最大級の三門、日本三大梵鐘の大鐘楼など見どころ豊富。「忘れ傘」や「鶯張りの廊下」など知恩院七不思議も有名。

☎075-531-2111 ⌂東山区林下町400 ⏰9:00〜16:30（受付は〜16:00） 休無休 ¥境内無料、友禅苑300円、方丈庭園400円 🚇地下鉄東西線・東山駅から徒歩8分 Pなし

→ 江戸前期建立の三門は高さ約24m

→ 寛永13年(1636)鋳造の国内でも最大級の大鐘が吊られる大鐘楼

4 青蓮院門跡
しょうれんいんもんぜき

MAP 付録P.23 F-2

皇室ゆかりの天台宗寺院

親王が代々門主を務め、一時仮御所になったため粟田御所とも呼ばれる。青い光があふれる春秋の夜間拝観は幻想的。また庭園は四季折々に美しい。

☎075-561-2345 ⌂東山区粟田口三条坊町69-1 ⏰9:00〜17:00（受付は〜16:30）夜間特別拝観3月中旬〜3月下旬・4月上旬・4月29日〜5月6日・10月下旬〜12月上旬18:00〜22:00（受付は〜21:30） 休無休 ¥500円、夜間特別拝観時800円 🚇地下鉄東西線・東山駅から徒歩5分 P10台（夜間拝観時は利用不可）

→ 法要などを行う宸殿。親鸞聖人得度の地でもある
→ 池泉回遊式庭園「相阿弥の庭」。春はツツジが咲く

京都さんぽ ②

自然のなかの麗しい風情
閑とした嵐山の美景
あらしやま

平安貴族が紅葉狩りや舟遊びに興じ、
『源氏物語』にも描かれた古くからの景勝地。
雅な自然で人々を魅了するとっておきの場所へ。

季節に彩られる里山の自然を
より優雅に感じられる名所

　桂川に架かる風流な渡月橋から、日本庭園の美しい宝厳院や天龍寺、大河内山荘庭園を巡り、嵯峨野の竹林の道を抜けて、『源氏物語』ゆかりの野宮神社へ。和の情緒満点の自然美にふれる。

① 渡月橋 → P.72
とげつきょう
MAP 付録P.4 B-3

木造の欄干が旅情を誘う

平安初期に桂川（大堰川）に架けられた全長155mの橋。周辺は京都屈指の桜と紅葉の名所。

→ 四季折々にさまざまな美しさを見せる渡月橋。春は桜が美しい

桂川北岸から嵐山公園（中ノ島公園）の間に架かる

② 宝厳院
ほうごんいん
MAP 付録P.4 B-3

参拝は年に2回のみ

天龍寺の塔頭で、春と秋の特別拝観時のみ一般公開される。回遊式庭園の苔と紅葉が見事。

☎ 075-861-0091
㉠ 右京区嵯峨天龍寺芒ノ馬場町36
㉺ 通常非公開 ※春・秋の特別公開時9:00〜17:00（受付は〜16:45）夜間特別拝観 11月中旬〜12月上旬17:30〜20:30（受付は〜20:15）
㉗ 公開期間中は無休
㉓ 500円（夜間特別拝観600円）
㉔ 嵐電・嵐山駅から徒歩4分　㉟ 昼間は天龍寺駐車場、夜間は近隣の共用駐車場利用

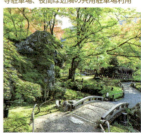

↑ 秋にはカエデが色づく獅子吼の庭

特集●京都さんぽ

3 天龍寺
てんりゅうじ ➡ P.73

MAP 付録P.4 B-3　世界遺産

京都五山第一位の格式

南北朝時代に、足利尊氏が後醍醐天皇の菩提を弔うため創建した臨済宗寺院。夢窓疎石作と伝わる池泉回遊式の曹源池庭園が美しい。法堂では、日本画の大家・加山又造の描いた天井画の『雲龍図』が見られる。

↑嵐山に溶け込む曹源池庭園

5 大河内山荘庭園
おおこうちさんそうていえん

MAP 付録P.4 B-3

名優の遺した小倉山の別天地

昭和初期に活躍した時代劇俳優、大河内傳次郎の旧別荘。比叡山や京都の街並みを見下ろす広大な回遊式庭園が広がる。

☎075-872-2233　⬤右京区嵯峨小倉山
⏰9:00～17:00　休無休　料1000円(抹茶付)
🚃嵐電・嵐山駅から徒歩15分　🅿20台

↑起伏に富む庭園は見晴らしも抜群だ

↑嵯峨野らしい風情が楽しめる道

4 竹林の道
ちくりんのみち

MAP 付録P.4 B-3

青竹に囲まれた静かな散歩道

大河内山荘庭園から野宮神社に至る竹林の小径。木洩れ日や風のそよぎで表情を変える竹林の美が満喫できる。

🚃嵐電・嵐山駅から徒歩8分

散策ルート
移動時間 ◆ 約1時間5分

JR嵯峨嵐山駅
ジェイアールさがあらしやま

⬇ 駅を出たら、南に向かって川沿いの道を進む。　徒歩10分

1 渡月橋
とげつきょう

⬇ 木造の風情ある橋をのんびり往復。　徒歩15分

2 宝厳院
ほうごんいん

⬇ 春・秋の特別公開中でなければ、そのまま天龍寺へ。　徒歩15分

3 天龍寺
てんりゅうじ

⬇ 曹源池庭園を眺めたら、北門から出て、西へ。　徒歩1分

4 竹林の道
ちくりんのみち

⬇ 竹林に覆われたゆるやかな坂道を歩く。　徒歩5分

5 大河内山荘庭園
おおこうちさんそうていえん

⬇ 庭園を眺めながら抹茶で一服。再び竹林の道へ。　徒歩8分

6 野宮神社
ののみやじんじゃ

⬇ 嵐電や阪急線の駅もあるので、都合に合わせて。　徒歩10分

JR嵯峨嵐山駅
ジェイアールさがあらしやま

6 野宮神社
ののみやじんじゃ ➡ P.25

MAP 付録P.4 B-3

縁結びや子宝の神様

伊勢神宮の斎宮に選ばれた皇女が参宮前にここで身を清めた。『源氏物語』にも登場する古社。

↑珍しい黒木の鳥居が迎える

閑とした嵐山の美景

京都さんぽ ③

花咲く季節に出かけたい
きぬかけの路
きぬかけのみち　MAP 付録P.5 F-1

3つの世界遺産を結ぶきぬかけの路が、最も華やぐ春。庭園や朱色の神社、風流な五重塔も、赤やピンクの春の装いに衣替え。

↑楼門前の撫牛

京都観光随一の王道ルート 春はお花見にもおすすめ

衣笠山沿いに続く全長2.5kmのきぬかけの路は、世界遺産の仁和寺、龍安寺、金閣寺を結ぶ定番の人気観光コース。早春から春にかけては、北野白梅町駅からスタートするルートがおすすめ。梅の北野天満宮や桜の平野神社、仁和寺と、花の名所を巡るお花見散歩を楽しもう。

↑中門の「三光門」。三光とは星・月・日を表す

1 北野天満宮
きたのてんまんぐう
MAP 付録P.12 B-2

受験生に人気の梅の名所

全国天満宮・天神社の総本社。平安中期創建で、学問の神様・菅原道真公を祀る。国宝・御本殿や三光門などの荘厳な桃山建築が並ぶ。撫でると頭が良くなるという「撫牛」が有名。梅苑に約1500本の梅が咲く。

☎075-461-0005　所上京区馬喰町
時6:30(社務所は通年9:00～17:00)
梅苑公開2月上旬～3月下旬9:00～16:00
もみじ苑公開11月上旬～12月上旬9:00～16:00 ライトアップ期間中(11月下旬～12月上旬)は～20:00　休無休
料境内自由、宝物殿800円、梅苑1000円、もみじ苑1000円(茶菓子付)　交市バス・北野天満宮前下車すぐ　P約300台(毎月25日は縁日のため駐車不可)

↑約50種1500本の梅が梅苑や境内随所に咲く

夜まで賑わう天神さん

天神市
てんじんいち

毎月25日に天満宮で催される縁日。食べ物屋台や骨董、雑貨など多彩な露店が賑やかに並ぶ。

門前おやつ

1皿500円

粟餅
作り置きせず、注文してから餅を丸めて仕上げるので驚くほどやわらか。なめらかなこし餡と香ばしいきな粉の2種類がある。

粟餅所・澤屋
あわもちどころ・さわや
MAP 付録P.12 B-3
☎075-461-4517
所上京区北野天満宮前西入ル南側
営9:00～17:00(売り切れ次第終了)
休木曜、毎月26日　交市バス・北野天満宮前下車すぐ　Pなし

2 平野神社
ひらのじんじゃ
MAP 付録P.12 A-2

「平野の夜桜」で有名

平安遷都の際に平城京から遷されたという古社。江戸前期建造の本殿は、平野造りと呼ばれる独特の建築。約60種400本が咲く桜の名所。

☎075-461-4450　所北区平野宮本町1
時6:00～17:00(3月下旬～4月中旬の桜の時期は～21:00)　休無休　料境内自由
交市バス・衣笠校前下車、徒歩3分　P17台

↑珍種も多く、1ヵ月以上も桜の花を楽しめる。平野の夜桜は江戸時代からの人気行事

3 金閣寺 → P.76
きんかくじ
MAP 付録P.10 A-4

世界遺産

極楽浄土を表現した寺

室町幕府3代将軍・足利義満の山荘が起源の臨済宗寺院。黄金に輝く金閣が池畔にたたずむ風景が魅惑的。

↑金閣周辺に広がる日本庭園も風雅

移動時間 ◆ 約1時間
散策ルート

嵐電・北野白梅町駅
らんでん・きたのはくばいちょう

↓ 付近は京都の花街のひとつ、上七軒。　徒歩5分

1 北野天満宮
きたのてんまんぐう

↓ 天神川を越えて行く。桜の季節は平野神社へ。　徒歩10分

2 平野神社
ひらのじんじゃ

↓ 西大路通を北上し、金閣寺前の交差点を左折。　徒歩15分

3 金閣寺
きんかくじ

↓ 仁和寺までは、きぬかけの路を歩いてゆく。　徒歩20分

4 龍安寺
りょうあんじ

↓ そのままきぬかけの路を進む。　徒歩10分

5 仁和寺
にんなじ

↓ 仁和寺からは、嵐電の御室仁和寺駅が近い。　徒歩2分

嵐電・御室仁和寺駅
らんでん・おむろにんなじ

きぬかけの路

4 龍安寺　りょうあんじ
→ P.78

MAP 付録P.5 E-1　世界遺産

禅の心を映す枯山水

白砂に大小15の石を配した石庭が有名。春には庭奥の築地塀にしだれ桜が差しかかり、禅の庭に色を添える。

○ 世界的に知られる庭。桜は桜苑でも楽しめる

5 仁和寺　にんなじ

MAP 付録P.5 E-2　世界遺産

桜が名建築によく似合う

仁和4年(888)に宇多天皇が創建した真言宗寺院。天皇が出家して御所を置いたため御室御所とも呼ばれる。明治初期までは親王が代々門跡を務めた。御所の紫宸殿を移した国宝・金堂、重要文化財の二王門や五重塔などの名建築が立ち並ぶ。背の低い遅咲きの御室桜は国の名勝に指定されている。

☎075-461-1155　所右京区御室大内33
時境内自由、御殿9:00～17:00(12～2月は～16:30)※受付は各30分前まで、霊宝館4月1日～と10月1日～の各50日間程度のみ公開 9:00～16:30(最終受付)　休御殿は無休、霊宝館は公開期間中無休　料御殿500円、霊宝館500円、桜の時期は境内500円(特別入山料)　交嵐電・御室仁和寺駅から徒歩2分　P 100台(有料)

○ 金堂は慶長年間(1596～1615)に造営された、現存する最古の紫宸殿

○ 宸殿北の御殿庭園は池泉式と白砂の庭の2つで構成される

○ 寛永21年(1644)建立の五重塔。桜のあでやかな色に映える

京都さんぽ ④

琵琶湖疏水沿いの散歩道
哲学の道
MAP 付録P.15 F-2

てつがくのみち

哲学者の西田幾太郎が思索にふけったという水辺の小径は、京都を代表する散歩道だ。季節ごとに違った風流が楽しめる。

味わいのある小径を歩き 京都の四季をのんびり満喫

哲学の道とは銀閣寺から熊野若王子神社まで、琵琶湖疏水沿いに続く約2kmの遊歩道。春には約450本の桜がピンクのアーチをつくり、初夏はアジサイ、秋は紅葉がきれい。椿の名所の法然院、サツキの安楽寺にも注目。

↑秋は鮮やかに色づくカエデやイチョウを眺めて

↑静かな疏水の流れが風流を誘う。春には桜の花びら、秋には紅葉が水面に舞い散る風景もまた風情満点だ

1 銀閣寺 ➡P.80
ぎんかくじ
MAP 付録P.15 F-1　世界遺産

東山文化発祥の地

室町幕府の8代将軍・足利義政が建てた山荘が起源の建物。趣深い侘び寂びの世界が広がっている。

↑簡素な楼閣建築が、金閣と対照の美を醸す

2 法然院
ほうねんいん
MAP 付録P.15 F-2

法然ゆかりの椿寺

法然が草庵を結んだ地に創建。有名な本堂中庭の椿や方丈庭園、伽藍内部は春と秋のみ特別公開される。

☎075-771-2420
所左京区鹿ケ谷御所ノ段町30　時境内自由、本堂 春(4月1～7日)9:30～16:00(最終受付)　秋(11月1～7日)9:00～16:00(最終受付)　休無休　料本堂 春500円・秋1000円　交市バス・浄土寺下車、徒歩10分　Pなし

↑境内には谷崎潤一郎など文人の墓がある

↑心身を清めるという2つの白砂壇の間を通り、本堂の建つ境内へ。砂壇の紋様は季節ごとに変わる

春を迎えると、花々が小径に彩りを添える

散策ルート
移動時間 ◆ 約50分

銀閣寺道バス停
ぎんかくじみち
↓ バス停近くには日本画家の橋本関雪記念館が。 徒歩5分

1 銀閣寺
ぎんかくじ
↓ 洗心橋を渡り、ゆるやかな上り坂を歩く。 徒歩10分

2 法然院
ほうねんいん
↓ 哲学の道と並行する道を進む。 徒歩3分

3 安楽寺
あんらくじ
↓ 再び哲学の道に出て、疏水沿いの散策路を歩く。 徒歩10分

4 大豊神社
おおとよじんじゃ
↓ 途中にある熊野若王子神社は紅葉の名所。 徒歩15分

5 永観堂(禅林寺)
えいかんどう(ぜんりんじ)
↓ 春か秋ならば、途中の野村美術館で美術鑑賞を。 徒歩3分

南禅寺・永観堂道バス停
なんぜんじ・えいかんどうみち

哲学の道

---

4 大豊神社
おおとよじんじゃ
MAP 付録P.15 F-3

愛らしい狛ねずみが待つ境内

宇多天皇の御悩平癒を祈願するため、仁和3年(887)に創建され、縁結びや健康長寿などのご神徳がある。末社の大国社には珍しい狛ねずみが鎮座する。

☎075-771-1351
所 左京区鹿ケ谷宮ノ前町1
開/休 境内自由
交 市バス・宮ノ前町下車、徒歩5分
P 5台

→ 大国社の祭神・大国主命をネズミが助けたという故事から、狛ねずみが狛犬に代わって鎮座

---

3 安楽寺
あんらくじ
MAP 付録P.15 F-2

サツキや紅葉の季節に参拝

法然上人の弟子・住蓮と安楽の開いた念仏道場跡に創建。寺は春と秋などの限定公開で、住職の解説が付く。

☎075-771-5360 所 左京区鹿ケ谷御所ノ段町21
開 4月上旬の土・日曜、5月上旬の土・日曜・祝日、5月下旬〜6月上旬の土曜、7月25日、11月の土・日曜・祝日、12月上旬の土・日曜9:30〜16:30(最終受付)
休 公開時は無休 料 500円
交 市バス・錦林車庫前下車、徒歩7分 P なし

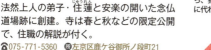

↑ サツキと紅葉の季節とカボチャ供養の日のみ公開

---

5 永観堂(禅林寺)
えいかんどう(ぜんりんじ)
MAP 付録P.15 F-3

京都でも指折りの紅葉の名所

弘法大師の弟子・真紹が真言密教の道場として創建。その後永観律師により、浄土念仏の道場となった。本尊は後ろを振り返った姿の阿弥陀如来立像。「みかえり阿弥陀」で知られる。

☎075-761-0007 所 左京区永観堂町48
開 9:00〜17:00(受付は〜16:00)、夜間特別拝観11月上旬〜12月上旬 ※2020年11月現在時間未定、秋の寺宝展11月上旬〜12月上旬9:00〜17:00(受付は〜16:00) 休 無休
料 600円(寺宝展期間中1000円)
交 市バス・南禅寺・永観堂道下車、徒歩3分
P 20台(特別拝観期間は利用不可)

→ 山の中腹にある多宝塔を包み込むような紅葉。多宝塔からは京都の街並みを一望できる

春
桜咲く古都を歩く

特集●京都の四季を旅する

自然が華やぐ古都のとき
京都の四季を旅する

季節ごとに魅力にあふれ、年間を通じて観光客で賑わう京都。
代表的なスポットを知り、催しや食など、息づく伝統にふれてみたい。

春の訪れを全身で感じられる自然と歴史あふれる小径散策

哲学の道 ➡ P.46
てつがくのみち

銀閣寺周辺 MAP 付録P.15 F-2

大正時代に植えられた桜がまるで薄紅色のトンネルのよう。頭上いっぱいに満開の桜が広がり、足元を水が流れる散歩道はどこまでも飽きさせない自然の風景が続く。石畳の道をのんびり歩きたい。

48

「日本の道100選」にも選ばれた散歩道はどこか懐かしい

京の桜の隠れ里と称されるしだれ桜の花に包まれる秘境

しだれ桜を中心に次々と開花し、あたりが濃いピンク色に染まる

原谷苑
はらだにえん

原谷 **MAP** 付録 P.5 E-1

終戦後の開拓地に、花好きの村岩当主が数十種の樹木を植樹。なかでも丹精を込めて育てた桜の絶景が広がる個人所有の花苑が見事だ。

☎075-461-2924（開花期間のみ） 🕐桜の開花時（HPで要確認） 休期間中無休 料1500円（開花状況によって変動あり） 交嵐電・御室仁和寺駅から徒歩40分 P40〜50台

平野神社 ➡P.44
ひらのじんじゃ

金閣寺周辺 **MAP** 付録 P.12 A-2

多くの珍種を含む桜が長い期間咲き続け、平安貴族も花見を楽しんだ桜の社として知られる。各公家が家伝来の桜を奉納したとも。

生命力を高める象徴として植樹、奉納されてきたとされる桜

境内には珍種の紹介もあり豊かな桜の個性を楽しめる

春・桜咲く古都を歩く

49

特集●京都の四季を旅する

映画のワンシーンのような
産業遺産と桜のコントラスト

蹴上インクライン
けあげインクライン

南禅寺周辺 **MAP** 付録P.15 E-4

昭和23年(1948)に廃線となった全長582m世界最長の傾斜鉄道跡。線路脇に約90本のソメイヨシノが連なる、ここでしか見られない感動の風景。

所 左京区粟田口山下町~南禅寺草川町 開休料 散策自由 交 地下鉄東西線・蹴上駅から徒歩3分 Pなし

ノスタルジックで幻想的な雰囲気たっぷりの眺めが広がる

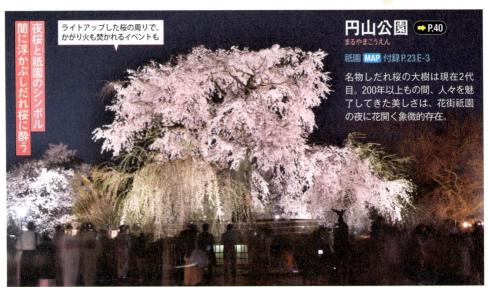

ライトアップした桜の周りで、かがり火も焚かれるイベントも

夜桜と祇園のシンボル
闇に浮かぶしだれ桜に酔う

円山公園 ⇒P.40
まるやまこうえん

祇園 **MAP** 付録P.23 E-3

名物しだれ桜の大樹は現在2代目。200年以上もの間、人々を魅了してきた美しさは、花街祇園の夜に花開く象徴的存在。

夏 涼をもとめて

花と水鳥に彩られた氷室池が平安期の面影を伝える

勧修寺 ➡ P.173
かじゅうじ

醍醐 **MAP** 本書 P.173 1

広大な氷室池には水鳥が遊び、初夏から花菖蒲、カキツバタ、スイレンが咲き誇る。書院前庭には、灯籠や樹齢750年を超えるハイビャクシンが見られる。

氷室池では平安期、1月2日に池に張る氷の厚さで五穀豊凶を占ったという

鴨川納涼床 ➡ P.130
かもがわのうりょうゆか

5月になると、鴨川に面した木屋町通・先斗町通の店では木組みの床席が顔を出す。提灯が灯され、川風に涼みながら京都ならではの食事を楽しめる。

多彩な飲食店が並ぶ夏限定の美食まつり

週末ともなると、涼を待ちわびた多くの人で賑わいをみせる

毎年5月には「新緑遊行（あそび）」と題された特別拝観も

東福寺 ➡ P.38
とうふくじ

東福寺周辺
MAP 付録 P.19 E-3

紅葉の名所では、鮮やかな青モミジも一見の価値がある。生い茂る樹々がつくり出す木陰で、涼風に吹かれながら、新緑の美と生命力を堪能したい。

まぶしい新緑と青空に映える迫力ある大伽藍の厳かな風格

春・桜咲く古都を歩く／夏・涼をもとめて

51

秋
紅葉に彩られる寺社

『古今和歌集』にも詠まれた美しい紅葉の名所

特集 ● 京都の四季を旅する

永観堂(禅林寺) ➡P.47
えいかんどう（ぜんりんじ）

南禅寺周辺 **MAP** 付録P.15 F-3

仁寿3年(853)に創建され、「もみじの永観堂」として長く親しまれている。境内を約3000本のモミジが埋め、毎年多くの観光客で賑わう。

放生池に架かる錦雲橋。橋の先には弁天社がたたずむ

美しく色づいたモミジなどの葉が朝日や夕日に映える

真紅と黄金色に輝き放つ洛東の古刹に息をのむ

真如堂(真正極楽寺)
しんにょどう（しんしょうごくらくじ）

平安神宮周辺 **MAP** 付録P.15 E-2

永観2年(984)、戒算上人が開基。応仁の乱以降各地を転々としたが、元禄6年(1693)、もとの場所に再建されて現在に至る。

☎075-771-0915
所 左京区浄土寺真如町82
開 9:00〜16:00(受付は〜15:45)、大涅槃図特別公開3月1〜31日、観経曼陀羅特別公開11月1〜30日 休 不定休
料 庭園・宝物500円(特別行事は要問い合わせ)、境内自由 交 市バス・錦林車庫前／真如堂前下車、徒歩8分
P 約5台(紅葉期は利用不可)

52

秋、紅葉に彩られる寺社

3つの渓谷を巧みに取り入れた名刹

東福寺 ➡P.38
とうふくじ

東福寺周辺 MAP 付録P.19 E-3

方丈と開山堂を結んで架かる通天橋は、京都屈指の紅葉名所で知られ、ここから眺める渓谷の紅葉と新緑(P.51)は絶景。

渓谷「洗玉澗」と紅葉が織りなす景色を通天橋から見下ろす

幻想的な夜紅葉の美しさに誰もが心奪われる風景

高台寺 ➡P.65
こうだいじ

清水寺周辺 MAP 付録P.25 E-1

秋の夜間特別拝観では、方丈庭園や臥龍池をはじめ、竹林など境内順路すべてが、ライトアップされ、あでやかな紅葉が観賞できる。

鏡のような臥龍池にライトアップされた紅葉が映り込む

冬
美しい雪景色

金閣寺 ▶P.76
きんかくじ

金閣寺周辺 MAP 付録P.10 A-4

舎利殿が最も美しく見えるともいわれる、冬の金閣寺。黄金の輝きは、鏡湖池までをも神秘的に取り込んでしまう。

金色と白銀の対比が極楽浄土の景色を表現

境内が一面の銀世界に包まれ、幻想的な光景が目に飛び込む

特集●京都の四季を旅する

貴船神社 ▶P.171
きふねじんじゃ

貴船 MAP 本書P.171 A-1

水の神様と縁結びにご利益のある古社。参道石段に並ぶ春日灯籠に明かりが灯ると、冬の風情をいっそう華やかに演出。

水の神様が見守る神々しい冬景色

当日に開催を告知する、積雪日限定のライトアップは必見

北野天満宮 ▶P.44
きたのてんまんぐう

金閣寺周辺 MAP 付録P.12 B-2

梅の名所としても知られる北野天満宮。開花時期は浅春の甘い香りに包まれる。神徳が宿るとされる域内の梅の縁起物が人気。

つぼみの時期から美しい冬の終わりを告げる梅の花

道真公ゆかりの梅の花が咲き揃う期間は夜間ライトアップも

WALKING & SIGHTSEEING
Kyoto

歩く・観る

千年の時空は自分と向き合う旅をつくる

寺院の庭を前に座し姿勢を正す。境内の観光客の喧騒は遠く届かず端正な庭の静寂は心に沁みわたる。庭ばかりではない、古都を歩くと、ぽっかりした静寂のたたずまいが、ふと見えることがある。足を止める。幻覚に似た瞬間が、旅人を捉える。

坂道を上り、大改修を終えた人気寺へ
清水寺周辺
きよみずでらしゅうへん

石畳の参道が醸し出す京情緒を心に深く刻みながら、京都観光の王道ともいえる清水寺、豊臣秀吉ゆかりの高台寺などを拝観したい。

街歩きのポイント
- 優美な堂宇が魅力の京都を代表する寺院・清水寺を参拝
- 甘味処やおみやげ店を巡りながら、石畳の坂道を歩く
- 高台寺で豊臣秀吉好みの豪奢なしつらえに圧倒される

歩く・観る●清水寺周辺

1000年以上も前から人気の観光地
古くから庶民の信仰を集めた清水寺。平安時代には清少納言が『枕草子』の中で、清水寺の縁日の賑わいを「さはがしきもの」と著している。江戸時代には花見客も多く、歌舞伎や浄瑠璃にもたびたび登場した。

錦雲渓の自然に包まれて崖にせり出す清水の大舞台。壮大なスケールの舞台建築と古都を見下ろす絶景は京都一の人気を誇る

四季ごとに一度は上りたい舞台へ

清水寺 世界遺産

きよみずでら

坂上田村麻呂が寺院を創建 平成の大改修でより雅な姿に

清水の舞台で知られる清水寺の起源は、奈良時代後期の宝亀9年(778)。延鎮上人が夢のお告げで音羽山麓の滝にたどり着き、付近に草庵を結んで千手観音像を祀ったのが始まりとされる。延暦17年(798)、音羽山へ鹿狩りに訪れた征夷大将軍・坂上田村麻呂が延鎮上人に帰依し、自身の邸宅を仏殿に寄進して寺院を創建した。

約13万㎡の広大な境内に、徳川家光が再建した江戸前期の堂宇が立ち並ぶ。なんといっても圧巻は、清水の舞台からの渓谷や京都市街の絶景。日本最大級の三重塔や巨大仁王像が立つ仁王門など、見どころは豊富だ。ご利益スポットの多さも魅力。2020年には、2008年から続いた「平成の大改修」が完了し、約50年ぶりとなる本堂屋根の葺き替えや、舞台板の張り替えが行われた。

MAP 付録P.25 F-4

☎ 075-551-1234　所 東山区清水1-294
時 6:00〜18:00(7・8月は〜18:30)
※夜間特別拝観の期間6:00〜21:30(21:00受付終了)　休 無休
料 本堂400円、夜間特別拝観400円
交 市バス・清水道/五条坂下車、徒歩10分
P なし

幻想的な夜の景色！ ライトアップに感動

春には1500本の桜、秋には1000本の紅葉が清水の舞台を包み込む。見頃の時期にはライトアップされた幻想的な風景が楽しめる。

清水寺のライトアップ
3月下旬〜4月上旬
11月中旬〜下旬

清水寺

見どころもご利益もしっかりチェック!!
清水の舞台までの諸堂拝観コース

清水坂から清水の舞台に行く途中にも、優雅な三重塔やご利益スポットなどの見どころは数多い。

↑清水坂を上りきるとある

1 仁王門 にぉうもん 重文
赤門とも呼ばれる朱塗りの門

高さ約14mの清水寺の正門。応仁の乱で焼失し、16世紀初め頃に再建。2003年には解体修理された。一対の仁王像が寺を守る。

注目ポイント
京都最大の仁王像
門の仁王像は鎌倉時代の作。躍動感にあふれ、京都で最大の規模。仁王像の前には、どちらも口を開いている阿形の狛犬が並ぶ。

こちらも訪れたい
西門 さいもん 重文

金箔飾りや彫刻が見事。西山に沈む夕日や市街の眺望も美しい。

2 三重塔 さんじゅうのとう 重文
壮麗な清水寺のシンボル

承和14年(847)に創建され、寛永9年(1632)に再建された。昭和末期に解体修理され、丹塗りや桃山様式の極彩色の紋様などが復元。高さは約31mで、三重塔では日本最大級を誇る。内部は拝観できないが、大日如来像が祀られている。

注目ポイント
屋根の四隅の鬼瓦
四隅のうち三隅は鬼瓦だが、東南角だけは龍の形。これは京都の西北を火伏せの神が鎮座する愛宕山が守っており、その反対側に龍神を配し「火災除け」としたもの。

↑東山の風景を優美に彩る朱塗りの塔

三重塔 さんじゅうのとう

歩く・観る●清水寺周辺

仁王門 にぉうもん 西門 さいもん 経堂 きょうどう 開山堂 かいさんどう 轟門 とどろきもん

子安塔から諸堂を一望!

拝観の目安 ◆ 約1時間
清水寺 拝観コース

1 仁王門 → 2 三重塔 → 3 随求堂 → 4 開山堂 → 5 轟門 → 6 本堂（舞台） → 7 地主神社 → 8 音羽の滝 → 9 子安塔
（徒歩2分／2分／2分／1分／1分／2分／2分／4分／8分）

こちらも訪れたい
朝倉堂 あさくらどう 【重文】

洛陽三十三所観音霊場第13番札所。開山堂と同時期に再建された、白木造りの重厚な建物。堂の東にある仏足石は、なでると足腰に効くといわれている。

3 随求堂 ずいぐどう
すべての願いを叶えてくれる

享保3年(1718)の再建。信者の求めに応じて願いを叶えてくれるという大随求菩薩を祀る。胎内めぐりもできる。

こちらも訪れたい
経堂 きょうどう 【重文】

寛永10年(1633)の再建。釈迦三尊像を祀り、龍の天井画がある。毎年2月15日に涅槃会が開かれる。

4 開山堂 かいさんどう 【重文】
清水寺の創建に関わった人物が祀られる

寺院を創建した坂上田村麻呂の夫妻を祀る。柱と屋根の間を飾る、鮮やかな繧繝彩色が華やか。ともに祀る開基・行叡居士と開山・延鎮上人の像は特別公開時のみ拝観可。

↑寛永10年(1633)の再建。平成の大修理で鮮やかな姿に

5 轟門 とどろきもん 【重文】
重厚な門を通って本堂（舞台）へ向かう

寛永8〜10年(1631〜33)に再建。持国天と広目天、阿・吽形の狛犬が安置されている。門の前には、フクロウの姿が彫刻されている「梟の手水鉢」がある。

↑2016年に全面改修が行われた

ご利益スポット
↑縁結び、安産、子育ての神仏も祀る

注目ポイント
破風の鏝絵
屋根正面側の漆喰部分に、鏝で施された龍の装飾は実に緻密。近年に修復された。

本堂（舞台）
ほんどう（ぶたい）

朝倉堂
あさくらどう

眼下に京都の街並みが見える
清水の舞台は絶景夢気分

舞台からの絶景を眺め、
遠くから迫力の舞台を眺めて2度感動。
たくさんのご利益スポットもお忘れなく。

歩く・観る●清水寺周辺

本堂の入口にあります ●ご利益スポット

弁慶の下駄・錫杖
べんけいのげた・しゃくじょう
重さ90kgの錫杖は、男性が持ち上げられたら出世する、12kgの高下駄は、女性が持ち上げられたら生涯裕福になれるといわれている。

出世大黒天
しゅっせだいこくてん
にこやかな笑顔で迎える大黒様は、室町時代のものを修復。出世や商売繁盛、金運アップにご利益があるという。外陣西側にある。

⬆音羽山の自然に溶け込む清水の舞台。日本漢字能力検定協会による「今年の漢字」の発表の舞台としても有名だ

6 本堂(舞台) 国宝
ほんどう(ぶたい)
舞台から京都の絶景を堪能

本堂奥の厨子内に秘仏の十一面千手観音を祀る。本堂から張り出した舞台は、観音様に芸能を奉納する場所。多くの木組みで支える懸造りが特徴。
⬇舞台はビル4階分に相当する高さ

注目ポイント

釘を使わず建てられている「清水の舞台」
清水の舞台は、欅の柱を使い、「懸造り」と呼ばれる様式で建てられている。欅の柱と貫(ぬき)という厚板を組み合わせて支える方式だ。釘を1本も使っていないので、錆による腐食を防ぐことができ、耐久性が増す。

舞台部分は18本の欅の柱で支えられている

舞台の広さは約190m²

高さ13m

幅18m

季節ごとの美しい景観を見に行きたい!!

年間通じて賑わう人気の観光スポットだが、京都屈指の桜、紅葉の名所でもある。また、緑鮮やかな夏や、滅多に見られないが、雪化粧の舞台など、四季折々の表情が美しい。

清水寺の桜と紅葉
桜 3月下旬〜4月上旬
紅葉 11月中旬〜12月上旬

↑境内随所に桜の花を咲かせる。仁王門も優雅な風情を増す

↑そうそう出会えないだけに、清水寺の荘厳な雪景色は感動的だ

↑燃えるような紅葉が境内を彩る秋は、特に人気のシーズン

かつては、ほんとうに「清水の舞台から飛び降りた」人がいた

観音信仰が流行した江戸中期の元禄時代に、「一心に観音様に祈って清水の舞台から飛び降りると命が助かり、願いも叶う」との迷信が広まった。実際に200件以上の飛び降りが記録され、そのうち85％が生存したという。もちろん無傷なはずもなく、明治時代には京都府から飛び降り禁止令が出された。

9 子安塔 重文
こやすとう
伽藍群のパノラマ撮影スポット

明応9年(1500)に再建された高さ約15mの三重塔。内部に子安観音を祀り、安産信仰を集めている。西門から本堂までの伽藍を見晴らすことができる。

↑聖武天皇・光明皇后の祈願所と伝わる

7 地主神社
じしゅじんじゃ
恋のご利益が満載

縁結びの神様。2つの恋占いの石は、目を閉じて一方からもう一方へたどり着けると恋が叶うという。ほかにもご利益スポット豊富。

➡P.100

ご利益スポット

↑若者たちでいつも賑やか

8 音羽の滝
おとわのたき
願い事はひとつに絞って

鴨川の伏流水が流れ落ちる、かつての滝行の場。延命水ともいわれ、3筋の滝のひとつを飲むと延命、恋愛、学問などのうちひとつの願いが叶うという。

ご利益スポット

↑清水寺の寺名の由来となった清らかな滝

清水寺

入り組んだ路地が続く。通りの敷石には、市電の軌道の敷石を再利用している

着物がよく似合う味わいある小路

石塀小路
いしべこうじ

MAP 付録P.25 D-1

ねねの道と下河原通を東西に結ぶ細い石畳の路地。道の両側には料亭や旅館の石垣が連なり、数寄屋造りの建物とともに風情をみせる。行灯の灯る夜も魅力的。

坂道と石畳の道を散策

清水寺周辺の風情ある路地へ

清水寺から賑やかな石段の坂道を下りながらおみやげ探し。甘味でひと息ついたら、伝統的な建物の並ぶ石畳の道をのんびり歩き、京ならではの風情を楽しもう。

歩く・観る ● 清水寺周辺

ねねも歩いたという道 春には桜並木がきれい

ねねの道
ねねのみち

MAP 付録P.25 D-1

ゆったりと広い通りに御影石が敷き詰められている。秀吉の正室・北政所(ねね)にゆかりのある高台寺や圓徳院が途中にあるため、その名がついた。

広々とした道。人力車に乗って、通りの落ち着いた風情を満喫することもできる

散策途中のおすすめスポット

八坂の塔(法観寺)
やさかのとう(ほうかんじ)

MAP 付録P.25 D-2

東山のランドマークタワー

八坂通の途中にある高さ46mの五重塔。坂道に風情を添える人気の撮影スポット。内部を拝観できることも。

☎075-551-2417
所 東山区八坂上町388 開 10:00〜15:00 休 不定休 料 400円(小学生以下拝観不可)
交 市バス・東山安井下車、徒歩3分 P なし

↑聖徳太子創建と伝わる法観寺に建つ

八坂庚申堂(金剛寺)
やさかこうしんどう(こんごうじ)

MAP 付録P.25 D-2

くくり猿に願いを託す

猿の手足を縛った人形の「くくり猿」に願い事を書いて奉納し、欲をひとつ我慢すると願いが叶うという。

☎075-541-2565 所 東山区金園町390
開 9:00〜17:00 休 無休 料 無料
交 市バス・清水道下車、徒歩5分 P なし

↑色とりどりのくくり猿が境内を飾る

和のスイーツやみやげが見つかる老舗通り

二寧坂（二年坂）
にねいざか（にねんざか）

MAP 付録P.25 D-2

大同2年(807)に整備されたゆるやかな坂道。老舗の雑貨店や甘味処、寺社などが並び、竹久夢二寓居跡の碑も立つ。産寧坂に続く道のためこの名がついたという。

> 産寧坂ほど人通りは多くない。老舗の趣のある店が多く、落ち着いた雰囲気だ

清水周辺で最も賑やか 京都観光の定番ルート

産寧坂（三年坂）
さんねいざか（さんねんざか）

MAP 付録P.25 D-3

急傾斜の狭い石段の両側に、カフェやみやげ物店などがずらり。大同3年(808)に整備された道で、安産信仰の子安観音の参詣道にちなんで産寧坂と呼ばれるように。

> レンタル着物店も点在。旅の記念に着物で散歩してみては

食べ歩きや食事も楽しめる門前通り

清水坂
きよみずざか

MAP 付録P.25 E-3

清水寺の参道。八ッ橋や漬物、七味唐辛子、民芸品、清水焼などの清水名物の店や寺院が並ぶ。狭くゆるやかな坂道が続き、坂道の上に清水寺の仁王門が建つ。

> 古くから参詣客をもてなしてきた老舗が多く、京都ならではのみやげ物が見つかる

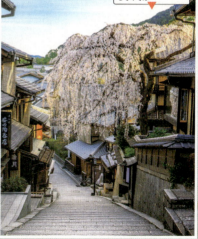

清水寺周辺の風情ある路地へ

A
三色萩乃餅
注文を受けてから作るおはぎはこし餡、つぶ餡、白小豆(夏はきな粉)の3個セット。700円

B
甘酒
米と米麹のみを使用。創業時から伝わる製法で作られる。つぶつぶ感もあって、懐かしい味わい。660円

B
本生わらびもち 無比
見た目も瑞々しいわらび餅。職人の手でていねいに作られた和三盆と貴重な本わらび粉だけを使用している。2200円

B
わらびもち(5切れ)
深煎りによる香ばしい京きな粉と、ニッキの香りがするわらび餅は、相性抜群だ。550円

清水寺周辺 スイーツ&おみやげ
甘美です。参道の誘惑
清水寺から延びる道沿いの甘味処やおみやげ店を巡るのも、参拝のお楽しみのうち。

C
ひよこほうずい
ひよこの表情がかわいい、レモン味で白餡入りの和風マシュマロ。1080円

歩く・観る●清水寺周辺

C
京のうす飴さん
和紙箱に入った薄く平らな京都の飴。486円

C
花こまど
金平糖、干菓子、氷砂糖、ゼリービーンズ9種類のお菓子が楽しめる。918円

C
ぴこまるん
桜、いちごボンボン、ミニ金太郎飴などガラス瓶に詰まったカラフルな金平糖。各453円

A かさぎ屋
かさぎや
MAP 付録P.25 D-2
レトロな風情と懐かしの味
大正3年(1914)の創業以来、手作りの味を守る二寧坂(二年坂)の甘味処。大納言小豆をていねいに炊いて作るおはぎが名物。炭火で焼く餅入りのぜんざいや夏のかき氷も人気。

☎075-561-9562 所東山区桝屋町349
営11:00〜18:00(LO17:40) 休火曜
交市バス・清水道下車、徒歩7分 Pなし

B 文の助茶屋 本店
ぶんのすけちゃや ほんてん
MAP 付録P.25 D-2
わらび餅と甘酒が名物の甘味処
上方の落語家により明治43年(1910)に創業された。八坂の塔(法観寺)にほど近いところにあり、わらび餅をはじめ多彩な和スイーツや、手作りの甘酒が味わえる。

☎075-561-1972 所東山区下河原通東入ル八坂上町373
営10:30〜16:30 休不定休
交市バス・清水道下車、徒歩6分 Pなし

C 産寧坂まるん
さんねいざかまるん
MAP 付録P.25 D-3
雑貨みたいなかわいいお菓子
見ているだけで楽しいカラフルでかわいい金平糖や京飴、抹茶菓子などが並び、ギフト対応のアイテムも揃っている。二寧坂(二年坂)にも店がある。

☎075-533-2005 所東山区清水3-317-1
営10:00〜18:00 休不定休
交市バス・清水道下車、徒歩6分 Pなし

↑東山を借景に、多彩な表情を見せる名園

庭園
ていえん

国の史跡・名勝に指定

名作庭家・小堀遠州の作とされる池泉回遊式庭園。臥龍池と偃月池を中心に、巧みに石組みを配した桃山時代の庭園の傑作。

優雅な桃山文化が薫る、ねねの寺
高台寺
こうだいじ

ねねが夫を追慕し、その菩提と自身の終の場所に選んだ地に建つ

豊臣秀吉の正室・北政所（ねね）が秀吉の菩提を弔うため、徳川家康の政治的配慮を受けて、慶長11年（1606）に創建した。東山山麓の起伏に富んだ寺域に、開山堂や霊屋などの創建時の建物や、2つの茶室など多くの貴重な建築物が点在する。池泉回遊式と枯山水の2つの庭園は、桜や紅葉の時期に華やかにライトアップされる。

↑ねねの道から台所坂を通り境内へ向かう

MAP 付録P.25 E-1
☎075-561-9966
所 東山区下河原町526
9:00～17:30（受付は～17:00）春・夏・秋の夜間特別拝観17:00～22:00（受付は～21:30）
休 無休
料 600円（掌美術館含む）
交 市バス・東山安井下車、徒歩7分
P 100台（有料）

臥龍廊
がりょうろう

龍のような坂道の廊下

開山堂と霊屋を結ぶ石段の渡り廊下。瓦屋根の連なる様子が、龍の背中のように見え、ダイナミックな風景をつくり出す。

↑秀吉とねねを祀る霊屋へと続いている

波心庭（方丈前庭）
はしんてい（ほうじょうぜんてい）

静けさ漂う枯山水の庭

勅使門から方丈前に広がる枯山水庭園。特別拝観時はテーマに合わせ趣向が凝らされる。春には大きなしだれ桜が見事に咲く。

↑春の夜間拝観時は特に幻想的

時雨亭・傘亭
しぐれてい・かさてい

利休意匠の茶室

入母屋造り2階建ての時雨亭、唐傘のような竹組みの天井が独創的な傘亭。いずれの茶室も利休の作とされ、伏見城から移築された。

↑2階建ての時雨亭（上）と茅葺き屋根の傘亭（下）。2つは廊下で結ばれている

甘美です。参道の誘惑／高台寺

着物が似合うはんなりタウンへ

祇園・先斗町
ぎおん・ぽんとちょう

京情緒にふれたいなら、舞妓さんの姿を見かけることもある祇園へ。先斗町通の食事処で夏に設けられる鴨川納涼床（P.130）は夏の風物詩。

街歩きのポイント
- 由緒正しき神社仏閣や古都の風情を感じる通りを歩く
- おみやげ、休憩のおともにぴったりなスイーツを探す
- 風格ある街の雰囲気にふさわしい名店で食事を楽しむ

↑カフェや居酒屋、割烹などもある。ひと休みしながら通りの雰囲気を楽しみたい

行灯や格子戸に和の風情があふれる街
花街情緒を歩く

京都のしっとりとした雰囲気に浸れる祇園と先斗町。和雑貨店や寺社を巡る昼間の散歩も楽しいけれど、行灯の明かりが灯る夜にはいちだんと魅力を増す。

鴨川の護岸工事で生まれた花街通り

先斗町通
ぽんとちょうどおり

MAP 付録P.22 A-2

鴨川の西に延びる通り。細い石畳の道の両側に茶屋や飲食店が軒を連ねる。通りの北端には歌舞練場もある。

↑木屋町通と鴨川の間にある花街

テレビドラマでもたびたび登場する風景

白川南通
しらかわみなみどおり

MAP 付録P.22 B-2

↑巽橋は人気の撮影スポット

白川沿いに続く石畳の通り。柳と桜の並木と、お茶屋の連なりを眺めながら歩きたい。新橋通と交わる地に辰巳大明神がある。桜の咲く春にはライトアップされる。

↑白川が茶屋の明かりに照らされる夜はロマンティックな雰囲気に

明治中頃からの
祇園の古美術通り

新門前通
しんもんぜんどおり

MAP 付録P.22 C-2

祇園のほぼ北端を走り、知恩院へと続く通り。約500mの通りに、20軒以上の古美術商や骨董品店、美術工芸品の店が集まっている。

↑思わぬ掘り出し物に出会えるかもしれない

昔ながらの花街風情を
今も色濃く残す通り

新橋通
しんばしどおり

MAP 付録P.22 C-2

茶屋や料亭が並ぶ落ち着いた通り。紅殻格子と簾の連なる伝統的な茶屋建築が多く残され、国の重要伝統的建造物群保存地区に指定されている。

↑最近では茶屋の建物を改造したおしゃれな飲食店も新橋通に増えた

↑夜の祇園の雰囲気を楽しむなら四条通から南側へ。料亭や茶屋が並び、市の歴史的景観保全修景地区に指定された

花街情緒を歩く

繁華街から1本入った
穴場はんなりスポット

西花見小路
にしはなみこうじ

MAP 付録P.22 B-4

賑やかな花見小路から1本入った路地。お茶屋や食事処、甘味処、カフェなどが並ぶ。賑わいから離れたくなったら歩いてみよう。

↑細い路地ならではのしっとりとした雰囲気が漂う昔ながらの街並みが続いている

賑やかな祇園の中心
広い通りに町家が並ぶ

花見小路通
はなみこうじどおり

MAP 付録P.22 B-4

祇園を南北に走るメインストリート。北半分は飲食店やショップが並ぶ繁華街。南側は石畳に町家の並ぶ花街らしい風情。「都をどり」で知られる歌舞練場がある。

↑提灯や犬矢来など、町家ならではのものも興味深い

祇園 スイーツ&おみやげ
花街の甘味にほっこりする。

風情ある街並みを眺めながら歩いて出会う、上品な甘味や、かわいいスイーツみやげ。名店がこだわりをもっててていねいに作った逸品が揃う。

A ZEN CAFE
ゼンカフェ
MAP 付録P.22 B-4

路地奥サロンでこだわりの逸品を
和菓子店・鍵善良房が手がけるカフェ。ハイセンスな家具で彩られた店内は、モダンで落ち着いた雰囲気だ。名物のくずもちのほか、季節の上生菓子やフルーツサンドが味わえる。

☎075-533-8686 ㊟東山区祇園町南側570-210 ⏰11:00〜18:00(LO17:30) 休月曜(祝日の場合は翌日) 交京阪本線・祇園四条駅から徒歩3分 Pなし

A 特製くずもちセット
とろけるような食感が美味。鍵善良房のくずきりと同じ葛を使用。1500円

B 本わらび餅
国産本わらび粉と和三盆を注文後に練り上げ、作りたてを提供する。1250円

A 鍵もち
やわらかな求肥にきな粉をたっぷりと。鍵善良房本店で取り扱う(ZEN CAFEでは取り扱いなし)。1800円(12個入り)

B ぎおん徳屋
ぎおんとくや
MAP 付録P.22 B-4

ほんまもんのわらび餅をいただく
花見小路沿いにある、行列必至の甘味処。箸でつかめる限界のやわらかさというわらび餅は、ねっとりとした食感とほのかな甘みでやみつきになる。コクのある黒蜜も絶品。

☎075-561-5554 ㊟東山区祇園町南側570-127 ⏰12:00〜18:00(売り切れ次第終了) 休不定休 交京阪本線・祇園四条駅から徒歩6分 Pなし

C 栗甘納糖
あっさりしたむき栗(上)918円〜とコクのある渋皮付き(右)1026円〜の食べ比べがおすすめ(価格は小袋入りのもの)

C 十六五
とろくごう
MAP 付録P.22 A-3

ころころキュートな京銘菓
南座前に店を構える豆菓子店。祝い菓子にも使われる五色豆は、日持ちするのでおみやげにぴったり。2段重ねの箱に入った五色豆と金平糖のセット453円もおすすめ。

☎075-561-0165 ㊟東山区祇園南座前 ⏰11:00〜18:00(短縮の場合あり) 休無休 交京阪本線・祇園四条駅からすぐ Pなし

C 五色豆
梅肉や柚子、青のりなど、ひとつひとつが風味豊か。軽い食感が心地いい。かわいい和紙の小箱入り。594円

B お抹茶の本くずもち
吉野の本葛本来のぷるんとした食感に濃茶の苦みをプラスして。1250円

歩く・観る●祇園・先斗町

福蜜豆
白花豆や紅しぼり豆など、やわらかく炊いた数種の豆を寒天とともに。1320円

御善哉
上質の大納言小豆は大粒でふっくら。中に入った粟餅との相性もぴったり。1100円

D 茶菓円山
さかまるやま
MAP 付録P.23 E-3
素材の味を引き出した上質甘味
桜の名所である円山公園内にある甘味処。数寄屋造りの洗練された空間で、八坂神社の御神水で淹れる日本茶とともに、香りや食感を大切にしたできたての甘味がいただける。
☎075-551-3707
所東山区円山町620-1-2 円山公園内
営11:00～19:00(LO18:30) 休火曜
交市バス・祇園下車、徒歩5分 Pなし

E 黒豆ビスコッティ
チョコレートと2種類の黒豆の風味がマッチ。1001円

E きなこじゃむ
アイスクリームやパンにのせて。こうばしい香りが最高。540円

E きなこクッキー(左) よもぎクッキー(上)
ほろほろとくずれる独特の食感。各500円(100g)

E 京きなな
きょうきなな
MAP 付録P.22 B-4
おいしいきな粉を存分に味わう
最高級の丹波産黒豆きな粉を使ったスイーツがいろいろ。おみやげにおすすめの焼き菓子などのほか、きな粉の風味が広がるなめらかなアイスクリーム「京きなな」も味わえる。
☎075-525-8300 所東山区祇園町南側570-119 営11:00～19:00(カフェLO18:30)
休不定休 交京阪本線・祇園四条駅から徒歩7分 Pなし

F おはぎ
弾力のあるもち米とあんこのバランスが絶妙。1個180円(白小豆のみ1個210円)

G 抹茶白玉しるこ
抹茶の苦みとあんこの甘みのバランスが絶妙。冬限定の逸品。1050円

G 粟ぜんざい
蒸したての粟餅にあつあつのこし餡をたっぷり。冬限定の人気メニュー。1100円

F 小多福
おたふく
MAP 付録P.24 B-2
素朴なおはぎの宝石箱を発見
おちゃめなお母さんが一人で切り盛りする、手作りの小さなおはぎ屋さん。小豆やきな粉、梅など全8種が揃う一口サイズのおはぎは、あんこのやさしい甘さが印象的。
☎075-561-6502 所東山区小松町564-24
営10:00頃～18:00頃 休水・木曜(祝日は営業の場合が多い) 交京阪本線・祇園四条駅から徒歩9分 Pなし

G 甘味処 月ヶ瀬 祇園いちむら
かんみどころ つきがせ ぎおんいちむら
MAP 付録P.22 B-3
地元で愛される昔ながらの甘味
昭和元年(1926)に創業した小さな茶房で、名物のあんみつをはじめとする王道甘味が揃う。なめらかなこし餡やコクのある黒蜜など、材料選びと手作りにこだわる。
☎075-525-2131 所東山区祇園町南側584
営11:30～18:30(LO18:00)
休水曜、第3木曜 交京阪本線・祇園四条駅から徒歩2分 Pなし

花街の甘味にほっこりする。

京都いちばんの繁華街へ出かける
四条河原町周辺
しじょうかわらまちしゅうへん

京都河原町駅周辺に大型商業施設が立つほか、地元の人やプロの料理人も訪れる名店が並ぶ商店街があり、買い物客が絶えず行き交う。

歩く・観る●四条河原町周辺

名物グルメを楽しみながら
賑わいの錦市場へ
にしきいちば

MAP 付録P.20 C-4

いまや観光客であふれる街なかの市場。「ご自宅用」のおいしいおみやげ探しが楽しい通りだ。おいしいプチグルメも人気を集めている。

堺町通

こんなもんじゃ 1
ブラウデコ
伊勢屋老舗
牛庵
畑野軒老舗
宇治正
おちゃのこさいさい
鳥鳥遊膳
冨美家
錦豆庄
錦平野
錦藤井
畠中商店
錦むらさき
南大門錦店
打田漬物西店
陶工房器土合樂
レッグヤスダ
まるしげ
山市場土合樂

高倉通
錦そや
大安
錦大丸

錦市場 information

いつ頃からある？
元和元年（1615）に魚市場として成立したのが始まり。実に400年の歴史を持つ市場。江戸時代の画家・伊藤若冲（P.106）の生家も錦市場で青物問屋を営んでいた。

お店の数はどれぐらい？
錦市場は全長390m、道幅3.3～5mの細い通り。ここに、商店街振興組合に属する店だけでも120軒以上が連なっている。

1 こんなもんじゃ

MAP 付録P.20 B-4

ヘルシー&おいしい豆富スイーツ

豆富店「京とうふ藤野」が展開する店とあって、揚げたての豆乳ドーナツやさっぱりヘルシーな豆乳ソフトクリームなど、豆富や豆乳を使ったスイーツが充実。豆富や油揚げなども種類豊富。

☎075-255-3231
㊤中京区錦小路堺町通角中魚屋町494
⊙10:00～18:00 ㊡不定休
㊋地下鉄烏丸線・四条駅から徒歩5分 ㋡なし

後味さっぱりの豆乳ソフトクリーム300円は男性からの人気も上々

あつあつの豆乳ドーナツ10個300円はふわっと軽い食感で次々手が出る

2 三木鶏卵
みきけいらん
MAP 付録P.20 C-4

老舗卵屋さんの自慢の逸品

昭和3年（1928）創業のだし巻玉子専門店。北海道産利尻昆布のだしを利かせたふわっとジューシーなだし巻は、一本一本職人による手巻き。こだわり卵を生かしたあんぱんなど、ユニークな商品も揃う。

☎075-221-1585　所中京区錦小路通富小路西入ル東魚屋町182　時9:00～18:00　休無休　交地下鉄烏丸線・四条駅から徒歩6分　Pなし

クリームパン230円はやさしい甘さのカスタードがぎっしり

黄身入りのオリジナル白餡がたっぷり入る黄味餡ぱん170円

だし巻(小)480円。噛むと旨みたっぷりのだしがあふれる

3 麩房老舗
ふふさろうほ
MAP 付録P.20 C-4

種類豊富で美味なる伝統食

天保年間（1830～44）創業の麩の専門店。昔ながらの手作りの創作生麩はよもぎ、粟、白ごまなど種類豊富で、もちもちとした食感がたまらない。おみやげには日持ちする真空パックの生麩がおすすめ。

☎075-221-0197　所中京区錦小路通麩屋町東入ル鍛冶町211　時9:00～18:00　休無休　交地下鉄烏丸線・四条駅から徒歩6分　Pなし

素揚げした生麩に、8時間かけて炊き上げる自家製田楽味噌を塗った京生麩の田楽648円

錦市場商店街　錦小路通

賑わいの錦市場へ

4 あづま屋
あづまや
MAP 付録P.20 C-4

さっぱり芳ばしい香り豊かなソフト

日本のおいしい水で作られた水まる餅や、味噌をはじめとする調味料を扱う。まる餅は焼きたてならではの味を楽しみたい。お茶の香りが芳ばしいほうじ茶ソフトクリームもおすすめ。

☎075-221-5262　所中京区錦小路通麩屋町東入ル鍛冶屋町　時10:00～18:00　休水曜　交阪急京都線・京都河原町駅から徒歩5分　Pなし

ほうじ茶ソフトクリーム280円には宇治・丸久小山園の茶を使用

5 花よりキヨエ
はなよりキヨエ
MAP 付録P.21 D-4

オリーブオイルでサクサクうまい

高級オリーブオイル、キヨエのアンテナショップ。キヨエが作るコロッケだけに、揚げ油にもキヨエを使用。サクサクで油っぽさがないので、ペロリと食べられる。併設のイートインスペースで味える。

☎075-746-5811　所中京区御幸町通蛸薬師下ル船屋町399さしあのビル1F　時10:00～18:00　休不定休　交地下鉄烏丸線・四条駅から徒歩6分　Pなし

湯葉クリームコロッケ308円は、京都の湯葉と豆乳クリームがとろり

抹茶をじゃがいもに練り込み、鶏肉を具に包んだキヨエコロッケ264円

オーナーの祖母の秘伝の味付けで甘辛味の錦イカ528円はビールに合う

平安貴族が遊んだ風雅な景勝地
嵐山・嵯峨野
あらしやま・さがの

嵐山は幾多の貴人文人が好んだ地。古都を象徴する風景を求める人で賑わう一方、かつては隠棲地であった嵯峨野には、穏やかな時が流れる。

街歩きのポイント
- 京都を代表する景勝地・渡月橋周辺を散策する（P.42）
- 嵐山を借景にした名庭がある天龍寺で心を落ち着ける
- 喧騒を逃れ、静かにたたずむ嵯峨野の名刹を訪れる

歩く・観る●嵐山・嵯峨野

嵐山をバックに優雅な水流に架かるほぼ一直線の美しい木の橋は、自然と調和した日本らしい風景

自然に溶け込む美 日本を代表する風景

渡月橋
とげつきょう

時代を超えて愛されてきた嵐山のシンボル的存在

渡月橋は今から1200年ほど前に架けられた法輪寺の門前橋が原型。渡月橋の名称は、鎌倉時代の亀山上皇が「くまなき月の渡るに似る」と詠んだことに由来する。現在の橋は、昭和9年（1934）に完成し、檜の欄干以外は鉄筋コンクリート製で全長155m。

MAP 付録P.4 B-3
開休料 散策自由 **交** 嵐電・嵐山駅から徒歩2分／JR嵯峨嵐山駅から徒歩15分

↑約1500本もの桜が山をピンクに染める春。人の通りが少ない早朝を狙って訪れたい

↑嵐山をバックに大堰川に架かる渡月橋と、周辺の建築物が織りなす雪景色は、まるで墨絵のよう

ライトアップされた初冬の渡月橋

初冬の渡月橋と山裾や水辺を幻想的にライトアップする花灯路。散策路には陰影のある露地行灯が灯り、日本情緒たっぷりの夜歩きが楽しめる。

嵐山花灯路 あらしやまはなとうろ
☎ 075-212-8173（京都・花灯路推進協議会事務局、平日10:00〜18:00）
開 12月中旬〜下旬の17:00〜20:30（HPで要確認、雨天決行）　期間中無休
料 無料（要別途拝観料）

↑渡月橋ライトアップ
写真提供：京都・花灯路推進協議会

嵐山を借景としたのびやかな曹源池庭園を望む。四季折々に風情がある

貴族文化の伝統と禅が調和する古刹

天龍寺
てんりゅうじ

世界遺産

幕府の帰依も受けた格式ある寺　嵐山を借景とした庭園は必見

　足利尊氏が後嵯峨上皇の亀山離宮跡に、後醍醐天皇の追善供養のため、暦応2年(1339)夢窓疎石を開山として建立。幕府公認のもと、天龍寺船を元に派遣して貿易で得た利益を天龍寺造営にあてるなど、塔頭150以上の大寺となったが、度重なる火災により焼失し、現在の堂宇は明治時代の再建。疎石(国師)作の亀山や嵐山を借景とした池泉回遊式庭園は、創建当初の面影を残す唯一の遺構。

⬆本堂参拝受付の庫裏。玄関の平田精耕筆のユーモラスで力強い『達磨図』は必見

MAP 付録P.4 B-3
☎075-881-1235
⌂右京区嵯峨天龍寺芒ノ馬場町68
⏰8:30～17:30(10月21日～3月20日は～17:00、受付は各10分前まで)、北門9:00～17:00(10月21日～3月20日は～16:30)
休無休　料庭園500円、諸堂参拝の場合は300円追加　交嵐電・嵐山駅からすぐ／JR嵯峨嵐山駅から徒歩13分
P120台(有料)

大方丈
だいほうじょう

回廊から鑑賞したい曹源池庭園

明治時代に再建された。本堂には鈴木松年の襖絵『雲龍図』があり、回廊から曹源池庭園を望むことができる。

曹源池庭園　➡P.33
そうげんちていえん

池を中心とした室町時代の庭

嵐山などを借景につくられた庭園。日本古来の池庭と、禅宗由来の庭園様式が見事に調和している。

⬆池中央奥にある石組みは中国の古事「登龍門」から龍と化す途中の鯉を表す

法堂
はっとう

迫力の雲龍図

1997年、天龍寺開山夢窓国師650年遠諱記念事業として、日本画家加山又造画伯によって描かれた『雲龍図』がある。どこから見ても睨まれるという迫力の龍に出会える。

⬆天井画のほか、釈迦三尊像に光厳上皇、夢窓疎石、足利尊氏の位牌を安置

渡月橋／天龍寺

レンタサイクルで閑静な寺院へ
自転車で感じる 嵯峨野の風光

嵯峨野にひっそりたたずむ
ひなびた古寺を自転車でひと巡り。
寄り道しながら嵯峨野の風景に見惚れ、
心地よい風を感じたい。

**貴人たちの静かな隠棲地を
のんびり自転車で巡る**

　嵯峨野で人気の古刹は、小倉山の山裾に点在している。少し離れて建つ寺社もあるので、軽装に着替えて自転車で巡りたい。山裾を緑が包み、田園風景の広がる嵯峨野ののどかな風景を、ペダルを踏みながら楽しみたい。

○秋は美しい紅葉のトンネルをくぐり抜けて走るトロッコ列車

1 常寂光寺
じょうじゃっこうじ
MAP 付録P.4 B-3
仏教の理想郷が名の由来

小倉山の山腹に建つ日蓮宗寺院。藤原定家が『小倉百人一首』を編纂した時雨亭跡ともいわれている。伏見城の客殿を移築した本殿、重要文化財の多宝塔が建つ。

☎075-861-0435　所右京区嵯峨小倉山小倉町3　9:00〜17:00(受付は〜16:30)　休無休　料500円
交嵐電・嵐山駅から徒歩20分　P5台

○カエデの色づく秋は特に魅力的。多宝塔と紅葉が絶景を見せる

2 二尊院
にそんいん
MAP 付録P.4 B-2
錦に染まる参道を歩く

平安時代建立の天台宗寺院。その名のとおり、釈迦如来・阿弥陀如来(重要文化財)の二尊を祀る。広い参道は「紅葉の馬場」と呼ばれ、紅葉の時期は訪れる人の心を魅了する。

☎075-861-0687
所右京区嵯峨二尊院門前長神町27
9:00〜16:30　休無休　料500円
交市バス・嵯峨釈迦堂前下車、徒歩10分
P10台

○総門から本堂へ続く参道の両脇に紅葉が続く

3 祇王寺
ぎおうじ
MAP 付録P.4 A-2
『平家物語』悲恋の地

平清盛が仏御前へ心移りし、寵愛を失った祇王が、妹と母とともに隠棲した尼寺。のちに仏御前も出家した。清盛と女性たちの木像を安置する。

☎075-861-3574　所右京区嵯峨鳥居本小坂町32　9:00〜17:00(受付は〜16:30)　休無休　料300円(大覚寺共通600円)
交市バス・嵯峨釈迦堂前下車、徒歩15分
Pなし

○季節ごとに美しい世界をつくる苔庭

4 旧嵯峨御所 大本山大覚寺
きゅうさがごしょ だいほんざんだいかくじ
MAP 付録P.4 B-2
御所の風格を残す

嵯峨天皇の元離宮。明治初頭まで天皇や皇族が門跡を務めた。嵯峨御所とも呼ばれ、諸堂を結ぶ回廊風景、目の前に広がる大沢池、宸殿前の庭園が美しい。

☎075-871-0071　所右京区嵯峨大沢町4
9:00〜17:00(受付は〜16:30)　休無休
料お堂エリア500円、大沢池エリア300円
交市バス・大覚寺下車すぐ　Pあり(有料)

○中秋の名月に、大沢池で「観月の夕べ」を開催

散策ルート
移動時間 ◆ 約1時間

JR嵯峨嵐山駅 ジェイアールさがあらしやま
↓ 自転車で動く際は、特に安全に留意して巡りたい。 15分

1 常寂光寺 じょうじゃっこうじ
↓ 山裾の静かな道を進んでいく。 2分

2 二尊院 にそんいん
↓ 祇王寺の近くに建つ滝口寺も静かな雰囲気が素敵だ。 5分

3 祇王寺 ぎおうじ
↓ 化野念仏寺や、鳥居本エリア方面に寄るのもいい。 15分

4 旧嵯峨御所 大本山大覚寺 きゅうさがごしょ だいほんざんだいかくじ
↓ JR嵯峨嵐山駅に向かう方角。 10分

5 清凉寺（嵯峨釈迦堂） せいりょうじ（さがしゃかどう）
↓ レンタサイクルを返却して帰路につく。 10分

JR嵯峨嵐山駅 ジェイアールさがあらしやま

自転車で感じる嵯峨野の風光

レンタサイクル
JR嵯峨嵐山駅、嵐電・嵐山駅近くなどにレンタサイクル店がある。

トロッコおじさんのレンタサイクル
MAP 付録P.4 C-3
☎075-881-4898 所右京区嵯峨天龍寺車道町
時10:00～17:00（受付は～15:00） 休無休（臨時休あり）
料1000円（電動自転車は1700円）
JR嵯峨嵐山駅から徒歩1分／嵐電・嵐電嵐山駅から徒歩5分

らんぶらレンタサイクル
MAP 付録P.4 B-3
☎075-882-5110 所右京区嵯峨天龍寺造路町20-2（嵐山駅はんなり・ほっこりスクエア内）
時10:00～17:00（受付は～15:00）※季節により異なる 休無休
料2時間600円～ 嵐電・嵐山駅内

---

5 清凉寺（嵯峨釈迦堂）
せいりょうじ（さがしゃかどう）
MAP 付録P.4 B-2

光源氏ゆかりの寺
光源氏のモデル、源融の山荘跡と伝わる。国宝の本尊・釈迦如来立像は、釈迦の現世の姿とされ、毎月8日と4・5・10・11月に公開。

☎075-861-0343 所右京区嵯峨釈迦堂藤ノ木町46 時9:00～16:00、霊宝館公開4・5・10・11月 休無休 料本堂400円、霊宝館とセット700円 交市バス・嵯峨釈迦堂前下車すぐ Ｐ40台（有料）

◆ 江戸中期再建の仁王門

トロッコ列車と舟で満喫
保津峡で遊ぶ！
ほづきょう

トロッコ列車 トロッコれっしゃ
MAP 付録P.4 C-3（トロッコ嵯峨駅）

トロッコ嵯峨駅とトロッコ亀岡駅の全長7.3kmを約25分で結ぶ。車窓からは渓谷の絶景が望める。紅葉期のほか、青もみじの季節も、おとな旅をゆったりと楽しめる穴場シーズンでおすすめ。

☎075-861-7444（嵯峨野観光鉄道テレフォンサービス） 時3月1日～12月29日9:02～16:02（1時間ごと1日8往復）、繁忙日は～17:10 ※運休の場合もあるためHPで要確認 休水曜（祝日の場合、春休み、GW、8月、紅葉の時期は運行）
料片道630円、全席指定（JR西日本HPのe5489や一部の駅のみどりの窓口、旅行代理店で1か月前から予約可。当日券はトロッコ嵯峨駅、嵐山駅、亀岡駅にて販売）

保津川下り ほづがわくだり
MAP 付録P.2 A-2

◆ 川面からの眺めはまた格別だ

亀岡から嵐山まで約16kmの渓流を船頭さんのガイドを聞きながら、約2時間かけて舟で下る。狭い急流を船頭さんの巧みな舵取りでスリル満点にすり抜ける。

☎0771-22-5846（保津川遊船企業組合） 時9:00～15:00の間で1時間間隔の計7便（12月第2月曜～3月9日は10:00～14:30に1時間30分間隔の4便） 休土・日曜、祝日は定員になり次第出船する場合あり、臨時増便あり、季節により時間延長あり ※2月と9月に安全点検のため休日あり 料乗船料4100円 交乗船場までトロッコ亀岡駅からバスで20分

日本が誇る優美な世界遺産を見る
金閣寺周辺
きんかくじしゅうへん

金閣寺でまばゆい輝きを放つ楼閣による優美な世界に引き込まれ、きぬかけの路(P.44)沿いのお寺で庭園や四季の花々に心癒やされる。

夕佳亭
せっかてい
金閣の景勝地

金閣を見下ろす丘の上に建つ茶室。茶人・金森宗和が手がけ、「夕日に映える金閣が佳い」ことから名付けられた。南天の床柱と萩の違い棚の秀逸さで知られる。

茅葺きに数寄屋造りの素朴なたたずまいの3畳の茶室。明治初期に再建された

豪奢と品を兼ね備えて輝く寺院
金閣寺 【世界遺産】
きんかくじ

20万枚の金箔が施された豪奢な風情の禅宗寺院

室町幕府3代将軍・足利義満が、公家・西園寺家の別荘を譲り受け、応永4年(1397)に山荘・北山殿を造営。義満の没後、遺言により、夢窓疎石を開山に迎えて臨済宗寺院に改められた。正式名は鹿苑寺。応仁の乱で主要な伽藍の多くを焼失。唯一残された金閣も、戦後の放火で失われ、昭和30年(1955)に復元された。金箔のきらめく金閣が鏡湖池に映る風景は、類例のない美しさ。各層ごとに建築様式を変え、公家と武家の文化を融合させた北山文化の象徴といわれる。

2020年12月には、金閣(舎利殿)の柿葺屋根の葺き替えが終了し、より輝かしい姿を見せている(写真は葺き替え前)。

MAP 付録P.10A-4
☎075-461-0013 所北区金閣寺町1
開9:00〜17:00 休無休 料400円
交市バス・金閣寺道下車、徒歩5分 P250台(有料)

街歩きのポイント
- 足利義満が晩年を過ごした楼閣の輝きに圧倒される
- 龍安寺で謎に包まれた枯山水庭園の不思議な世界へ
- 等持院や妙心寺など金閣寺周辺に建つ古刹を巡る

安民沢
あんみんたく
西園寺家時代の遺構をとどめる池

日照り続きでも涸れないため雨乞いの場とされた。中央に白蛇塚と呼ばれる五輪塔が立つ。

白蛇塚は西園寺家の鎮守と伝わる

鏡湖池
きょうこち
逆さ金閣を生み出す池

広大な境内の7割を占めるのは、特別史跡で特別名勝の鹿苑寺庭園。その中心をなすのが鏡湖池だ。金閣を鏡のように映し出すことから名付けられた。

龍門滝
りゅうもんたき
滝を登る鯉石がある

高さ約2.3mの滝。龍門の滝を登りきった鯉が龍になる、という中国の故事「登龍門」にちなんだ鯉魚石が滝壺に見える。出世のご利益があるともいわれる。

↑滝を登ろうと、伸び上がった鯉を表現した鯉魚石ある

鳳凰
ほうおう

金閣の屋根の頂上に輝くのは想像上の鳥・鳳凰。現在は3代目で昭和62年(1987)の作。

金閣寺

金閣(舎利殿)
きんかく(しゃりでん)
室町時代の建築の傑作

3層の楼閣で、上から寝殿造り、武家造り、禅宗仏殿造りと様式が異なり、2・3層のみ金箔で覆われている。釈迦の遺骨(仏舎利)を納めるため舎利殿という。

鏡容池
きょうようち

四季の花々が楽しめる

禅の精神に基づく侘び寂びの石庭とは対照的に、桜、睡蓮、紅葉と四季折々の表情が楽しめる池泉回遊式庭園。特に5〜7月の睡蓮は有名だ。

↳ 江戸時代はオシドリの名所として知られ、石庭より注目されていた

白砂と15の石が謎を問いかける石庭

龍安寺
世界遺産

りょうあんじ

シンプルかつ不思議な庭園を持つ京都でも屈指の人気を誇る禅寺

　宝徳2年(1450)、応仁の乱の東軍大将・細川勝元が平安時代の貴族・徳大寺家の山荘を譲り受けて創建した禅寺。有名な石庭は、砂紋も端正な白砂の上に大小15個の石が配された75坪の方丈庭園。作者、作庭意図や年代も謎に包まれ、その楽しみ方は鑑賞者次第。石庭とは対照的な四季の花々に彩られる鏡容池を中心とした庭園は格好の散策路。

MAP 付録P.5 E-1
☎ 075-463-2216
所 右京区龍安寺御陵下町13
開 8:00〜17:30(受付は〜17:00) 12〜2月 8:30〜17:00(受付は〜16:30)
休 無休　料 500円
交 市バス/JRバス・竜安寺前下車すぐ
P 100台

↳ 方丈の西側には、苔の美しい庭がある。新緑、紅葉のシーズンがおすすめ

石庭 →P.37
せきてい

水を使わず、水を感じる小宇宙

三方を油土塀で囲む長方形の白砂の庭に5・2・3・2・3と15の石を配置。昭和50年(1975)にエリザベス2世が公式訪問の際に称賛したことで世界的に有名に。

↳ 石庭は「虎の子渡しの庭」とも呼ばれる

蹲踞
つくばい

足るを知る手水鉢

茶室蔵六庵前にあり、徳川光圀の寄進とされる。中央の水溜めを「口」の字に見立て「吾唯知足(われ、ただ足るを知る)」と読み、禅の精神を図案化している。

↳ 永楽銭の銭形をした蹲踞は「竜安寺型」と呼ばれる

かわいいお寺グッズ

↳ おみやげに人気の、石庭をデザインした手ぬぐい

↳ 手のひらサイズに再現した石庭文鎮

金閣寺からひと足のばして
AROUND KINKAKUJI

京都での歴史散策をもっと楽しんでみる
趣深い名刹を訪ねる

金閣寺などが建つきぬかけの路から、少し歩いたところにある名刹をピックアップ。スケールの大きさや美しい庭園などに注目したい。

↑千利休寄進の三門(金毛閣)。上層に利休が自分の像を置いたため秀吉に自決を命ぜられたことで知られる

茶の湯にゆかりがある
禅宗文化の宝庫

南北一直線の七堂伽藍と
46もの塔頭が建つ巨大禅刹

妙心寺
みょうしんじ

建武4年(1337)、花園法皇の離宮を禅寺に改めて開かれた寺。境内には七堂伽藍が一直線に配置され、46もの塔頭が甍を並べる。雲龍図と梵鐘を安置する法堂や大庫裏などが拝観できる。

MAP 付録P.5 F-2
☎075-461-5226 ㊐右京区花園妙心寺町1 ⏰9:00～16:30(受付～16:00) ㊡無休 ¥700円
🚃JR花園駅から徒歩5分 🅿80台

大徳寺
だいとくじ

応仁の乱後、一休宗純(いっきゅうそうじゅん)が堺の豪商の協力を得て復興。国宝の唐門や方丈など七堂伽藍が立ち並ぶ境内には22寺の塔頭があり、常時公開しているのは4寺。茶の湯とつながりが深く、茶室、庭、襖絵などの文化財を有する。

MAP 付録P.11 D-4
☎非公開 ㊐北区紫野大徳寺町53
⏰9:00～16:30 ㊡無休 ¥無料
🚃市バス・大徳寺前下車すぐ 🅿あり
※2021年1月から屋根の葺き替え工事中

↑江戸時代に再建された唐様建築の仏殿。釈迦如来を祀る内部は非公開

↑境内で唯一の朱塗りの三門。楼上の柱や天井には龍や飛天が描かれている

↓狩野探幽が8年がかりで制作した法堂の「八方睨みの龍」

京都の隠れた名所・鷹峯(たかがみね)へ

金閣寺から坂道を30分ほど歩いた先に広がるエリア。琳派の祖とされる本阿弥光悦(P.104)が芸術村を開拓した地で知られる。紅葉でも名高い寺院も点在する。

源光庵
げんこうあん

MAP 付録P.10 A-2

貞和2年(1346)、大徳寺の僧侶・徹翁国師(てっとうこくし)により開基。のちに曹洞宗に改め、本堂には伏見城の遺構「血天井」が残る。

☎075-492-1858 ㊐北区鷹峯北鷹峯町47
⏰9:00～17:00 ㊡無休(法要時は拝観不可の場合あり) ¥400円(紅葉シーズンは500円) 🚃市バス・鷹峯源光庵前下車すぐ
🅿15台(紅葉期は利用不可)
※2021年秋頃まで工事のため拝観不可(要問い合わせ)

↑丸い「悟りの窓」と、四角い「迷いの窓」の窓から見る枯山水

光悦寺
こうえつじ
➡P.104

2つの庭園が広がる
足利将軍家の菩提を弔う寺

等持院
とうじいん

足利尊氏が暦応4年(1341)、夢窓疎石を開山に創建。庭園は四季折々の花が咲き、春には樹齢400年の有楽椿やサツキ、夏にはサルスベリ、秋にはフヨウ、紅葉などが美しい。

MAP 付録P.5 F-2
☎075-461-5786 ㊐北区等持院北町63
⏰9:00～16:30(受付～16:00) ㊡無休
¥500円(抹茶500円、番茶300円)
🚃嵐電・等持院・立命館大学衣笠キャンパス前駅から徒歩7分 🅿10台

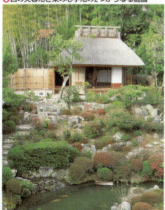

↑西の芙蓉池と東の心字池の2つからなる庭園

銀閣寺周辺
ぎんかくじしゅうへん

閑寂の寺から四季の小径を歩く

日本の美意識を育んだ銀閣寺の周辺は、散歩が楽しいエリア。風流な小径に、貫禄のある建築を持つ寺社など、見逃せないスポットが多い。

街歩きのポイント
- 足利義政から生まれた東山文化の象徴・銀閣寺へ
- 京都でも有数の風情ある文化エリアに建つ寺社を拝観
- 四季折々の風景を愛でながら哲学の道(P.46)を歩く

日本の美意識の原点が育まれた地

銀閣寺 〈世界遺産〉
ぎんかくじ

趣味人・義政が表した禅の世界
室町期で唯一残る楼閣庭園建築

室町幕府の将軍職を退いた足利義政は、祖父・義満にならって文明14年(1482)に山荘・東山殿を造営。隠棲して芸術の世界に没頭し、東山文化を生み出した。残念ながら、義政は山荘の完成を見ずに逝去。のちに臨済宗の寺院となった。正式な寺号は慈照寺という。黄金に輝く華美な金閣寺に対して、銀閣は滋味あふれる簡素な侘び寂びの世界。国宝の銀閣と書院造りの東求堂のみが、造営時の室町中期の建築。境内に広がる庭園は、往時を代表する名園として知られる。

MAP 付録P.15 F-1
☎075-771-5725 ㊐左京区銀閣寺町2
㋺8:30〜17:00 12〜2月9:00〜16:30
㊡無休 ㊎500円(特別拝観は別途)
㊋市バス・銀閣寺道下車、徒歩5分 ㋐なし

銀閣寺垣
ぎんかくじがき

浄土世界への入口

総門から中門に至る参道の両脇に続く竹垣。竹を縦に並べ、下には石垣、上には高い生垣がそびえる。

➡現世から別世界へ続く通路のよう

向月台
こうげつだい

高さ1.8mの円錐台形の盛砂。作者も意図も不明だが、月を観賞するための台との説がある。

銀沙灘
ぎんしゃだん

砂を波紋のように敷き詰めた盛砂。月光を反射させるためと考えられている。向月台とともに江戸期の作。

歩く・観る●銀閣寺周辺

銀閣(観音殿)
ぎんかく(かんのんでん)
仏間と住宅の二層構造

上層は観音閣といい、板壁に花頭窓を並べた仏殿様式で観音菩薩を祀っている(非公開)。下層の心空殿は、書院造り風の住宅様式。

境内奥の高台にある展望台から、銀閣寺の全容と遠くに市街を一望

東求堂
とうぐどう
禅宗庭園に囲まれ、素朴な茶室を持つ国宝建築

阿弥陀如来を祀る持仏堂で、室町中期の建築。北東隅の茶室・同仁斎は、現存する日本最古の書院造りで、四畳半茶室の原型ともいわれる。本堂とともに春と秋に特別公開。

⬆山麓に広がる約2万m²の庭園が東求堂を包み込む

三門
さんもん

三門楼上からの360度の絶景

高さ22m。歌舞伎『楼門五三桐』の石川五右衛門が「絶景かな、絶景かな」と見得を切る門として有名。楼上からは境内と遠くは京都市街まで見下ろせる。

⬆ 藤堂高虎の寄進。五鳳楼と呼ばれる楼が美しく、日本三大門のひとつ

名ゼリフでも有名な威風堂々の禅刹

南禅寺
なんぜんじ

五山の上に立った風格を示す建築
SNS映えする境内スポットも魅力

　正応4年(1291)、亀山法皇の離宮を禅寺に改めたのが始まり。室町時代には「五山之上」に列せられた。応仁の乱で焼失した伽藍は「黒衣の宰相」と呼ばれた金地院崇伝によって復興。境内には絶景を望む三門や、アーチ型の橋脚がエキゾチックな水路閣、枯山水庭園など、フォトジェニックなスポットが多数。南禅院、金地院、天授庵など名庭を有する塔頭も見応えがある。

MAP 付録P.15 F-4
☎ 075-771-0365　所 左京区南禅寺福地町
⏰ 境内自由、拝観所8:40〜17:00(12〜2月は〜16:40、受付は各20分前まで)　休 無休
¥ 境内無料、方丈600円、三門600円
🚇 地下鉄東西線・蹴上駅から徒歩10分　P 25台(有料)

方丈庭園
ほうじょうていえん

虎が子虎を連れて川を渡る庭

小堀遠州作と伝えられ、通称「虎の子渡しの庭」と呼ばれる。白砂に巨大な石を横に寝かせて配置された江戸時代を代表する枯山水。

⬆ 石と調和するようバランスよく配された サツキの刈込みや松、紅葉も見どころ

水路閣
すいろかく

エキゾチックなアーチ橋

琵琶湖の湖水を京都市内に引くために明治23年(1890)に建設。ドラマや映画のロケでもおなじみで、写真映えするスポットとして人気だ。

⬆ 古代ローマの水道橋を思わせる橋。今も現役で疏水が流れる

琵琶湖から京都・南禅寺へ通じる水路・琵琶湖疏水へ

明治時代、京都の近代化に大きな役割を果たした琵琶湖疏水。滋賀県大津と京都府蹴上を結ぶ約7.8kmの水路を疏水船が運航している。桜、新緑、紅葉時期は人気なので早めに予約しておきたい。

びわ湖疏水船
びわこそすいせん

MAP 付録P.9 E-1
☎ 075-365-7768
(びわ湖疏水船受付事務局)
¥ 4000〜8000円
(HPで要確認)
URL biwakososui.kyoto.travel

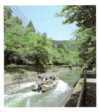

玉砂利の広大な境内に再現された大極殿

平安京を彷彿させる社殿と古都らしい神苑

平安神宮
へいあんじんぐう

神苑
しんえん
四季を感じる異なる苑の趣を堪能

約3万㎡の池泉回遊式庭園で、東、中、西、南の4苑に分かれている。紅しだれ桜の名所としても知られ、四季折々の花が咲き競う。

大極殿
だいごくでん
平安京の中枢

天皇の即位、朝賀をはじめとする国の主要な儀式が行われた場所で、左右に建つ白虎楼と蒼龍楼も平安時代の雅を感じることができる。

四季折々の表情を見せる古の「平安の都」に遊ぶ

　平安遷都1100年を記念して明治28年（1895）に市民の総社として建立。ご祭神は桓武天皇と孝明天皇。碧瓦丹塗りも鮮やかな大鳥居、大極殿などの社殿は、平安京の政庁にあたる朝堂院を8分の5に縮小して復元したもの。社殿を取り囲むように造られている神苑は、七代目小川治兵衛（植治）が20年以上かけて造った明治時代の池泉回遊式庭園の傑作とされる。

MAP 付録P.15 D-3
☎075-761-0221
所 左京区岡崎西天王町
営 6:00〜17:00（夏期は〜18:00）、神苑8:30〜17:00（3月15日〜9月30日は〜17:30 11〜2月は〜16:30）、ライトアップ4月上旬 18:15〜21:00
休 無休 料 境内無料、神苑600円 交 市バス・岡崎公園美術館・平安神宮前下車、徒歩3分 P なし

↑丹塗りの色も鮮やかな応天門

↑東山を借景とした栖鳳池に架けられた泰平閣（橋殿）。春には池に映るしだれ桜が見事

↑中神苑の臥龍橋は、豊臣秀吉が造営した三条大橋と五条大橋の橋脚を使用している

京の歴史の中心地に建つ2つの御殿
二条城・御所周辺
にじょうじょう・ごしょしゅうへん

徳川幕府の威光を示すきらびやかな城と、平安時代の宮廷を彷彿させる、かつての天皇の住居で、わが国の装飾美や伝統美に圧倒される。

歩く・観る ●二条城・御所周辺

徳川家の威光を放つ豪奢な建築
元離宮 二条城
もとりきゅうにじょうじょう

世界遺産

⬆江戸初期建造の二の丸御殿は二条城で最大の建築

華麗な桃山文化に彩られた居城
徳川幕府の繁栄と終焉を物語る

将軍・徳川家康の京都の宿所として、慶長8年(1603)に造営された平城。主に二の丸御殿と本丸御殿で構成され、二の丸御殿は桃山時代の代表的な書院造り建築として国宝指定されている。内部には金箔輝く狩野派の障壁画や極彩色の天井など絢爛豪華な装飾が見られる。慶応3年(1867)に徳川慶喜はここで大政奉還の意思を表明し、徳川幕府は終焉を迎える。明治時代に離宮となり、のちに一般公開された。

MAP 付録P.8 B-1
☎075-841-0096 所中京区二条通堀川西入二条城町
⏰8:45～17:00(受付は～16:00)、ライトアップ3月下旬～4月中旬(予定)
休12月29～31日、1・7・8・12月の火曜(祝日の場合は翌日)、12月26～28日・1月1～3日は二の丸御殿観覧休止 ¥1030円(二の丸御殿観覧料を含む)
交地下鉄東西線・二条城前駅からすぐ
P120台(有料)

二の丸御殿大広間
にのまるごてんおおひろま

狩野派の障壁画が飾る

将軍が公式に大名らと対面する場。二の丸御殿で最も格式が高い。御殿内3600面のうちの1016面の障壁画が国の重要文化財。大政奉還の意思を表明した舞台となった。

⬇⬇二条城二の丸御殿には江戸前期の天才絵師・狩野探幽とその一門が描いた3600面以上の障壁画が残る。遠侍二の間の『竹林群虎図』狩野甚之丞筆(下)。大広間四の間の『松鷹図』狩野山楽筆(右)

二の丸庭園
にのまるていえん

元和9年(1623)、後水尾天皇行幸の際に改修された庭園

二の丸御殿の西南に広がる書院造り庭園。小堀遠州のもとで改修され、池や石組みを巧みに配して美しい景観をみせる。国の特別名勝。

紫宸殿
ししんでん
御所で最も重要な建物

天皇の即位礼など重要儀式が行われた御所の正殿。宮殿建築の特徴を色濃く残し、中央には天皇の御座が置かれている。

歴史を重ねた風雅な美を訪ねる

京都御所
きょうごしょ

500年以上も歴代天皇が暮らした宮廷文化の薫りを残す場所

MAP 付録P.13 F-3
☎075-211-1215(宮内庁京都事務所参観係)
所 上京区京都御苑
開 4～8月9:00～17:00(入場は～16:20) 3・9月9:00～16:30(入場は～15:50) 10～2月9:00～16:00(入場は～15:20) 休 月曜(祝日の場合は翌日)、ほか臨時休あり 料 無料
交 地下鉄烏丸線・今出川駅から徒歩5分 P 京都御苑駐車場利用(有料)

南北朝時代から明治時代にかけて天皇の住まいとされた。京都御苑の中心に、南北約450m、東西約250mの築地塀に囲まれた広大な空間。現在の建物は、儀礼に用いる建物の一部を平安期の内裏の形式にのっとって安政2年(1855)に再建したもの。天皇の御座のある紫宸殿は、宮殿建築の特徴を色濃く残している。天皇の生活空間だった御常御殿、御池庭なども見学できる。

元離宮二条城・京都御所

↑御常御殿前の御内庭は緑の濃い静寂の庭

こちらも訪れたい

京都仙洞御所
きょうとせんとうごしょ
MAP 付録P.14 A-2
趣のある庭園を散策

天皇を退位した上皇のための御所。寛永7年(1630)に造営され、幕末に焼失。あとには大きな2つの池を配した池泉回遊式庭園と茶屋が残された。

↑浜や橋、石組みなどさまざまな風景が楽しめる

☎075-211-1215(宮内庁京都事務所参観係) 所 上京区京都御苑
申 事前申込(P.189)のほか、当日申込も可能。申込方法はWebの宮内庁参観案内を参照 休 月曜(祝日の場合は翌日)、ほか臨時休あり
料 無料 交 市バス・府立医大病院前下車、徒歩10分
P 京都御苑駐車場利用(有料)

拾翠亭
しゅうすいてい
MAP 付録P.6 C-4
歌会が行われた茶室

五摂家のひとつであった九條家の茶室で、江戸後期に建てられた数寄屋風書院造り建築。九條池の広がる庭園の眺めが情緒を誘う。

↑東山を借景にした庭園

☎075-211-6364(国民公園協会 京都御苑)
／075-211-6348(環境省京都御苑管理事務所) 所 上京区京都御苑3
開 木～土曜、時代祭、葵祭の日に公開9:30～15:30(受付は～15:15)
料 100円 交 地下鉄烏丸線・丸太町駅から徒歩5分
P 中立売西駐車場利用

スケールの大きな寺院が集まる
京都駅周辺
きょうとえきしゅうへん

JR京都駅構内

旅の玄関口の周辺にも古刹が点在する京の街。新幹線の南向きの窓から見える東寺の五重塔など、重厚な建築物や寺宝をじっくり拝観したい。

街歩きのポイント

迫力のある建築にも注目したい東西の本願寺を訪れる

文化財の宝庫である東寺で、空海の密教世界を体感する

東福寺（P.38）、渉成園が誇る風流な庭園に出会う

荘厳な桃山建築群に注目
西本願寺
にしほんがんじ

手水舎や築地塀も重要文化財
広い境内に貴重建築が建つ

浄土真宗本願寺派の本山。文永9年(1272)に親鸞聖人の廟堂を東山に建立したのを起源とし、16世紀末に現在地に再建された。慶長7年(1602)に本願寺が東西に分立したため、西本願寺と呼ばれる。正式名は龍谷山本願寺。桃山建築を象徴する絢爛豪華な唐門、親鸞聖人像を安置する御影堂、本堂の阿弥陀堂などの国宝建築や重要文化財の宝庫。なかでも精緻な透かし彫りが装飾された唐門は特に秀麗だ。

MAP 付録P.16A-4
☎ 075-371-5181
所 下京区堀川通花屋町下ル
営 5:30〜17:00　休 無休　料 境内自由
交 市バス・西本願寺前下車すぐ　P あり

歩く・観る●京都駅周辺

➡御影堂は寛永13年(1636)の再建。親鸞聖人の木像を安置し、重要な法要はここで行われる

唐門
からもん
黒漆が生む重厚感

伏見城の遺構とも伝わる唐破風の四脚門。門の美しさに見惚れて日の暮れるのも忘れるため「日暮らし門」と呼ばれる。牡丹や唐獅子などの彫刻が見事。

※2022年3月まで修復工事が行われる予定

◎近代和風建築を代表する御影堂。内部には927畳の畳が敷かれている

近代和風建築の壮大な迫力
東本願寺
ひがしほんがんじ

MAP 付録P.16 B-4
☎075-371-9181
所 下京区烏丸通七条上ル
営 5:50〜17:30 11〜2月6:20〜16:30
休 無休 料 無料
交 京都駅から徒歩7分 P なし

広大な境内に堂々たる構え
伽藍の巨大さを間近に体感

　真宗大谷派の本山で、正式名称は真宗本廟。慶長7年(1602)に徳川家康が土地を寄進し、本願寺(西本願寺)と分かれて教如上人が創建した。江戸後期以降の度重なる大火で伽藍は焼失。親鸞聖人像を安置する御影堂、本尊阿弥陀如来像を安置する阿弥陀堂など、現在の大伽藍は明治期の建築だ。高さ38m、幅76mの御影堂は、奈良の大仏殿とともに世界有数の規模の木造建築として知られる。

◎御影堂門は国内最大級の木造山門

西本願寺／東本願寺

こちらも訪れたい

渉成園
しょうせいえん

MAP 付録P.16 C-4

四季折々の花が美しい庭園

東本願寺の飛地境内地。石川丈山作庭と伝わる池泉回遊式庭園には、池を中心に建物が配され、季節の花々と織りなす風景が楽しめる。

☎075-371-9210
所 下京区下珠数屋町通間之町東入ル東玉水町
営 9:00〜17:00(11〜2月は〜16:00、受付は各30分前まで)
休 無休 料 庭園維持寄付金500円以上(ガイドブック進呈)
交 市バス・烏丸七条下車、徒歩2分 P なし

◎池のほとりにたたずむ滴翠軒

◎2階のみに部屋がある楼門風の傍花閣

◎庭園の中心に広がる印月池。桜や紅葉の時期はあでやか。池に浮かぶ北大島に茶室があり、回廊で渡れる

絵になる建築と仏像が居並ぶ
東寺（教王護国寺）

世界遺産

とうじ（きょうおうごこくじ）

平安京唯一の遺構となった密教寺院の古刹

　平安京遷都の際、国家鎮護のための官寺（国立寺院）として延暦15年（796）に創建。空海が嵯峨天皇より託され、日本初の密教寺院となった。正式名は教王護国寺。往時の伽藍は戦乱や火災で焼失したが、室町末期から江戸初期に再建。南大門から金堂、講堂、食堂が一直線に並ぶ伽藍配置は、平安時代のままだ。躍動感のある21体の立体曼荼羅が並ぶ講堂、桃山建築の金堂、日本一高い木造建築の五重塔など貴重な建築が多く、宝物館には膨大な密教美術を収蔵する。

MAP 付録P.18 A-2

☎075-691-3325　南区九条町1
営 金堂・講堂拝観8:00～17:00（受付は30分前まで）　宝物館特別公開 3月20日～5月25日 9月20日～11月25日9:00～17:00（受付は30分前まで）　休 無休　料 境内無料、金堂・講堂500円、宝物館500円　交 近鉄京都線・東寺駅から徒歩10分　P 50台（有料）

歩く・観る●京都駅周辺

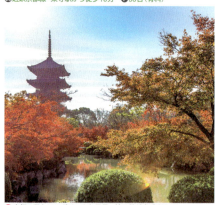
◎京都の最もシンボリックな風景。特に秋が素晴らしい

元祖フリーマーケット!!
東寺弘法市
とうじこうぼういち

毎月21日に行われ、北野天満宮（P.44）と並ぶ京の二大縁日。骨董品や古着、食料品など1000軒以上の露店がひしめき、いつも賑わう。

五重塔
ごじゅうのとう

京都のランドマークタワー

寛永21年（1644）に徳川3代将軍家光が再建。高さは55mで、日本一の高さを誇る木造建築だ。弘法大師が唐から持ち帰ったとされる仏舎利を納める。

南大門
なんだいもん
頭上を飾る細かな彫刻に注目

高さ約13mの東寺の正門。慶長6年(1601)建造の三十三間堂の西門を明治中期に移築した。桃山建築ならではの細密な透かし彫り装飾が施されている。

◎平安遷都1100年記念で移築された

東寺(教王護国寺)

金堂
こんどう
豊臣氏の支援により再建 病を治す薬師如来を安置

慶長8年(1603)に豊臣秀頼が再建した東寺の本堂。人々を病から守る薬師如来と日光・月光菩薩を祀る。宋と日本の建築様式を取り入れた代表的な桃山建築で、国宝に指定されている。

◎金堂に安置する本尊・薬師三尊像は桃山時代の作で国の重要文化財

門前おやつ

1個140円

東寺餅

こし餡を包むメレンゲ入りの求肥は、赤ちゃんのほっぺのようなやわらかさ。つぶ餡派には同じ求肥の栗餅150円(秋季のみ)がおすすめ。

東寺餅
とうじもち

MAP 付録P.18A-2

☎075-671-7639 所南区東寺東門前町88 営7:00〜18:30 休毎月6・16・26日(土・日曜、祝日の場合は翌日) 交近鉄京都線・東寺駅から徒歩6分 Pなし

89

歴史 何度訪れても興趣尽きない都は、全域が観光スポット

1200年の都を巡り歩く

平安、室町、安土桃山、幕末と、京都は時代を超えて魅惑的な都として繁栄し続けてきた。かつて自然とともに存在した風景に思いを馳せ、京に生きた人々の息吹を感じることが、京都散策の始まりだ。

8世紀末〜13世紀頃
麗しき貴族が遊んだ
平安京の雅な世界へ

平らけく安らけき京で宮廷に花開いた
雅やかな国風文化の面影をたどって

延暦13年(794)に造営された平安京は、桓武天皇が身辺に続く不幸と早良親王の怨念を封じるために霊的防衛の限りを尽くした要塞都市だった。唐の都・長安を模して築かれた都は、北に玄武・船岡山が都を護り、東の青龍・鴨川が都に繁栄を、南の朱雀・巨椋池が平安をもたらし、西の白虎・山陰道が災いを逃がすという風水の「四神相応の地」である山城盆地を選び、さらに北東の比叡山に延暦寺を建立して鬼門守護をさせた。

そのおかげか、平安時代は400年にわたってほぼ平和が続いた。唐の律令制を規範とした政治を貴族たちが行い、荘園や地方からの税で経済的に安定し、とりわけ藤原氏による摂関政治が確立すると、宮廷を中心に優美で雅な王朝文化が開花することになった。遣唐使の廃止により、日本独自の国風文化が発展し、かな文字による和歌や物語が誕生した。歌合や舟遊びといった遊興に、盛大な祭礼や法会など、まさに『源氏物語』の世界が展開されていた。

阿弥陀に救済を求めた貴族たちは、浄土信仰に基づいた仏教美術にも美意識を発揮し、極楽浄土を現出させようとした。藤原氏の平等院鳳凰堂がその代表といえる。仁和寺、大覚寺、清涼寺、醍醐寺、宇治上神社なども平安の遺構を今に伝えている。

京都御所 ➡ P.85
きょうとごしょ

MAP 付録P.13 F-3

正殿にあたる紫宸殿は、高床の木造建築。中央には天皇の御座である高御座が置かれ、歴代天皇の即位礼が行われた。

◉紫宸殿母屋中央に置かれる高御座(たかみくら)と御帳台(みちょうだい)。即位礼時の天皇、皇后の御座で、現在のものは大正天皇即位時に作られたもの

安倍晴明　平安時代の天才陰陽師

安倍晴明は、現在でも平安時代の超能力者として語り継がれる陰陽師。式神と呼ばれる鬼神を自在に操り、天変地異を予知し人の過去や未来を言い当て、さまざまな術を使って平安京の闇の底にうごめく呪詛と怨念、悪鬼怨霊と闘ったとされる。

神泉苑(真言宗寺院)
しんせんえん(しんごんしゅうじいん)

二条城周辺 **MAP** 付録P.8 B-1

平安京造営時に、大内裏の南側に造営された宮中付属の庭園。天皇や公家の宴遊の場だった。

☎075-821-1466
所中京区御池通神泉苑町東入ル門前町166 営8:30〜20:00
休無休 料無料
交地下鉄東西線・二条城前駅から徒歩3分 Pなし

晴明神社
せいめいじんじゃ

京都御所周辺 **MAP** 付録P.13 D-3

平安時代随一の陰陽師・安倍晴明公を祀るため、寛弘4年(1007)に創建された神社。屋根の軒瓦に刻まれた神紋の星は、晴明桔梗印と呼ばれ、陰陽師の用いる呪符。

☎075-441-6460 所上京区堀川通一条上ル晴明町806
営9:00〜17:30 休無休
料無料 交市バス・一条戻橋・晴明神社前下車すぐ Pなし

1000年の間読み継がれてきた女流文学のベストセラー
平安の王朝文学

かな文字の発達により、宮廷に仕える女房たちを中心に情趣豊かな女流文学が次々と誕生した。紫式部の『源氏物語』や清少納言の『枕草子』など、優美な平安の世界を今に伝えて魅了する。

和歌や漢詩の知識が豊かな宮廷の女房たちが、かな文字で書いた日記や物語は、宮廷や貴族のなかで評判を呼んだ。通い婚という平安時代の慣習で夫を待つ間に、藤原道綱の母がその結婚生活を綴った『蜻蛉日記』を始めとし、菅原孝標女の『更級日記』や紫式部の『紫式部日記』、和泉式部の『和泉式部日記』など、今の世と変わらぬ人間模様や恋の駆け引き、女の業などを日記に記した。

また、王朝文学の双璧をなす紫式部の『源氏物語』と清少納言の『枕草子』は「もののあはれ」や「をかし」の文学といわれ、人生の機微や喜怒哀楽、四季の移ろいに沿う繊細な感性など、後世の日本人の美意識に大きな影響を与えた。

野宮神社
ののみやじんじゃ
➡ P.25
嵐山
MAP 付録 P.4 B-3

紫式部による『源氏物語』の舞台のひとつとなった。縁結び・子宝の神様で知られ、『源氏物語』がモチーフのお守りや絵馬が人気。

泉涌寺
せんにゅうじ
➡ P.27
東福寺周辺
MAP 付録 P.19 F-3

『枕草子』の作者・清少納言が晩年を過ごしたという父の別荘が付近にあったとされる。境内には百人一首にも載っている歌碑などが残る。

誠心院
せいしんいん
➡ P.29
四条河原町周辺
MAP 付録 P.21 D-3

『和泉式部日記』を執筆した和泉式部が初代の住職という寺院。江戸時代に制作された絵巻や、春の歌の歌碑、墓などが伝わる。

1200年の都を巡り歩く

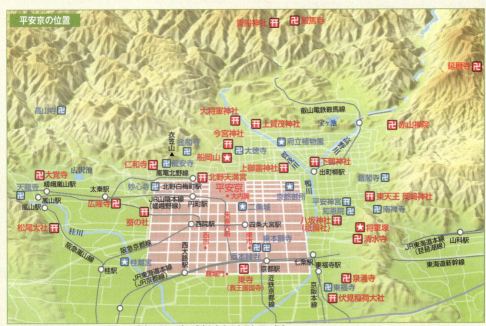

平安京の位置

※赤字は平安時代に存在していたもの、青字はそれ以降に成立したものを示しています。

今に受け継がれる日本文化の原点をたどってみたい
絢爛と侘び寂び 北山・東山に咲いた美意識

室町時代は武家が政治・経済のみならず文化芸術面でもリードする存在となった。華麗な足利義満の北山文化で花咲き、禅の精神に基づく「侘び寂び」の足利義政の東山文化で成熟した。

すべての文化芸術は室町に通じる

室町3代将軍・足利義満の北山文化に象徴される金閣寺は、一休禅師の父である後小松天皇を招いたり、明との貿易を盛んにして文化の発展に貢献した華やかな舞台であったのに対し、8代将軍・義政の東山文化の象徴である銀閣寺は枯淡の風情を尊び、茶室の起源とも近代和風建築の原型ともいわれる東求堂など、義政の文化サロンとして多くの文化人が集まった。今日の日本の伝統文化を代表する能楽、茶道、華道、庭園、建築、連歌など多様な芸術は公家、武家、庶民の別なく愛好され、それぞれ独自の形を整えて基盤を確立していった。

金閣寺 ➡ P.76 〈世界遺産〉
きんかくじ
MAP 付録 P.10 A-4

鏡湖池に映る金閣（舎利殿）が燦然と輝く、義満が築いた北山文化の誕生地。

銀閣寺 ➡ P.80 〈世界遺産〉
ぎんかくじ
MAP 付録 P.15 F-1

義政が簡素な風流美を追求した銀閣（観音殿）、東求堂に庭園が織りなす「禅」空間。

京都五山　義満が定めた、格式高い寺

五山とは中国南宋にならった寺格統制制度。鎌倉幕府が禅宗寺院の保護と統制のため格式高い五寺を官寺に定めたことが始まり。足利義満が相国寺を建立したのち、京都と鎌倉両五山の上に別格として南禅寺を置くなど順位変更が行われたが、名庭、絵画、建築など国宝を有する禅刹が多い。

五山之上　南禅寺 ➡ P.82　MAP 付録 P.15 F-4
なんぜんじ
石川五右衛門で有名な三門や赤レンガ造りの水路閣などドラマでもおなじみの建造物が広がる古刹。

五山第一位　天龍寺 ➡ P.73　MAP 付録 P.4 B-3
てんりゅうじ
後醍醐天皇を弔うため足利尊氏が建立。夢窓疎石作庭の嵐山や亀山を借景とした池泉回遊式庭園がある。

五山第二位　相国寺 ➡ P.30　MAP 付録 P.13 F-2
しょうこくじ
14世紀末、足利義満が創建した臨済宗相国寺派の大本山。法堂は、現存する日本最古の法堂建築として知られる。

五山第三位　建仁寺 ➡ P.39　MAP 付録 P.24 B-1
けんにんじ
祇園の繁華街まで境内であったといわれる京都最古の禅寺。国宝の俵屋宗達作の『風神雷神図屏風』が有名。

五山第四位　東福寺 ➡ P.38　MAP 付録 P.19 E-3
とうふくじ
摂政藤原（九條）道家が東大寺と興福寺の名から東福寺としたという大寺。境内の通天橋は紅葉の名所。

五山第五位　万寿寺 　MAP 付録 P.19 E-2
まんじゅじ
白河上皇が皇女追善のため内裏に建てた六条御堂が起源。現在は東福寺の塔頭。非公開。

禅僧たちが広めた禅文化

武家政権の保護を受けた禅宗（臨済宗）は、京都五山を中心に禅の思想をそれまでの公家文化・芸術と融合させながら独特の文化を発展させた。

五山文学と呼ばれる渡来僧や中国で学んだ禅僧たちの漢詩文の創作が盛んになり、禅の精神的境地を具現化した水墨画や雪舟らの山水画、石庭や枯山水など多くの名画・名園がつくられた。

芸能では観阿弥・世阿弥父子の能楽や狂言も洗練された総合舞台芸術として大成し、栄西によって伝えられた喫茶は、千利休へ続く「侘び茶」や生け花などへ発展した。

➡ 如拙筆『瓢鮎図』（部分）。瓢箪でナマズが押さえられるかという禅問答を描いたもの。水墨画の先駆とされる〈退蔵院所蔵〉

15〜16世紀 戦国の世で荒廃した都を復興

秀吉の京都再生

**聚楽第と寺町造成、短冊形町割、御土居の築造。
現代の京都の基盤を築いたプロジェクトの名残**

織田信長が天下布武への道半ばに倒れたのち、豊臣秀吉が天下人の座につくと、戦火で荒廃した京都を城下町として再生するために4つのプロジェクトを実施した。

洛中に政庁として黄金色に輝く聚楽第を造営し、周囲に大名屋敷を配して武家町を造った。さらに、寺院を強制移転させた寺町の造成と碁盤の目状の道路を細分化して土地の有効利用と経済の活性化を図り、東は鴨川、北は鷹ヶ峯、西は紙屋川(天神川)、南は九条あたりに沿って御土居を完成させた。

土塁と堀からなる御土居は洛中と洛外の境界とし、街道につながる出入口(七口)を設けて外敵に備える城壁の役割とともに、鴨川の氾濫から市街を守る堤防にもなり、住民に安全な暮らしをもたらした。応仁の乱で焼失した寺社も再建され、豪壮華麗な城郭や社寺の内部を飾る雄大豪華な障壁画や風流画も発達した。

↑天正14年(1586)に建築が始められた聚楽第が描かれている。『聚楽第図屏風』〈三井記念美術館所蔵〉

御土居と京の七口

↑北野天満宮(P.44)境内に残る御土居の跡

飛雲閣
ひうんかく
京都駅周辺 **MAP** 付録P.16 A-4

聚楽第の遺構のひとつとされる。西本願寺境内に建つ。通常非公開。

西本願寺 ➡ P.86

1200年の都を巡り歩く

豊国神社
とよくにじんじゃ
三十三間堂周辺 **MAP** 付録P.17 D-4

豊臣秀吉を祀る神社。徳川家康により廃社となったが、明治に再興。華やかな唐門は伏見城の遺構。
☎075-561-3802
所東山区大和大路正面茶屋町530 ⊕境内自由、宝物館9:00〜17:00(受付は〜16:30) 休無休
料境内無料、宝物館300円 交市バス・博物館三十三間堂前下車、徒歩5分 P30台

方広寺
ほうこうじ
三十三間堂周辺 **MAP** 付録P.17 D-4

秀吉が東大寺を模して大仏殿を建立。豊臣氏滅亡のきっかけとなった秀頼寄進の「国家安康の鐘」で知られる。
☎075-561-7676
所東山区正面通大和大路東入ル茶屋町 ⊕休料境内自由 交市バス・博物館三十三間堂前下車、徒歩3分 Pなし

高台寺 ➡ P.65
こうだいじ
清水寺周辺 **MAP** 付録P.25 E-1

秀吉の菩提を弔うため、秀吉の正室・北政所(ねね)が創建した寺。小堀遠州作の庭園は桜と萩と紅葉の名所。

➡関ヶ原の戦いののち、政治の実権を握った徳川家康だが、方広寺の鐘銘事件をきっかけに豊臣家の取り潰しにかかる。大坂冬の陣、夏の陣の戦いを経て、大坂城は落城、豊臣家は滅亡する。『重要文化財 大坂夏の陣図屏風(右隻1〜4扇)』〈大阪城天守閣所蔵〉

今も華やかに伝統をつなぐ。歌舞音曲、和歌俳諧で華やいだ粋人の文化サロン

花街の遊宴文化

京都には公許だった島原と、上七軒、祇園甲部、祇園東、先斗町、宮川町の五花街がある。太夫、芸妓、舞妓の芸に酔いしれる饗宴の場は、さまざまな伝統文化・芸能の発信地でもあった。

江戸期の太夫文化を伝える島原

島原は江戸時代に発展した京都唯一の幕府公許の花街だった。豪華な揚屋の座敷で、歌舞音曲はもとより、茶、花、和歌、俳諧などの教養を身につけた太夫が、公卿や大名をもてなした。島原俳壇が形成されるほど文芸活動も盛んで、幕末には女流歌人・蓮月尼が島原を褒めた歌を残している。

老若男女の出入りも自由で開放的な花街だったが、明治以降衰退し、今では正門だった「大門」と置屋の「輪違屋」、新選組や勤皇派の久坂玄瑞や西郷隆盛、坂本龍馬などが密議したという揚屋の遺構を公開している「角屋もてなしの文化美術館」が往時の名残をとどめている。

↑島原大門。新選組の隊士も通ったという花街・島原の正門

↑島原の様子。京都で唯一の公認された花街で、寛永18年（1641）に現在地に移転した（寛永17年とする説もあり）。遊愛の街として繁栄を極めた。長谷川貞信筆《都名所之内・島原出口光景》〈立命館大学アート・リサーチセンター所蔵 arcUP2578〉

「一見さんお断り」の大人の社交場

八坂神社の門前町として栄え、参拝客相手の水茶屋が起源とされるお茶屋が軒を連ねる祇園、歌舞伎の見物客のための芝居茶屋で栄えた宮川町、鴨川と高瀬川に挟まれた細い路地が花街情緒を漂わす先斗町、豊臣秀吉ゆかりの京都最古の花街である上七軒と、五花街はそれぞれの歴史と伝統と格式を誇る。

「一見さんお断り」のしきたりがある花街のもてなしは、あでやかな姿と優雅で洗練された所作で座敷に彩りを添える芸妓や舞妓が舞や音曲などの伝統技芸を披露し、お座敷遊びなどで客も参加しながら、宴席を和ませる独特の文化。お茶屋は、お座敷を飾る花、軸などの季節のしつらい、客の好みに応じた料理の手配に、芸妓・舞妓の着物や帯、かんざし、邦楽器にいたるまで、花街らしい伝統美や匠の技を見せてくれる。

角屋もてなしの文化美術館
すみやもてなしのぶんかびじゅつかん

島原 MAP 付録P.8 B-3

現在の料亭にあたるとされ、饗宴の場である揚屋建築の遺構（国指定重要文化財）。座敷、庭、所蔵美術工芸品などを公開し、当時の文化を伝える美術館。

☎075-351-0024
所 下京区西新屋敷揚屋町32
開 10:00～16:30（受付は～16:00）
休 月曜（祝日の場合は翌日）、7月19日～9月14日、12月16日～3月14日　料 1000円（2階座敷特別公開別途800円、要予約）
交 市バス・島原口下車、徒歩10分
P なし

↑島原が開設されたときから、建物・家督が維持され続けられている

輪違屋
わちがいや

島原 MAP 付録P.8 B-3

元禄元年（1688）創業。一見さんお断りだが、太夫を抱えて島原で営業する唯一の置屋。

交 市バス・島原口下車、徒歩10分
P なし

↑臥龍松の庭は、白砂と松の木などで構成された枯山水庭園。大座敷「松の間」から眺める庭の様子は、詩歌や絵の題材にもよく取り上げられた

19世紀頃
志士たちが火花を散らした
幕末維新の京都を歩く

新時代への夢と情熱に沸いた尊王攘夷の都で
武士道、誠を信じて幕府に殉じた新選組の足跡

　嘉永6年(1853)の黒船来航が、京都を殺伐とした政争の渦に巻き込んだ。攘夷か開国か、尊王か佐幕か揺れる諸藩から憂国の志士たちが京都に集まった。
　治安が悪化した京都で、天誅を叫んで暗殺や襲撃を行う尊王攘夷派の志士たちを取り締まったのが、近藤勇、土方歳三を中心とした新選組である。一躍新選組の名を京の街にとどろかせたのは、元治元年(1864)の池田屋事件で、映画やドラマ、アニメやゲームでも必ず登場する場面だ。発足地の壬生の八木邸や旧前川邸などに伝わる暗殺、粛清、悲恋など、各隊士のエピソードも人間臭い。
　その後も蛤御門の変、鳥羽・伏見の戦い(戊辰戦争)と時代に逆行しながら、わずか5年の京都時代に光芒を放った。壬生寺の壬生塚には近藤勇の胸像や芹沢鴨などの隊士の墓が並び、光縁寺には山南敬助や沖田総司ゆかりの墓などがある。

若き日の志士たちの青春と人生が交錯した
木屋町通界隈と京都市街を見下ろす東山の霊地

　木屋町通界隈は、長州・土佐藩など諸藩の京都藩邸が立ち並び、志士たちの隠れ家が多かった。そのため高瀬川沿いは、暗殺の現場となり遭難の碑が点在する。一之舟入近くに佐久間象山と大村益次郎の遭難の石碑が立ち、向かいの料理旅館「幾松」は桂小五郎(木戸孝允)と幾松のロマンスを伝える寓居跡。南へ進むと土佐勤王党の武市瑞山と天誅組の吉村寅太郎の寓居跡の碑が並ぶ。明治維新を1年遅らせたといわれる池田屋事件の池田屋跡は三条通の西に石碑だけが残る。三条通の一筋南の通称龍馬通には坂本龍馬の隠れ家だった酢屋があり、河原町通には龍馬が中岡慎太郎とともに暗殺された近江屋跡の碑が立つ。
　東山の霊山歴史館には命がけで日本の未来を夢見た志士たちの資料が展示され、背後の京都霊山護國神社の龍馬や慎太郎、桂が眠る墓地には訪れる人が絶えない。

幕末維新ミュージアム 霊山歴史館
ばくまついしんミュージアム りょうぜんれきしかん
清水寺周辺 MAP 付録P.25 E-2

坂本龍馬や西郷隆盛、木戸孝允、高杉晋作などの倒幕派や、新選組、会津藩など佐幕派の資料を常時約100点展示している。

☎075-531-3773　所東山区清閑寺霊山町1
営9:00〜17:30(入場は〜17:00)　休月曜(祝日の場合は翌日)
料900円　交市バス・東山安井下車、徒歩7分　P6台

蛤御門
はまぐりごもん
京都御所周辺 MAP 付録P.13 F-4

元治元年(1864)7月、長州藩が政治的回復を狙って会津・薩摩藩兵と戦い敗れた蛤御門の変の激戦地。
交地下鉄烏丸線・丸太町駅から徒歩10分
P中立売西駐車場利用

八木邸
やぎてい
壬生 MAP 付録P.8 B-2

新選組が発足したときの屯所。芹澤鴨が暗殺されたときの刀傷が残っている。
☎075-841-0751(京都鶴屋鶴寿庵)
所中京区壬生椰ノ宮町24
営9:00〜17:00(受付は〜16:30)
休不定休　料1100円(ガイド、抹茶、屯所餅付)
交市バス・壬生寺道下車、徒歩1分　P5台(30分無料)

壬生寺
みぶでら
壬生 MAP 付録P.8 B-2

境内はかつて新選組の兵法調練場だった。近藤勇の胸像と隊士の墓がある壬生塚などが見学できる。
☎075-841-3381　所中京区坊城通仏光寺北入ル
営8:30〜16:30
料境内無料、壬生塚・壬生寺歴史資料室200円
交市バス・壬生寺道下車、徒歩3分　Pなし

光縁寺
こうえんじ
壬生 MAP 付録P.8 B-2

山南敬助をはじめとする新選組の隊士たちの墓碑が残る。隊の屯所が近く、当時の住職と山南の間には親交があったと伝わっている。
☎075-811-0883　所下京区綾小路大宮西入ル四条大宮町37
営9:00〜17:00(最終受付)
休無休　料供養料100円
交阪急京都線・大宮駅から徒歩3分
Pなし

史跡 寺田屋 ➡P.174
しせきてらだや
伏見 MAP 本書P.174 1

薩摩藩の同士討事件(寺田屋騒動)の舞台。坂本龍馬がこの宿で襲撃され、妻・お龍が活躍したエピソードも有名。

○京都霊山護國神社の坂本龍馬の墓所の前に立つ坂本龍馬と中岡慎太郎の像

1200年の都を巡り歩く

京都 歴史年表

西暦	元号	天皇	上皇	事項
784	延暦 3	桓武		長岡京遷都
788	7			最澄、一乗止観院（のちの延暦寺）を開山
794	13			平安京遷都
＊				神泉苑→P.90ができる
795	14			市比賣神社→P.101創建
796	15			東寺(教王護国寺)→P.88、創建
805	24			最澄、天台宗を開く
806	大同 元	平城		空海、真言宗を開く
824	天長 元	淳和		神願寺と高雄山寺が合併し、神護寺→P.172と改名
853	仁寿 3			永観堂(禅林寺)→P.47創建
855	斉衡 2	文徳		法輪寺(のちの泉涌寺→P.27)建立される
859	貞観 元	清和		石清水八幡宮創建
866	8			応天門の変
874	16			醍醐寺→P.173創建
888	仁和 4	宇多		仁和寺→P.45創建
901	延喜 元	醍醐		菅原道真、大宰府に左遷される
＊				紀貫之『土佐日記』を著す
947	天暦 元	村上		北野天満宮→P.44創建
963	応和 3			西光寺(のちの六波羅蜜寺)創建
＊				清少納言→P.26『枕草子』を著す
＊				紫式部→P.24『源氏物語』を著す
1007	寛弘 4	三条		晴明神社→P.90創建
1016	長和 5			藤原道長、摂政となる
1029	長元 2	後一条		善峯寺→P.175創建
1052	永承 7	後冷泉		藤原頼通、宇治の別荘を寺(平等院→P.166)とする
1156	保元 元	後白河	鳥羽	保元の乱
1159	平治 元	二条	後白河	平治の乱
1164	長寛 2			平清盛、三十三間堂→P.108建立
1167	仁安 2	六条		平清盛、太政大臣に任命される
1172	承安 2	高倉		平徳子(のちの建礼門院)入内
1177	安元 3			京都で大火、大極殿焼失
1180	治承 4	安徳	高倉	治承・寿永の乱。平清盛、福原に遷都。源頼朝鎌倉入り
1183	寿永 2	後鳥羽	後白河	平氏都落ち。源義仲、入京
1185	文治 元			壇ノ浦の戦い。平氏滅亡。建礼門院、尼僧となり寂光院→P.169に入寺
1190	建久 元			源頼朝、入京

西暦	元号	上皇	将軍	事項
1192	建久 3		源 頼朝	源頼朝、征夷大将軍になる
1202	建仁 2	後鳥羽	頼家	栄西、建仁寺→P.39を創建
1203	3		実朝 北条時政(執権)	執権政治開始
1207	承元 元		義時	法然、親鸞流刑に
1212	建暦 2			鴨長明『方丈記』
1219	承久 元			源実朝暗殺される
＊	＊			『平家物語』成立
1221	3	後高倉		承久の乱。六波羅探題設置
1233	天福 元	後堀河	泰時	道元、興聖寺創建
1234	文暦 元			知恩院→P.41創建
1235	嘉禎 元			藤原定家『小倉百人一首』編纂
1236				九條道家、東福寺→P.38立
1291	正応 4	亀山	貞時	亀山法皇、大明国師を迎え南禅寺→P.82開創
1315	正和 4	後伏見	基時	大徳寺→P.79創建
1321	元亨 元		高時	後醍醐天皇、親政開始
＊	＊			吉田兼好『徒然草』

西暦	元号	天皇	将軍	事項
1332	元弘 2 / 正慶 元	後醍醐 / 光厳		後醍醐天皇、隠岐流配
1333	元弘 3 / 正慶 2			後醍醐天皇、隠岐脱出。新田義貞、鎌倉攻略。鎌倉幕府滅亡
1336	延元 元 / 建武 3	光明		足利尊氏、入京。後醍醐天皇、吉野へ。南北朝分裂
1337	延元 2 / 建武 4			妙心寺→P.79創建
1338	延元 3 / 暦応 元		足利尊氏	足利尊氏、征夷大将軍に。室町幕府成立
1339	延元 4 / 暦応 2	後村上 / 光明		天龍寺→P.73創建 / 西芳寺→P.34復興
1341	興国 2 / 暦応 4			等持院→P.79創建
1342	興国 3 / 康永 元			五山十刹の制
1378	天授 4 / 永和 4	長慶 / 後円融	義満	足利義満、花の御所へ移る
1386	元中 3 / 永徳 6	後亀山 / 後小松		南禅寺→P.82、京都・鎌倉両五山の上に位置する五山之上に
1392	元中 / 明徳 3			相国寺→P.30創建。南北朝合一

＊は年が特定できない事項。南北朝の元号、天皇は、上が南朝、下が北朝

西暦	元号	天皇	将軍	事項
1397	応永 4	後小松	足利義持	足利義満、北山殿(のちの**金閣寺**→P.76)造営開始
＊	＊			世阿弥『風姿花伝』
1440	永享12	後花園	義教	足利義教、**八坂の塔(法観寺)**→P.62再建
1441	嘉吉 元			嘉吉の変
1450	宝徳 2		義政	細川勝元、**龍安寺**→P.78創建
1454	享徳 3			山城の徳政一揆
1461	寛正 2			**宝厳院**→P.42創建
1467	応仁 元	後土御門		応仁の乱(～1477年)
1473	文明 5			山名持豊、細川勝元(両軍の総大将)没
1482	14			足利義政、東山殿(のちの**銀閣寺**→P.80)造営開始
1485	17		義尚	山城の国一揆(～1493年)
1488	長享 2			加賀の一向一揆
1549	天文18	後奈良	義輝	キリスト教伝来
1550	19			ザビエル入京
1565	永禄 8	正親町		松永久秀ら、将軍義輝殺害
1568	11		義昭	織田信長、将軍義昭を奉じ入京
1569	12			信長、ルイス・フロイスに京都居住許可を出す
1571	元亀 2			信長、延暦寺焼き討ち
1573	4			信長、将軍義昭を京都から追放。室町幕府滅亡
1575	天正 3			長篠の戦い
1576	4			信長、安土城築城。キリスト教宣教師、京都に南蛮寺建立
1579	7			樂長次郎、樂焼創設
1582	10			本能寺の変で織田信長が自害
1583	11			羽柴秀吉、大坂城築城
1585	13		豊臣秀吉(関白)	秀吉、関白となる
1586	14	後陽成		秀吉、太政大臣に。豊臣姓を賜る。**方広寺**→P.93大仏殿建立
1587	15			聚楽第完成。秀吉、**北野天満宮**→P.44で北野大茶湯開催
1588	16			後陽成天皇、聚楽第に御幸
1591	19			千利休、切腹
1592	文禄 元		秀次	文禄の役(朝鮮出兵)
1594	3			秀吉、伏見城築城。淀殿、**養源院**→P.105創建

西暦	元号	天皇	将軍	事項
1595	4			豊臣秀次、自害。聚楽第が破壊される
1596	慶長 元			地震で伏見城倒壊
1597	2			慶長の役
1598	3			秀吉、**醍醐寺**→P.173で花見を催したのち、8月に逝去
1600	5			関ヶ原の戦い
1602	7			**東本願寺**→P.87創建
1603	8		徳川家康	家康、江戸幕府開府。**二条城**→P.84が造営される。出雲阿国、女歌舞伎創始。
1606	11		秀忠	北政所(ねね)、**高台寺**→P65創建
1611	16	後水尾		角倉了以、高瀬川掘削開始
1612	17			豊臣秀吉、**方広寺**→P.93大仏殿再建
1614	19			豊臣秀頼、**方広寺**→P.93梵鐘奉納、大坂冬の陣
1615	元和 元			大坂夏の陣。豊臣氏滅亡。本阿弥光悦、鷹峯に芸術村を築く
1620	6			**桂離宮**→P.35造営
1633	寛永10	明正	家光	**清水寺**→P.57本堂再建
1641	18			石川丈山、**詩仙堂**→P.39造営
1644	21	後光明		**東寺(教王護国寺)**→P.88五重塔再建
1656	明暦 2	後西	家綱	修学院離宮造営開始
1661	寛文 元			**萬福寺**→P.167創建
1723	享保 8	中御門	吉宗	**鈴虫寺(華厳寺)**→P.100創建
1788	天明 8	光格	家斉	天明の大火
1858	安政 5	孝明	家定	安政の大獄開始
1862	文久 2		家茂	**寺田屋**→P.174騒動
1863	3			新選組結成。**上賀茂神社・下鴨神社**→P.99、本殿造り替え
1864	元治 元			池田屋事件。**蛤御門**→P.95の変
1866	慶応 2			薩長同盟成立
1867	3	明治	慶喜	将軍慶喜、**二条城**→P.84で大政奉還の意思を表明
1868	明治 元			鳥羽・伏見の戦い(戊辰戦争)
1869	2			戊辰戦争終結
1890	23			琵琶湖疏水、第一疏水完成
1895	28			平安遷都1100年記念で**平安神宮**→P.83創建

1200年の都を巡り歩く

KYOTOご利益案内

奥の院魔王殿 おくのいんまおうでん
護法魔王尊が降臨した磐境として崇められていた場所。

**牛若丸に兵法を教えた
鞍馬天狗の伝説で有名な寺**

鞍馬寺
くらまでら

鞍馬 **MAP** 本書P.171 B-1

7歳の頃に入山した牛若丸(源義経)が、天狗に兵法を授けられたという伝説が残る。僧兵の出兵を促す文書なども多数残されており、武田信玄、豊臣秀吉、徳川家康などの武将が戦勝祈願を行ったといわれている。

⬆明治44年(1911)に再建された仁王門。両脇には湛慶作と伝えられる仁王尊像が立つ

☎075-741-2003
所左京区鞍馬本町1074 開9:00〜16:15
休無休(霊宝殿は月曜、12月12日〜2月末)
料愛山費300円、霊宝殿200円
交叡山鞍馬線・鞍馬駅から徒歩30分 Pなし

金剛床 こんごうしょう
幾何学模様の石畳。金堂前の修行場で、宇宙のエネルギーを表している。

霊験あらたかな寺社で、ご利益たっぷりのお詣り
古都のパワースポットを巡る

**1300年にわたり人々の
信仰を集める「お稲荷さん」**

伏見稲荷大社
ふしみいなりたいしゃ

伏見 **MAP** 付録P.19 E-4

全国に3万社あるといわれる稲荷神社の総本宮。和銅4年(711)、稲荷山に稲荷大神が祀られたのが始まり。五穀豊穣、商売繁昌、家内安全、諸願成就のご利益があり、人々から篤く信仰されている。

☎075-641-7331
所伏見区深草薮之内町68
料休料境内自由
交JR稲荷駅からすぐ P170台

⬆安土桃山時代の建築様式を色濃く残す、優雅な本殿。重要文化財

おもかる石 おもかるいし
願い事を祈念して、灯籠の頭の丸い石を持ち上げ、予想より軽ければ願い事が叶いやすく、重ければ叶いにくいという。

千本鳥居 せんぼんとりい
祈りと感謝の気持ちが込められた鳥居のトンネル。千本鳥居を抜けて続く、山の参道全域にも鳥居が立ち並ぶ。

門前おやつ

540円(大・3枚)

きつね煎餅
初代がこだわった京都の白味噌とゴマの素朴な甘みが口中に広がる。タイミングがよければ、焼きたてがいただけることもある。

総本家 宝玉堂
そうほんけ ほうぎょくどう

MAP 付録P.19 D-4
☎075-641-1141
所伏見区深草一ノ坪町27-7 開7:30〜18:00
休無休 交JR稲荷駅から徒歩5分 Pなし

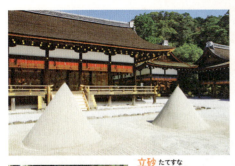

↑左右に回廊を持つ、朱塗りの楼門。2階建ての厳かな門は重要文化財に指定

森と水の神聖なる地で
雅な祭事が繰り広げられる

上賀茂神社
かみがもじんじゃ 〈世界遺産〉

上賀茂神社周辺 **MAP** 付録P.11 E-1

京都で最古の社とされ、天武天皇白鳳6年(678)に、現在の社殿の基が築かれた。正式には賀茂別雷神社と称し、雷の如く強力な御神威により、厄除・落雷除・電気産業の守護神として広く信仰されている。国宝の本殿と権殿をはじめ、約23万坪の広大な境内に多くの文化財が立ち並ぶ。

☎075-781-0011
所 北区上賀茂本山町339
時 5:30～17:00、特別参拝10:00～16:00(土・日曜、祝日は～16:30) 休 無休
料 特別参拝500円 交 市バス・上賀茂神社前(御薗口町)下車、徒歩3分 P 170台(有料)

〈門前おやつ〉
1個125円

やきもち
餅には滋賀県江州産の羽二重もち米、自家製つぶ餡には北海道産小豆を使用。上品な甘さで、焼き目の香ばしさがポイント。

葵家やきもち総本舗
あおいややきもちそうほんぽ

MAP 付録P.11D-1
☎075-781-1594
所 北区上賀茂本山町339
営 9:00～17:00
休 無休 交 市バス・上賀茂神社前(御薗口町)下車すぐ P 上賀茂神社駐車場利用(有料)

立砂 たてすな
神代の昔、御祭神が降臨した神山を模した円錐形の砂の山。立砂の頂上に立つ松葉は左が3本、右が2本とされ、陰陽思想に由来する。

渉渓園 しょうけいえん
平安時代の様式で造られた庭園で、毎年4月第2日曜に、賀茂曲水宴が行われる。

神々の伝説や逸話が残る神社は、古くから人々の心のよりどころとして崇められている。今もなお語り継がれるエピソードを知ることで、より神聖な気持ちになるだろう。心身ともに洗われる、エネルギーに満ちた神社をご紹介。

糺の森
ただすのもり
太古の原生林が残る広さ3万6000坪の森。数々の詩や物語にも登場し、人々から神秘の森として敬われている。

連理の賢木
れんりのさかき
摂社・相生社に立つご神木。2本の木が途中から1本に結ばれているため、縁結びのご利益がある。

華やかな葵祭で有名
みたらし団子発祥の地

下鴨神社
しもがもじんじゃ 〈世界遺産〉

下鴨神社周辺 **MAP** 付録P.7 D-3

正式名は賀茂御祖神社。上賀茂神社と総称して、賀茂神社とも呼ばれている。国宝である東西の本殿のほか、53棟の社殿が重要文化財。京都三大祭のひとつ、葵祭(賀茂祭)のあでやかな王朝行列で名高い。

☎075-781-0010
所 左京区下鴨泉川町59
時 5:30～18:00 冬期6:30～17:00
休 無休 料 無料
交 市バス・下鴨神社前下車すぐ
P 120台(有料)

↑朱塗りの鮮やかな楼門。寛永5年(1628)に再建され、重要文化財に指定されている

古都のパワースポットを巡る

素敵な出会いがありますように。
女性に大人気の寺社にお詣り

新しく結ぶ縁、大切な人との幸福、
幸せな出会い。神さま仏さまにお願いします。

縁結びポイント

恋占いの石
こいうらないのいし

境内にある一対の小さな石。目を閉じたまま歩き無事にたどり着くことができれば恋が叶うとか。

銅鑼の音祈願
どらのねぎがん

本殿横にある大きな銅鑼。中央部分を軽く手で3度叩いて良縁を願う。音色の余韻が長く響くほど、ご利益があるという。

↑極彩色の本殿。金箔を施した装飾品の数々が目を引く

清水寺境内に
鎮座する縁結びの神様

地主神社
じしゅじんじゃ

世界遺産

清水寺境内 MAP 付録P.25 F-4

縁結びの神様、大国主命を主祭神とし、さらに3代続きの神々も祀られていることから、子授け安産の信仰も集める。寛永10年（1633）、徳川家光により再建された社殿は、国の重要文化財に指定されている。

☎075-541-2097 所東山区清水1-317
時9:00〜17:00 休無休 料無料（別途清水寺の拝観料400円が必要）交市バス・清水道／五条坂下車、徒歩10分 P なし

↑毎月第1日曜に行われる、「えんむすび地主祭り」に多くの参拝者が訪れる

四季を通して聞くことができる
鈴虫たちの奏でる幸福の音色

鈴虫寺（華厳寺）
すずむしでら（けごんじ）

松尾大社周辺 MAP 付録P.2 B-3

美しい自然に恵まれた松尾山麓に、享保8年（1723）、鳳潭上人によって開基された禅寺。本尊の大日如来のほかに、地蔵菩薩も祀られており、地蔵信仰や入学、開運、良縁祈願のお寺として親しまれている。どこからともなく聞こえる鈴虫の声は、まるで仏の教えを清らかに表現しているよう。

☎075-381-3830 所西京区松室地家町31
時9:00〜17:00（受付は〜16:30）休無休
料500円（茶菓子付）交市バス・松尾大社前下車、徒歩15分／京都バス・苔寺・すず虫寺下車、徒歩3分
P 60台（有料）

縁結びポイント

幸福地蔵
こうふくじぞう

山門脇に立つお地蔵。願いを叶えるために人々のところまで歩いて向かうので、日本で唯一わらじを履いているという。

↑四季折々の花や木々、歳月を重ねた竹林と見事に調和する

悪い縁を切り、良縁を結ぶ由緒ある神社

安井金比羅宮
やすいこんぴらぐう

祇園 MAP 付録P.24 B-2

縁切り・縁結びの神様、崇徳天皇が祀られている神社で、絵馬の形をした穴の開いた大きな石・縁切り縁結び碑が有名。大物主神も合祀されており、良縁祈願のほか、海上安全や交通安全の信仰も深い。

☎075-561-5127
所 東山区東大路松原上ル下弁天町70
開 境内自由、授与所9:00〜17:30
休 無休　料 無料
交 市バス・東山安井下車すぐ
P 10台(有料)

縁切り縁結び碑
えんぎりえんむすびいし

願い事を書いた「形代(かたしろ)(身代わりのお札)」を持ち、念じながら、まず表から碑をくぐって悪縁を断つ。そして裏から碑をくぐって良縁を結ぶ。

縁結び
ポイント

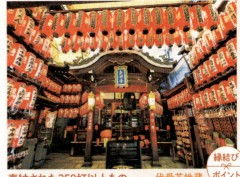

奉納された250灯以上もの提灯が堂内を飾る

矢田寺(矢田地蔵尊)
やたでら(やたじぞうそん)

京都市役所周辺 MAP 付録P.21 D-2

平安時代初期、大和郡山の矢田寺別院として創建された。賑やかな寺町通(てらまちどおり)の一角にある、現在の地に移ったのは天正7年(1579)。高さ約2mの代受苦地蔵で知られる。

代受苦地蔵
だいじゅくじぞう

矢田地蔵とも呼ばれる本尊。地獄から亡者を成仏してくれる地蔵として信仰を集める。

☎075-241-3608
所 中京区寺町通三条上ル523
開 8:00〜18:00
休 無休　料 無料
交 地下鉄東西線・京都市役所前駅から徒歩3分
P なし

縁結び
ポイント

全国から厄除け女性の参拝者が訪れる

市比賣神社
いちひめじんじゃ

東本願寺周辺 MAP 付録P.16 C-4

延暦14年(795)に京の官営市場の守り神として創建。五柱の御祭神が女神様であることから、女人厄除けや守護の信仰が集まる。女人厄除けや守護のほか、安産、子授けのご利益もある。

☎075-361-2775
所 下京区河原町五条下ル一筋目西入ル
開 7:00〜17:00、社務所9:00〜16:00
休 無休　料 無料
交 地下鉄烏丸線・五条駅から徒歩10分
P なし

天之真名井
あめのまない

洛陽七名水のひとつに数えられる名水。この水を飲むと願い事が1つだけ叶う井戸として知られている。

縁結び
ポイント

女人お守
にょにんおまもり

女性に対し、災いからのご加護があるよう願ったお守り。900円

国の無形民俗文化財に指定された奇祭で名高い

今宮神社
いまみやじんじゃ

大徳寺周辺 MAP 付録P.10 C-3

平安遷都以前から疫神を祀り、御霊会を営んだことで創建された社。大己貴命(おおなむちのみこと)、事代主命(ことしろぬしのみこと)、奇稲田姫命(くしなだひめのみこと)を祀り、健康長寿や良縁開運にご利益がある。毎年4月第2日曜のやすらい祭が、京の三奇祭として有名。

☎075-491-0082
所 北区紫野今宮町21
開 境内自由、授与所9:00〜17:00
休 無休　料 無料
交 市バス・今宮神社前下車すぐ
P 44台(有料)

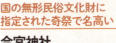

玉の輿お守
たまのこしおまもり

八百屋の娘であるお玉が、徳川綱吉の生母にまで昇り詰めたことに由来するお守り。各800円

◆古くより伝わる、シンデレラストーリーのご利益を願う参拝者が絶えない

縁結び
ポイント

女性に大人気の寺社にお詣り

幸福扇御守
精巧に作られた小形扇のお守り。生まれ月それぞれの柄がある。各700円
● 法輪寺

仲良しお守り
2匹の蝶が仲良く飛ぶ様子をイメージした縁結びのお守り。恋愛成就、親子の絆や、友だちの縁も。500円
● 錦天満宮

葵(あふひ)守
葵祭の時期限定のお守り。「あふ」は「出会う」、「ひ」は「神様のお力」を意味する。各800円
● 下鴨神社 ⇒P.99

いちょう守・ぎんなん守
金神さんと親しまれる神社の、金運や幸運を呼ぶお守り。各1000円
● 御金神社

参拝の証しとして手に入れたい
お守り & おみくじ

色とりどりの開運グッズに願いを込めて、ずっと大切にしておきたい、旅の思い出。

幸福の鳩みくじ
六角堂のシンボル、鳩のおみくじ。手作業で絵付けされており、表情の違いも楽しめる。500円
● 六角堂頂法寺

姫みくじ
女性の健やかな成長を祈願した、女性に縁の深いおみくじ。900円
● 市比賣神社 ⇒P.101

旅行安全守
白い狐が鳥居の上を飛ぶデザインが愛らしい、奥社奉拝所限定のお守り。500円
● 伏見稲荷大社 ⇒P.98

うさぎみくじおまもり
安産や子授けの神を祀る岡﨑神社。多産なウサギをかたどった、特製のみくじおまもりがかわいい。500円
● 東天王 岡﨑神社

健康長寿お守り
豊臣秀吉の馬印「千成びょうたん」にちなんだ、ご長寿のお守り。各800円
● 豊国神社 ⇒P.93

福禄寿みくじ
商売繁盛、健康、除災にご利益がある、木彫りのお姿みくじ。各500円
● 赤山禅院

馬みくじ
おみくじをくわえた木彫りの馬。古来神社と縁が深い馬に開運を願う。500円
● 上賀茂神社 ⇒P.99

● **六角堂頂法寺** ろっかくどうちょうほうじ
烏丸御池周辺 MAP 付録P.20A-2
☎075-221-2686(池坊総務所) ㊓中京区六角通東洞院西入ル堂之前町248 ㊋6:00(納経8:00、茶券9:00)～17:00 ㊍無休 ㊎無料 ㊐地下鉄・烏丸御池駅から徒歩3分

● **錦天満宮** にしきてんまんぐう
四条河原町周辺 MAP 付録P.21 D-4
☎075-231-5732 ㊓中京区新京極通四条上ル中之町537 ㊋8:00～20:00(最終受付) ㊍無休 ㊎無料 ㊐阪急京都線・京都河原町駅から徒歩5分/京阪本線・祇園四条駅から徒歩7分 Pなし

● **赤山禅院** せきざんぜんいん
修学院離宮周辺 MAP 付録P.7 F-1
☎075-701-5181 ㊓左京区修学院開根坊町18 ㊋9:00～16:30 ㊍無休 ㊎無料 ㊐市バス・修学院道下車、徒歩15分 Pなし

● **御金神社** みかねじんじゃ
二条城周辺 MAP 付録P.8 C-1
☎075-222-2062 ㊓中京区西洞院通御池上ル押西洞院町614 ㊋境内自由、社務所10:00～18:00 ㊐地下鉄・烏丸御池駅から徒歩6分 Pなし

● **東天王 岡﨑神社** ひがしてんのう おかざきじんじゃ
平安神宮周辺 MAP 付録P.15 E-3
☎075-771-1963 ㊓左京区岡崎東天王町51 ㊋境内自由、社務所9:00～17:00 ㊍無休 ㊎無料 ㊐市バス・東天王町下車、徒歩4分 Pなし

● **法輪寺** ほうりんじ
嵐山 MAP 付録P.4 B-3
☎075-862-0013 ㊓西京区嵐山虚空蔵山町 ㊋境内自由、寺務所9:00～17:00 ㊐阪急嵐山線・嵐山駅から徒歩5分 P20台(有料)

ART & CULTURE
Kyoto

美と出会う

華やかなりし京都の絵画、
工芸美術に出会い、
穏やかな微笑む仏さまに祈りを捧ぐ。
繊細な伝統美には感動のひと言。
新たに登場した美術館も見逃せない。
京都で育まれてきた文化の数々が、
あなたの知的好奇心を満たしてくれる。

京都の遺産は宗教、芸術と美意識が昇華

絵画 PAINTING

京都画壇の輝かしい系譜をたどって
貴重な美術遺産に感動
琳派、若冲の煌めき

狩野派をはじめとする京都絵画史の流れのなかでも、近年ひときわ注目される琳派と若冲の画業を中心にクローズアップしてご紹介。

現代にも息づく美意識
琳派の系譜

京都で生まれた「琳派」。400年前、本阿弥光悦と俵屋宗達に始まり、光悦と宗達の時代から100年後に尾形光琳と弟の乾山を経て、さらに100年後には江戸の酒井抱一へと継承されてきた様式である。

琳派は「私淑の芸術」といわれる。私淑とは、直接の師弟関係はなくても、尊敬する師と仰いで模範として学ぶことで、宗達、光琳、抱一による一連の『風神雷神図屏風』に見られるように、琳派は時代を超えた私淑の系譜をたどってきた。自由闊達、大胆華麗なその意匠性は、絵画にとどまらず、現代も衣装、漆芸、陶芸、和菓子など日常生活に根差した伝統工芸の世界にも息づいている。

本阿弥光悦 1558~1637
ほんあみこうえつ

刀剣の鑑定・研磨の家職のほかに、書、陶芸、茶道、作庭にも長じマルチな才能を発揮した。書は寛永の三筆のひとり。

本阿弥光悦・俵屋宗達
『鶴下絵三十六歌仙和歌巻』
つるしたえさんじゅうろっかせんわかかん

俵屋宗達が金と銀の泥で鶴が羽ばたき羽を休めるまでの様子を描き、その上に本阿弥光悦が三十六歌仙の和歌を書いた全長約13mの、宗達と光悦が共演する巻物。重要文化財。
● 京都国立博物館所蔵

俵屋宗達 不詳~1643?
たわらやそうたつ

生没年不詳だが、扇絵師であったとされ、本阿弥光悦に才能を見いだされて斬新な装飾的画法で光琳派の先駆となる。

光悦寺
こうえつじ

鷹峯 MAP 付録P.10A-2
光悦がつくった芸術村が「琳派」の始まり

本阿弥光悦が元和元年(1615)、徳川家康から鷹峯の地を拝領し、一族、工芸職人らと開いた芸術村跡。庭からは風情ある山並みを望む。

☎ 075-491-1399　●北区鷹峯光悦町29
●8:00(紅葉の時期8:30)~17:00
●11月10~13日　●400円(紅葉の時期は500円)　●市バス・鷹峯源光庵前下車、徒歩3分　●12台(有料もしくは利用できない場合あり)

↑竹を斜めに組んだ垣根は光悦垣と呼ばれる

俵屋宗達『白象図』『唐獅子図』
はくぞうず　からじしず

養源院の廊下の杉戸から飛び出さんばかりに描かれたダイナミックな2図。
● 養源院所蔵

俵屋宗達『風神雷神図屏風』
ふうじんらいじんずびょうぶ

両端ぎりぎりに配された躍動感あふれる風神雷神が特徴で、金箔、銀泥と墨の対比、たらしこみを用いた雲の表現など宗達の最高傑作。尾形光琳、酒井抱一も模写している。国宝。
● 建仁寺所蔵/京都国立博物館寄託

尾形光琳　1658〜1716

京都の呉服商に生まれ俵屋宗達に私淑した。非凡なデザイン感覚は「光琳模様」として後世に与えた影響は大きい。

尾形光琳『太公望図屏風』
たいこうぼうずびょうぶ

中国の賢人・太公望(呂尚)が、渭水(いすい)に釣り糸を垂れて瞑想している姿。あらゆる線が呂尚の体の中心部に集まるような構図。重要文化財。
● 京都国立博物館所蔵

尾形光琳『竹虎図』
たけとらず

竹林を背景に腰を下ろしたやんちゃ風な虎。京都国立博物館には『竹虎図』の虎をモチーフにした公式キャラクター「トラりん」がいる。
● 京都国立博物館所蔵

尾形乾山　1663〜1743

光琳の弟。野々村仁清に陶法を学び、京都鳴滝に窯を開いた。光琳が絵付けした兄弟合作の斬新な作品も多い。

神坂雪佳　1866〜1942

明治から昭和にかけて活躍した美術工芸家。琳派の流れをくむ大胆な意匠で、近代琳派の継承者として注目されている。

神坂雪佳『金魚玉図』(部分)
きんぎょだまず

ガラス鉢の中を泳ぐ金魚を真正面から描いたユニークな構図。● 細見美術館所蔵

尾形乾山『色絵石垣文角皿』
いろえいしがきもんかくざら

中国明代後期に流行した氷裂文を模したものとされている。白地に赤、黄、緑、紫のモザイクがランダムに配置されてモダン。
● 京都国立博物館所蔵

※美術館・博物館所蔵(収蔵)の掲載作品は、時期によって展示されていない場合があります。

琳派、若冲の煌めき

京都国立博物館
きょうとこくりつはくぶつかん

三十三間堂周辺　MAP 付録P.17 E-4

京都文化の真髄を展示 装い新たな「平成知新館」

世界的建築家の谷口吉生氏による設計の「平成知新館」では、京都の仏像、彫刻、絵画、書、工芸などの収蔵品を展示するほか、特別展も開催している。

☎ 075-525-2473(テレホンサービス)
所 東山区茶屋町527
時 9:30〜17:00(入館は〜16:30)
休 月曜(祝日の場合は翌日)
料 展覧会により異なる　交 市バス・博物館三十三間堂前下車すぐ　P なし

細見美術館
ほそみびじゅつかん

平安神宮周辺　MAP 付録P.14 C-3

多彩な企画展が楽しみな 日本美術の魅力を紹介

昭和の実業家・細見家3代が収集した日本美術を中心に展示。琳派や伊藤若冲などの江戸絵画のコレクションの人気が特に高い。常設は設けず、四季折々のテーマで随時企画展を開催している。

☎ 075-752-5555
所 左京区岡崎最勝寺町6-3
時 10:00〜17:00(受付は〜16:30、展覧会によって変更あり)
休 月曜(祝日の場合は翌日)
料 企画展により異なる(保護者同伴の小学生以下無料)　交 市バス・東山二条・岡崎公園口下車、徒歩3分　P なし

養源院
ようげんいん

三十三間堂周辺　MAP 付録P.19 E-1

俵屋宗達の出世作が残る 浅井、豊臣、徳川が眠る寺

淀殿が父・浅井長政の供養に建立し妹の徳川秀忠夫人お江が再建。伏見城遺構の血天井と、俵屋宗達作の襖絵や白象、唐獅子、麒麟を描いた杉戸絵が有名。

☎ 075-561-3887
所 東山区三十三間堂廻り町656
時 9:00〜16:00(最終受付)
休 1・5・9月の21日午後、12月31日
料 600円　交 市バス・博物館三十三間堂前下車すぐ　P なし

個性際立つ各時代の天才
京画壇の絵師たち

　桃山から江戸時代にかけての京都画壇には、さまざまな個性が花開いた。桃山時代は華麗な金碧障壁画をもって登場した狩野永徳の独壇場で、一門を率いて巨大御用絵師集団をつくり上げていた。

　そんな京都へ一歩遅れてやってきたのが長谷川等伯で、のちに対立することになる狩野派の門を叩くなど、さまざまな流派の画法から自分のスタイルを築き上げていった。

　江戸初期には本阿弥光悦や俵屋宗達、中期には尾形光琳、乾山の流れをくむ前衛的な琳派が活躍。

　江戸後期に錦市場に生まれた伊藤若冲は、緻密な花鳥の写生画を描き特異な存在。絵を描くことだけに情熱を傾けた。若冲の12歳下の円山応挙も新たな写生画を創造して大ブレイク。以後、門弟千人という円山派が京都画壇を席巻する。

伊藤若冲　1716〜1800
いとうじゃくちゅう

緻密な花鳥画が特徴。特に鶏図を得意とした。「奇想の画家」とも呼ばれ、2016年で生誕300年。

伊藤若冲『雪中雄鶏図』（左上）
せっちゅうゆうけいず

自宅の庭の鶏の写生に励んだという若冲らしく、雪の日に鶏がエサを探す描写は力強い。一方、曲がった竹や菊など創造的な構図で、若冲が「景和」と名乗っていた30代の作品。
● 細見美術館所蔵

伊藤若冲『糸瓜群虫図』（右上）
へちまぐんちゅうず

虫食いも見られるヘチマに、蝶やカマキリ、カタツムリ、トンボ、バッタなど11匹のさまざまな虫が描かれ、まるで同化しているかのように見える。
● 細見美術館所蔵

伊藤若冲『群鶏図』（下）
ぐんけいず

京都伏見の黄檗宗寺院・海宝寺の方丈に描かれていた襖・壁貼付9面の水墨画のうちのひとつ。寛政2年(1790)、若冲晩年期の作。
● 京都国立博物館所蔵

美と出会う●絵画

狩野永徳　1543〜1590
かのうえいとく

織田・豊臣氏に仕え、安土城、聚楽第、大坂城などの障壁画を制作。豪壮華麗な狩野派の基礎を築いた。

狩野永徳『仙人高士図(部分)』
せんにんこうしず

もとは襖絵であったもの。建仁寺塔頭の障壁画の一部を屏風にしたと伝えられるが定かではない。中国故事にちなんだ高士や仙人を描いており、桃山水墨画の代表的作品。重要文化財。
● 京都国立博物館所蔵

長谷川等伯　1539〜1610
はせがわとうはく

桃山時代、能登から京に上り、千利休の知己を得て狩野派と拮抗する日本独自の水墨表現の確立に努めた。

長谷川等伯『竹林猿猴図屏風(右隻)』
ちくりんえんこうずびょうぶ

中国の牧谿筆『猿猴図』に影響を受けた図。竹林で遊ぶ3匹の猿。右側には母猿とその背にのった子猿が描かれ、父猿は枝をつたい戻ってくるところ。やわらかそうな毛並みに愛らしい顔が印象的。重要文化財に指定されている。
● 相国寺所蔵

円山応挙　1733〜1795
まるやまおうきょ

現代の京都画壇にまで系統が続く円山派の祖。西洋画の遠近法などを取り入れ、平明で情趣的な写生画を創出した。

円山応挙『牡丹孔雀図』
ぼたんくじゃくず

写生を重視し、懐にいつも写生帖を忍ばせていた応挙39歳の作品。孔雀の羽一枚一枚にいたるまで緻密に描いている。重要文化財。
● 相国寺所蔵

相国寺承天閣美術館
しょうこくじじょうてんかくびじゅつかん

京都御所周辺　MAP 付録P.13 F-2

室町時代からの禅宗文化と異才・伊藤若冲の世界

相国寺と、鹿苑寺(金閣)や慈照寺(銀閣)などの塔頭寺院の寺宝が展示され、伊藤若冲の水墨画の傑作『鹿苑寺大書院障壁画』(重要文化財)の一部『葡萄小禽図』『月夜芭蕉図』が常設展示されている。

☎ 075-241-0423
所 上京区今出川通烏丸東入ル
開 10:00〜17:00(入館は〜16:30)
休 展示替え期間　料 800円(開催中の展示により異なる)
交 地下鉄烏丸線・今出川駅から徒歩7分　P なし

智積院
ちしゃくいん

三十三間堂周辺　MAP 付録P.19 F-1

長谷川等伯親子が寄り添う『楓図』と『桜図』

収蔵庫に収められた長谷川等伯一門の障壁画が圧巻。『桜図』は等伯の息子・久蔵の豪華絢爛な作品。久蔵は完成の翌年亡くなり、等伯がその死の悲しみを乗り越えて描いたのが『楓図』だ。

☎ 075-541-5361
所 東山区東大路通七条下ル東瓦町964
開 境内自由、収蔵庫・庭園9:00〜16:30(受付は〜16:00)　休 無休
料 境内無料、収蔵庫・庭園500円
交 市バス・東山七条下車すぐ　P 30台

琳派、若冲の煌めき

仏像
BUDDHA STATUE

京都の旅は、己の心と向き合う旅でもある

悠揚たる姿に恍惚とする
仏さまの深遠な世界

仏さまは性別を超えた存在ながら、イケメンだったり、妖艶だったり。
心に秘めた祈りが仏さまとの出会いの一歩。

仏像の種類は多種多様
仏像の見方

　仏像は大きく如来、菩薩、明王、天部に分けられる。如来では釈迦、阿弥陀、薬師、大日などがあり、菩薩では観音、弥勒、地蔵、虚空蔵、明王では不動明王、天部では仁王や四天王がなじみ深いだろうか。

　慈悲、忿怒の表情やさまざまなポーズ、着衣や持ち物にも意味がある。

楊貴妃観音像
ようきひかんのんぞう

その姿の美しさから玄宗皇帝が楊貴妃の冥福を祈って作られた像といわれ、楊貴妃観音と呼ばれる。

● 泉涌寺　➡ P.27
せんにゅうじ

阿弥陀如来坐像
あみだにょらいざぞう

平安時代後期、天喜元年(1053)に、仏師・定朝によって作られた。いわゆる和様の到達点ともいうべき完成度をみせる表現、技法を示している。

● 平等院　➡ P.166
びょうどういん

このお寺では、この仏像を訪ねたい

三十三間堂（蓮華王院）
さんじゅうさんげんどう（れんげおういん）

三十三間堂周辺 MAP 付録 P.19 E-1

☎075-561-0467
⌂東山区三十三間堂廻り町657
⌚8:30～17:00 11月16日～3月9:00～16:00※受付は各30分前まで　休無休
¥600円　市バス・博物館三十三間堂前下車すぐ　P50台

千体千手観音立像
せんたいせんじゅかんのんりゅうぞう

10列の階段状の壇上に、1000体の等身大観音立像が並ぶ。創建時の平安期に作られた像は124体、そのほかは鎌倉時代に再興された像。堂の中央の千手観音坐像に加え、2018年にはすべての像が国宝の指定を受けた。国宝の二十八部衆像、風神・雷神像もともに安置されている。

広隆寺
こうりゅうじ

太秦 MAP 付録 P.5 E-3

☎075-861-1461
⌂右京区太秦蜂岡町32
⌚9:00～17:00（12～2月は～16:30）　休無休
¥800円　嵐電・太秦広隆寺駅からすぐ　Pあり

弥勒菩薩半跏思惟像
みろくぼさつはんかしいぞう

広隆寺は、推古天皇11年(603)、豪族の秦氏が聖徳太子の命を受けて建立した寺院。霊宝殿に安置されている「宝冠弥勒（ほうかんみろく）」は、創建当時の本尊と伝えられる。半跏思惟とは、足を組み肘をついて思索する姿。彫刻の国宝第1号としても知られる。

雲中供養菩薩像
うんちゅうくようぼさつぞう

阿弥陀如来とともに来迎する菩薩像52体が阿弥陀堂の長押上で雲に乗り、歌ったり、踊ったり、楽器を奏でたりして独創的。堂内の極楽浄土の世界を彩る。

● 平等院
びょうどういん　➡ P.166

釈迦如来立像
しゃかにょらいりゅうぞう

釈迦が37歳のときの生き姿を刻んだもの。インド、中国、日本に伝わり「三国伝来の釈迦如来」と呼ばれる。

● 清凉寺(嵯峨釈迦堂)
せいりょうじ(さがしゃかどう)
➡ P.75

東寺(教王護国寺)
とうじ(きょうおうごこくじ)
➡ P.88

立体曼荼羅
りったいまんだら

密教の世界観を表現する曼荼羅。その世界を具体的に表現するため空海が構想。大日如来像を中心とした五智如来像が安置され、金剛波羅蜜菩薩像を中心とした五菩薩像をその右側に、不動明王像を中心とした五大明王像を左側に配している。須弥壇の四隅と両端には、6体の天部像が置かれている。

仏像の種類・ヒエラルキー

仏の世界は大別して4つの役割があり、ヒエラルキーを形成している。最高位の「如来」、次に「菩薩」、如来が忿怒の姿に化身した「明王」、仏の世界を守る「天部」という構成。仏像はこれらを造形力と想像力を駆使して視覚化したもの。

● 如来 にょらい
釈迦、阿弥陀、薬師、大日、毘盧舎那仏 など

如来とは「悟りを開いて真理に到達した者」を意味している。如来像の特徴は、1枚の布を身につけ、装飾品はなし。髪は螺髪で頭頂部に肉髻という盛り上がりがある。また、薬師如来を除き持物を何も持たない。

● 菩薩 ぼさつ
観音、文殊、弥勒、地蔵、普賢、日光、月光 など

菩薩は如来になるため修行に励み、人々を救済する大きな慈悲の心を持つ者のこと。菩薩像は出家前の釈迦(王族)の姿をモデルにしているため、多くの豪華な装飾品を身につけている。髪は結い上げ、上半身はほぼ裸に近い。

● 明王 みょうおう
不動、愛染、孔雀、大元帥 など

密教最高位の仏である大日如来が化身して、忿怒の姿で畏怖させて(孔雀明王は例外)、民衆を仏教に帰依させようとする仏尊を明王という。その像は怒りの表情で火炎を背負い(火炎光背)、髪は逆立ち、手には武具を持つことが多い。

● 天部 てんぶ
四天王、八部衆、十二神将、金剛力士(仁王) など

帝釈天や吉祥天、鬼子母神、大黒天、金剛力士など、親しみやすい仏像が多い。仏の世界を守護する役割を担う仏のことだが、インドの神々が天部として仏教に融合されたため、数が多い。現世利益的な福徳神の種類も豊富だ。

仏さまの深遠な世界

美術館&博物館 MUSEUM

美しく希少な作品の宝庫に迷い込む
古都で受け継がれてきた お茶の文化を知る

千利休が大成した茶の湯は総合芸術として、茶碗、茶釜、竹製品に掛軸など多岐にわたる。常設展示はもちろん「侘び寂び」の世界に浸れる企画展にも注目したい。

樂美術館
らくびじゅつかん

京都御所周辺 MAP 付録P.13 E-3

窯元に隣接の美術館で侘びの美と心の象徴にふれる

茶道を大成した千利休が目指した侘茶。その精神にかなう茶碗として誕生した樂焼と茶道美術の美術館。約450年続く伝統継承のために、次世代の参考となるよう残してきた手本が集結している。

☎075-414-0304 ㉔上京区油小路通一条下ル
⏰10:00～16:30(入館は～16:00)
休 月曜(祝日の場合は開館)、展示替え期間
料 900～1000円 市バス・堀川中立売下車、徒歩3分 ₽4台

➡安政2年(1855)に再建された国登録有形文化財の樂家・窯元に隣接

注目ポイント
樂焼って何?
ろくろを使わず両手で土を立ち上げていく手捏ねとヘラで削る2工程からなる。そのため、作り手の思いが顕著に表れる。

➡初代・長次郎から現在の16代まで守り継がれてきた作品が茶室風に展示されている

➡初代・長次郎「黒樂茶碗 銘 面影」山田宗徧・石川自安 箱書付

➡六代・左入「赤樂茶碗 銘 桃里」即中斎 箱書付

➡三代・道入「赤樂茶碗 銘 僧正」了々斎 箱書付

➡十五代・直入「﨟釉樂茶碗 銘 梨花」而妙斎 箱書付

野村美術館
のむらびじゅつかん

南禅寺周辺 MAP 付録P.15 F-4

春と秋にだけ鑑賞できる野村徳七秘蔵のコレクション

得庵の号を持ち茶の湯と能楽に造詣が深かった野村財閥創業者のコレクション。茶道具、能面、能装束を中心に書、絵画、典籍、工芸など約1700点を所蔵、重要文化財も数点ある。

☎075-751-0374 ㉔左京区南禅寺下河原町61
⏰春期(3月上旬～6月上旬)、秋期(9月上旬～12月上旬)10:00～16:30(入館は～16:00)
休 開館期間中の月曜(祝日の場合は翌日)、展示替え期間 料 800円 市バス・南禅寺・永観堂道下車、徒歩5分 ₽5台

➡古くから政財界人の別荘地として知られる南禅寺界隈にある

➡1階メイン展示室。茶席形式の展示スペースでは茶席飾りもある

➡茶室風展示室では、茶席の取り合わせで美術品を鑑賞できる

➡館蔵品の茶碗で抹茶と生菓子を気軽に楽しめる椅子の茶席

➡紀州徳川家伝来・上杉瓢箪茶入。足利義政・上杉景勝等が愛蔵していた

➡織部梟香合。17世紀の織部焼。愛くるしさと織部焼の特徴のひとつである緑釉が印象的

➡小川破笠作・歌仙図硯箱。陶片・貝・鉛などを用いて、14人の歌仙を配している

茶道資料館
ちゃどうしりょうかん

京都御所周辺 MAP 付録P.13 E-2

茶の湯に関する名品を鑑賞し抹茶で一服する贅沢

茶道に関する企画展を開催。茶碗、花入、掛物など茶道具や工芸品、文書などを展示。裏千家の茶室「又隠」が再現されている。入館者は抹茶と和菓子が楽しめる（前日までの事前予約制、有料）。

☎075-431-6474 ⌂上京区堀川通寺之内上ル寺之内竪町682 裏千家センター内 ⏰9:30～16:30（入館は～16:00）休月曜、展示替え期間 ¥700円（特別展は1000円）🚇地下鉄烏丸線・鞍馬口駅から徒歩15分 Ｐ3台

→ 椅子に腰かける立礼形式の呈茶席。希望すれば作法の説明があるので安心

↑ 利休の四畳半茶室を踏襲した裏千家の代表的茶室「又隠」（写）で侘びの精神を感じる

↑ 1階展示室は茶の湯文化と精神を伝える総合的な展示。企画展が開催される

北村美術館
きたむらびじゅつかん

京都御所周辺 MAP 付録P.14 B-1

茶道美術館の先駆けとして数寄者の好みを映す名品揃い

実業家で茶人でもあった北村謹次郎氏が日常生活で茶を楽しむなかで収集した茶道美術品を展示。隣接する「四君子苑」は春秋の一定期間に公開。

☎075-256-0637 ⌂上京区河原町今出川南一筋目東入ル梶井町448 ⏰3月中旬～6月上旬と9月中旬～12月上旬の特別展時のみ10:00～16:30（入館は～16:00）休月曜、祝日の翌日 ¥600円 🚌市バス・河原町今出川下車、徒歩2分 Ｐ3台

↑ 茶事の雰囲気を楽しみながら、茶道具の取り合せ展示を鑑賞できる

↑ 美術館の外観。右側は「四君子苑」の表門（国の登録有形文化財）

大西清右衛門美術館
おおにしせいうえもんびじゅつかん

烏丸御池周辺 MAP 付録P.16 B-1

「千家十職」の釜師の伝統を継承する大西家の茶の湯釜

釜師・大西家に伝わる茶の湯釜をはじめとした茶道具類を展示。芦屋・天明から釜釜まで、大西家歴代が所蔵してきた釜が、季節の道具とともに見られる。

☎075-221-2881 ⌂中京区三条通新町西入ル釜座町18-1 ⏰10:00～16:30（入館は～16:00）休月曜（祝日の場合は翌日）、展示替え期間 ¥900円 🚇地下鉄・烏丸御池駅から徒歩5分 Ｐなし

↑ 企画テーマによって茶道具類、制作道具、古文書などが公開される

↑ 7階にある茶室「弄鋳軒（ろうちゅうけん）」

千利休ゆかりの寺社へ行く

茶会の形式よりも、茶と向き合う精神を重視する「侘び茶」を大成させた千利休は、豊臣秀吉に重用され、側近の一人として政治にも影響力を持った。この頃、大坂の堺から京都に移り、大徳寺門前の屋敷を茶の湯活動の拠点としていたが、秀吉との関係が悪化し、堺に追放されたのち、京都に呼び戻され、切腹を命じられた。

＜堺市博物館所蔵＞

大徳寺 →P.79
だいとくじ

大徳寺周辺 MAP 付録P.11 D-4

千利休が帰依した寺院。禅修行を積んだ堺の寺の大本山にあたり、かつては住持から賜った「千宗易」を名乗っていた。切腹の原因とされる座像が三門に掲げられていた。

北野天満宮 →P.44
きたのてんまんぐう

金閣寺周辺 MAP 付録P.12 B-2

天正15年(1587)、豊臣秀吉公が千利休居士らと開催した空前絶後の大茶会「北野大茶湯」。お茶のみならず、お華やお菓子などの伝統文化が華開いた茶会であり、北野は文化の中心地として讃えられた。

↑ 身分を問わず参加が許された北野大茶湯で、水を汲んだとされる太閤井戸

お茶の文化を知る

※美術館・博物館所蔵の掲載作品は、時期によって展示されていない場合があります。

名作とともに京都のアートの世界に浸りたい

感性を研ぎ澄ませて鑑賞
KYOTO近現代アート

京都が育んできた美の伝統は近現代のアートシーンに反映されている。美術品だけでなく、建物や展示への美意識に注目するのも一興。

美と出会う●美術館＆博物館

上村松園
『人生の花』
1899年
女性の目線で美人画を描く京都生まれの日本画家。毅然と先導する母親と、不安とうれしさの入り交じる花嫁の娘の心情がにじみ出る作品。〈京都市美術館所蔵〉

↑これまでは非公開だった中庭のひとつは、ガラス屋根をかけ「光の広間」としてリニューアル。多目的に使用される

↑「ザ・トライアングル」は作者・美術館・鑑賞者を三角で結ぶ新進作家の展示スペース

京都市京セラ美術館
きょうとしきょうセラびじゅつかん

平安神宮周辺 MAP 付録P.15 D-4

**現存する日本最古の公立美術館建築
京都画壇の作品に注目**

昭和8年(1933)に開館した公立美術館で、2020年5月からリニューアルオープン。絵画、彫刻、版画、工芸など幅広いジャンルの作品が揃うなか、コレクションの中心となる竹内栖鳳や上村松園など、京都画壇の作品は必見だ。

☎075-771-4334　所左京区岡崎円勝寺町124岡崎公園内　10:00～18:00(入館は～17:30)
休月曜(祝日の場合は開館)　料コレクションルーム730円、企画展・別館は展示により異なる
交市バス・岡崎公園動物園前下車すぐ
P21台(有料)

↑和洋折衷の帝冠様式の建物に「ガラス・リボン」と呼ばれる流線形のガラス張りファサードが新設された

撮影：来田猛

福田美術館
ふくだびじゅつかん

嵐山 MAP 付録P.4 B-3

**京都画壇を中心に珠玉の名品
アート初心者でも感動必至**

江戸時代から近代にかけての京都画壇を中心とした有名画家の作品や、幻のコレクションが揃う私設美術館。建物は京町家、嵯峨嵐山の自然、和モダンなデザインが見事に調和している。

☎075-863-0606　所右京区嵯峨天龍寺芒ノ馬場町3-16　10:00～17:00(入館は～16:30)
休火曜(祝日の場合は翌日)、展示替え期間
料1300円　交嵐電・嵐山駅から徒歩4分
Pなし

竹内栖鳳
『金獅図』
1906年
近代日本画の先駆者・竹内栖鳳が意欲的に描いた獅子の作品のひとつ。西洋技法を取り入れ動物の匂いも描くといわれたほどの達人。

↑蔵をイメージした展示室は日本画鑑賞に理想的なほの暗さ

↑日本家屋の縁側を思わせる廊下からは庭が見渡せ、四季折々の花を楽しむこともできる

↑渡月橋が一望できる川沿いのカフェ。無垢材を使用した落ち着きある空間でひと休み

京都国立近代美術館
きょうとこくりつきんだいびじゅつかん

平安神宮周辺 MAP 付録P.15 D-4

京都や関西を中心とした
日本画や工芸作品が揃う

国内外の近代美術の絵画・版画・陶芸・彫刻・写真等を収蔵。竹内栖鳳、上村松園、梅原龍三郎など、京都や関西画壇ゆかりの作品が多く、河井寬次郎の陶芸作品が充実している。

☎075-761-4111 ㊟左京区岡崎円勝寺町 ⏰9:30〜17:00(金・土曜は〜20:00)
※入館は閉館の各30分前まで ㊡月曜(祝日の場合は翌日)、展示替え期間 ￥430円(特別展・共催展は別途) 🚌市バス・岡崎公園美術館・平安神宮前下車すぐ ㋿なし

↑日本画や工芸品を中心に、約1万3000点を所蔵する
撮影:河田憲政

↑京都国立近代美術館外観
撮影:四方邦熈

京都府立堂本印象美術館
きょうとふりつどうもといんしょうびじゅつかん

金閣寺周辺 MAP 付録P.5 F-1

印象の画業を集約する
建物、内装、家具すべてが作品

大正から昭和にかけて活躍した京都画壇の重鎮・堂本印象が自らデザインし、設立した美術館。外観が独特で、印象の作品のほか、日本の近現代美術の展覧会を開催している。

☎075-463-0007 ㊟北区平野上柳町26-3 ⏰9:30〜17:00(入館は〜16:30) ㊡月曜(祝日の場合は翌日) ￥510円 🚌市バス・立命館大学前下車すぐ ㋿なし

↑館内の内装も華やか

↑斬新な外観は堂本印象によるデザイン

何必館・京都現代美術館
かひつかん・きょうとげんだいびじゅつかん

祇園 MAP 付録P.22 B-3

優れた美術品を際立たせる
静謐で風雅な展示空間

村上華岳、山口薫、北大路魯山人を中心に、国内外の作家による近現代の絵画工芸、写真などを展示。最上階には山もみじの美しい光庭と展示空間としてしつらえた茶室を併設している。

☎075-525-1311 ㊟東山区祇園町北側271 ⏰10:00〜18:00(入館は〜17:30) ㊡月曜、展示準備期間 ￥1000円 🚇京阪本線・祇園四条駅から徒歩3分 ㋿なし

↑北大路魯山人『つばき鉢』1938年〈何必館・京都現代美術館所蔵〉

現代アートが施されたお寺の襖絵にも注目

いにしえの芸術と現代の感性が融合した、色彩豊かな襖絵は、近年SNSでも話題になっている。

隨心院
ずいしんいん

醍醐 MAP 本書P.173 1

小野小町ゆかりの寺院で
極彩色の襖絵を鑑賞

正暦2年(991)に創建。小野小町が晩年を過ごした邸宅跡といわれ、境内には小野小町が顔を洗った場所という化粧の井戸など、生活の跡も垣間見える。3月下旬には梅園に咲く梅の花が見頃を迎える。

☎075-571-0025 ㊟山科区小野御霊町35 ⏰9:00〜16:30(写仏・写経は〜14:00)、夜間特別拝観(11月中旬〜下旬)18:00〜20:30 ㊡寺内行事日 ￥500円 🚇地下鉄東西線・小野駅から徒歩5分 ㋿30台

↑京都在住の絵描きユニット・だるま商店がCGで描いた襖絵『極彩色梅匂小町絵図(ごくさいしきうめいろこまちえず)』。平安時代の女流歌人で、絶世の美女とも言わしめた小野小町の一生が4面の襖絵で構成

KYOTO 近現代アート

※美術館・博物館所蔵の掲載作品は、時期によって展示されていない場合があります。

京都で育まれてきた文化・芸術の展示を見に出かけたい

貴重なコレクションに感銘
テーマ型ミュージアム

あるテーマに特化した博物館では、映像や模型による展示も多く、普段接することのできない展示物を間近に見たりふれたりできる。

京都文化博物館
きょうとぶんかはくぶつかん

烏丸御池周辺 MAP 付録P.20 B-2

京都の歴史と文化が通覧できる博物館

大画面の映像展示などで、京都の歴史や文化を紹介。多彩な特別展も見どころ満載。フィルムシアターでは京都府が所蔵する映画の上映がある。

☎075-222-0888 ㊟中京区三条高倉
㋺10:00～19:30、特別展10:00～18:00（金曜は～19:30）※入室は各30分前まで
㊡月曜（祝日の場合は翌日）
￥500円（特別展は別途）
㊚地下鉄・烏丸御池駅から徒歩3分 Ⓟなし

↑1階の常設展では、作者のフィギュアやパネルなどを使って、百人一首の解説がなされている

↓日本銀行京都支店だった別館。重要文化財

河井寛次郎記念館
かわいかんじろうきねんかん

清水寺周辺 MAP 付録P.17 E-4

用の美が息づく陶芸家が作った住居

"土と炎の詩人"といわれ、京都を拠点に活動した陶芸作家・河井寛次郎の自宅を公開。書斎や居間も当時のまま保存され、登り窯や陶房も見学できる。

☎075-561-3585 ㊟東山区五条坂鐘鋳町569
㋺10:00～17:00（入館は～16:30）
㊡月曜（祝日の場合は翌日）、ほか夏期・冬期休館あり ￥900円 ㊚市バス・馬町下車、徒歩1分 Ⓟなし

◆建物や家具のなかにも河井寛次郎のデザインのものが見られる

住友コレクション 泉屋博古館
すみともコレクション せんおくはくこかん

南禅寺周辺 MAP 付録P.15 F-3

世界的にも名高い中国古代青銅器の名品

住友家が収集した中国古代の青銅器や鏡鑑を、テーマ別に4つの部屋で鑑賞できる。中国・日本の絵画や書跡、茶道具などの企画展もある。

☎075-771-6411 ㊟左京区鹿ケ谷下宮ノ前町24 ㋺10:00～17:00（入館は～16:30）
㊡月曜（祝日の場合は翌日）、ほか夏期・冬期休館あり（HPで要確認） ￥800円
㊚市バス・東天王町下車、徒歩3分 Ⓟ10台

↑美術鑑賞に適した環境にある

↑百人一首のかるたは江戸時代初期に誕生。貴族や大名の嫁入り道具として作られていた

嵯峨嵐山文華館
さがあらしやまぶんかかん

嵐山 MAP 付録P.4 B-3

藤原定家が歌を選んだ地小倉山の麓で百人一首を知る

『小倉百人一首』専門の魅力を発信する博物館。貴族や文化人に好まれてきた嵯峨嵐山で生まれた歌集の歴史や日本画の粋を伝える。2階にある畳敷きのギャラリーでは座って鑑賞ができる。

◆石庭に面したテラスもあるカフェ。ミュージアムショップも併設

☎075-882-1111 ㊟右京区嵯峨天龍寺芒ノ馬場町11 ㋺10:00～17:00（入館は～16:30）
㊡火曜（祝日の場合は翌日）、展示替え期間
￥900円 ㊚嵐電・嵐山駅から徒歩5分 Ⓟなし

龍谷大学 龍谷ミュージアム
りゅうこくだいがく りゅうこくミュージアム

京都駅周辺 MAP 付録P.16 A-4

実物展示にこだわった日本初の仏教総合博物館

仏教の誕生から現代の仏教までの流れを紹介する。中国・新疆ウイグル自治区にあるベゼクリク石窟大回廊を原寸大で復元した展示は迫力満点。

☎075-351-2500 ㊟下京区堀川通正面下ル（西本願寺前） ㋺9:00～17:00（入館は～16:30）
㊡月曜（祝日の場合は翌日）、施設指定日
￥550円（特別展・企画展は別途）
㊚京都駅から徒歩12分 Ⓟなし

↑ベゼクリク石窟大回廊復元展示

日本の美意識が薫るおもてなしの場を見学

雅をまとう迎賓館で伝統技能に陶酔する

海外からの賓客を心をこめて迎える迎賓館。建物の随所に日本や京都の伝統技能が息づき、究極の和のおもてなしがここにある。

藤の間 ふじのま
「歓迎」が花言葉の藤の花に由来する大広間。壁面の織物「麗花」から床の緞通に藤の花が舞い散る様子が美しい。格子光天井にも注目。

京都迎賓館
きょうとげいひんかん

京都御所周辺 MAP 付録P.14 A-1

ため息が出るほど美しい建築は職人による匠の技の結晶

東京の迎賓館赤坂離宮と同じく、海外からの賓客を接遇する国の迎賓施設で、2005年に開館。蒔絵や西陣織をはじめ代表的な京都の伝統技能を用いた建物や調度品、「庭屋一如」の思想を体現した庭園などを通して、日本が誇る伝統美にふれることができる。

☎075-223-2301 ㊙上京区京都御苑23
⏰10:00〜17:00(入館は〜16:30)
㊡水曜 ¥1500円(ガイドツアーは2000円)
🚇地下鉄烏丸線・今出川駅から徒歩15分
🅿京都御苑駐車場利用(有料)
※参観方式や公開日時はHPで要確認

注目ポイント
ガイドツアーもチェック
見学ポイントを網羅するガイド付きツアーもおすすめ。参加には事前のインターネット申込か、当日配布の整理券が必要。

庭園 ていえん
広大な池を中心に周囲の建築と調和する日本庭園。東西の建物を結ぶ廊橋は、吉野杉を用いた船底天井で、四隅に昆虫の透かし彫りが見られる。

聚楽の間 じゅらくのま
ろうそくの薄明かりの町家を感じさせる場所。京指物と西陣織でしつらえた椅子や竹花籃、錺金物など今日の伝統技能が細部に宿る。

正面玄関 しょうめんげんかん
海外からの賓客を迎える現代和風のたたずまい。正面の扉は福井県産樹齢700年の欅の一枚板を使用している。

夕映の間 ゆうばえのま
2つの壁面織物「比叡月映」(下)「愛宕夕照」(右)の作品名が由来。天井を照らす間接照明の演出や、波をイメージした地模様の緞通、人間国宝の飾り台も。

テーマ型ミュージアム 雅をまとう迎賓館

アミューズメントスポット 大人だからこその楽しみ方もある
好奇心がそそられる学びの宝庫へ

子どもの頃好きだったものも、大人になると見方が変わって、新たな楽しみ方が生まれてくるもの。寺社巡りや、庭園や絵画などの芸術文化にふれる大人の京都旅に取り込んでみてはいかが？

鉄道の発展や仕組みを学ぶ博物館
京都鉄道博物館
きょうとてつどうはくぶつかん

梅小路 MAP 付録P.8 B-3

日本最大級の鉄道博物館で、53両の実物車両を展示・保存し、鉄道の歴史や仕組みを楽しく学べる展示が並ぶ。本物のSLが牽引する客車乗車や運転シミュレータでの運転体験、実物車両の約1/80スケールの鉄道ジオラマの見学も楽しめる。

☎0570-080-462　所下京区観喜寺町　10:00〜17:30(最終受付17:00)　休水曜　1200円
JR梅小路京都西駅から徒歩2分　Pなし

↑梅小路公園の中央に位置。最寄り駅からも行きやすい

↑SLから新幹線まで貴重な実物車両を多数展示

↑重要文化財の扇形車庫に蒸気機関車が並ぶ様子は圧巻

内陸の京都にある大規模水族館
京都水族館
きょうとすいぞくかん

梅小路 MAP 付録P.18 A-1

内陸にある都市型水族館では国内最大規模。10のエリアに分かれ、海の生物が泳ぐ「京の海」大水槽、「京の川」に京都の里山を再現した「京の里山」など、幅広い水辺の生き物を紹介している。

☎075-354-3130
所下京区観喜寺町35-1 梅小路公園内
HPで要確認(日によって異なる)　休無休
2200円　JR梅小路京都西駅から徒歩7分
Pなし

↑水量約500tの「京の海」大水槽にはマイワシなど多彩な海洋生物が泳ぐ

↑2020年7月16日に新展示エリア「クラゲワンダー」が誕生

↑世界最大級の両生類・オオサンショウウオにも会える

漫画の博物館兼図書館
京都国際マンガミュージアム
きょうとこくさいマンガミュージアム

烏丸御池周辺 MAP 付録P.8 C-1

明治の頃の雑誌から海外、現代人気作品まで約30万点の漫画を所蔵している。漫画に関する展示のほか、総延長200mの書架「マンガの壁」にある約5万冊の漫画は、自由に閲覧できる。

☎075-254-7414
所中京区烏丸通御池上ル 元龍池小学校
10:00〜18:00(最終受付17:30)　休水曜(祝日の場合は翌日)、メンテナンス期間　900円
地下鉄・烏丸御池駅から徒歩2分　Pなし

↑天気の良い日は、漫画本を芝生に持ち出して読める

↑漫画や絵本が3000冊以上配架された「こども図書館」

↑イベントなどで来館した漫画家の石膏手形が見られる部屋もある

食べる

料理人の技を通の舌が吟味し開花する伝統

京都の料理は堕ちた、と嘆く向きがないではない。それはきっと、内外から押し寄せた客のせいもあろう。王道を邪道が犯しかけた気配を知るのは、ほかでもない料理人たちだ。悪夢のような閑暇のときを経て、京の底力は今王道へと恢復する。

GOURMET
Kyoto

予約	要
予算	L 7200円〜 D 1万3200円〜

昼のおまかせコース7200円〜
敷地内にある井戸水で引くだしの味わいが印象に残る蕪の菊花餡かけ(左)。上品な甘みの柿と里芋の白和え(右上)。薄い衣でサクサクの車エビと銀杏の天ぷら(右下)

だしの味わいにみる "当たり前" の料理の凄み

御料理 はやし
おりょうり はやし

京都御所周辺 MAP 付録P.14 B-1

民家風の店に華美な飾りはどこにもない。茶室風のカウンターは6席。「当たり前のことをしてるだけ」と語る店主・林亘氏の料理は、創意や能書きよりも何度通っても飽きさせない当たり前を超えた和食を供する。

☎075-213-4409
所 上京区梶井町448-61　営 11:30〜15:00(LO13:30) 17:30〜22:00(LO19:30)
休 水曜(月1回連休あり)　交 京阪鴨東線・出町柳駅から徒歩5分　P なし

↑開店して30年以上。円熟した味に常連客も多い

華やかに、食の芸術を堪能する
伝統と洗練。
京料理の名店 10 選

食で京都らしさを満喫するなら、やっぱり極上の和食をいただきたい。伝統のなかに料理人の工夫が光る、珠玉の一皿に出会いに。

夜のコース
1万8000円〜
甘鯛と銀杏豆腐のお椀

グレードアップした美空間で 華も勢いもある料理を

祇園にしかわ
ぎおんにしかわ

清水寺周辺 MAP 付録P.25 D-2

下河原通の路地奥にたたずむ店内は、檜の一枚板のカウンターに座敷やテーブル席もすがすがしい数寄屋造り。店主・西川正芳氏が繰り出すコースは、華やかな季節の八寸や炭火焼き、土鍋ご飯など躍動感あふれる料理が人気。

☎075-525-1776
所 東山区下河原通八坂鳥居前下ル下河原町473　営 12:00(一斉入店)〜15:00 18:00〜23:00(LO19:00)
休 日・月曜の昼　交 京阪本線・祇園四条駅から徒歩15分　P なし

↑白象図が印象的なテーブル席は坪庭を望む

八寸
鯖寿司、鱧のゼリー寄せ、子持ち鮎、鴨ロース、銀杏あられ揚げなど
※季節により異なる

予約	要(HPから予約可)
予算	L 9600円〜 D 1万8000円〜

秋の八寸
あわびの酒蒸し、鯖寿司、松茸と壬生菜の和え物、梨の豆乳和えなど鮮やか。白味噌雑煮、ぐじの酒焼きはコースに必ず付く

歴史とともに培われた
一子相伝の伝統の味

京料理 なかむら
きょうりょうり なかむら

京都市役所周辺 MAP 付録P.20 C-1

創業から180年余。代々、一子相伝で受け継がれてきた「白味噌雑煮」と「ぐじの酒焼き」が名物料理。6代目主人の中村元計氏は、伝統に裏打ちされた京料理にしつらい、もてなしと進化する料亭の粋を見せる。

☎ 075-221-5511
所 中京区富小路御池下ル
営 12:00～13:00(入店) 17:30～19:00(入店) 休 不定休 交 地下鉄東西線・京都市役所前駅から徒歩3分 P なし

予約	要
予算	L 2万円～ D 3万円～
	※税・サービス料別
	※その他応相談

↑坪庭を望む個室は4室。街なかにありながら、静謐な空間

果敢な3代目の
世界を見据える京料理

木乃婦
きのぶ

☎ 075-352-0001
所 下京区新町通仏光寺下ル岩戸山町416 営 12:00～14:30(LO13:30) 18:00～21:30(LO19:30) 休 水曜 交 地下鉄烏丸線・四条駅から徒歩5分 P 2台

予約	要
予算	L 6325円～
	D 1万8975円～

四条烏丸周辺 MAP 付録P.16 B-2

伝統に甘んじることなく、3代目主人・高橋拓児氏の料理は独創的で革新的。世界各地の料理人との交流も多く、グローバルな視野と綿密な理論で、だしが基本の京料理を超えて自由闊達な進化する和食を堪能できる。

↑網代天井に瀟洒な照明が落ち着く個室

フカヒレ鍋
金華ハムに地鶏、昆布でとっただしに胡麻豆腐とフカヒレが融合。コース料理の一品

八寸
大ぶりの鯖寿司、子持鮎、筋子海老、栗の渋皮煮、慈姑チップなど。夜のコースから

伝統と洗練。京料理の名店10選

119

日本画家の風雅な邸宅で
ゆったり味わう茶懐石

懐石 瓢樹
<small>かいせき ひょうき</small>

烏丸御池周辺 MAP 付録P.16 B-1

長暖簾が目を引く堂々たる門構え。明治の日本画家・今尾景年の邸宅を利用した店内で、みずみずしい庭を眺めながら懐石が楽しめる。多彩な食材が並ぶ行灯風や芳庵など華やかな器の演出は女性に人気。

↑重要文化財に登録された風情ある空間

☎**075-211-5551**
所 中京区六角通新町西入ル北側
営 11:00〜14:30(LO14:00)
17:00〜21:00(LO19:00)
休 水曜、第3火曜
交 地下鉄・烏丸御池駅から徒歩8分 P 5台

予約 要
予算 L 4000円〜
D 8000円〜

 樹点心 4000円
京の老舗の名物を継承する半熟玉子など、漆塗りの器に季節の旬を詰めたお昼だけの料理

町衆に愛され育まれた
古びない伝統の京料理

はり清
<small>はりせ</small>

清水寺周辺 MAP 付録P.17 D-3

五条坂で360年以上にわたり、地元の旦那衆に愛され育まれた老舗。打ち水された通り庭の奥に用意された客室は市中と思えぬほど静謐で、伝統的な京料理を優雅に楽しめる。昼饗膳は平日のみ。

予約 要
予算 L 6050円〜
D 1万3915円〜

☎**075-561-1017**
所 東山区大黒町通五条下ル袋町294
営 11:30〜14:30(LO13:30) 17:00〜21:30(LO19:30)
休 不定休
交 京阪本線・清水五条駅から徒歩3分 P あり(5台)

↑中庭を望む客室。離れには炉を切った茶室もある

懐石コース 1万6445円
伝統的な八寸やお造り、お椀からぐじとスッポンのスープ、豚の角煮など楽しい趣向も ※写真はイメージ。内容は変わる場合あり

手間ひまかけた
新生料亭のおもてなし

和ごころ 泉
<small>わごころ いずみ</small>

四条烏丸周辺 MAP 付録P.16 C-2

2016年2月、10年余にわたり修業した名料亭「桜田」の店舗とその感性を引き継いだのは、店主・泉昌樹氏。四季を映す手間ひまかけた真摯な料理に巧みな器使いで、名物の玉子カステラや鮎の焼き物は、新店でも健在だ。

☎**075-351-3917**
所 下京区烏丸仏光寺東入ル一筋目南入ル匂天神町634-3
営 12:00〜14:30(LO13:00) 18:00〜21:30(LO19:30)
休 月曜
交 地下鉄烏丸線・四条駅から徒歩4分 P なし

↑脂が落ちないように1時間かけて焼く名物鮎の焼き物。頭からバリバリ食べられる。5月〜10月末まで

↑端正なしつらいの座敷席。ほかにカウンター6席、テーブル10席を用意

夜のおまかせコース
1万7250円〜
焼き鯖や豆腐のもろみ漬け、鴨ロース、6時間かけて焼いた玉子カステラなどの八寸

予約 要
予算 L 6600円〜
D 1万7250円〜

竹籠弁当 7865円
竹籠には約18種のごちそうがぎっしり。先附、お造り、お椀、飯蒸し、水物が付く

松花堂弁当 6050円
割烹の技を詰め込んだ縁高弁当。付出し、造り、白味噌椀、水物が付く

京の食の歴史を垣間見る 雅やかな有職料理

萬亀楼
まんかめろう

京都御所周辺 MAP 付録P.13 D-4

御所ゆかりの有職料理を今に伝える主人・小西将清氏は「式庖丁」の継承者で、生間流30代家元。雅やかな平安朝の味を現代風にアレンジした料理は、昼のお弁当でも中庭を眺めながら風雅な座敷でいただける。

予約 要
予算 L 7865円～
   D 2万2770円～

創業300年を迎える風格を感じさせる玄関

☎ 075-441-5020
所 上京区猪熊通出水上ル蛭子町387
営 12:00～15:00(竹籠弁当の場合、入店は～14:00) 17:30～21:30(入店は～19:00)
休 水曜(変動の場合あり)
交 市バス・堀川下長者町下車、徒歩3分 P 5台

客の要望に応える カウンター割烹の粋

たん熊北店 本店
たんくまきたみせ ほんてん

四条河原町周辺 MAP 付録P.21 E-3

板前割烹の先駆けとして知られる老舗。一品料理を楽しむカウンターのほか、昼には前菜、造り、お椀のあとに焼肴、炊合わせ、蒸し物などの会席が用意されている。お弁当も華やか。

顔合わせ食事会などにも使われる座敷席

予約 要
予算 L 3850円～
   D 1万8150円～

☎ 075-221-6990
所 中京区西木屋町通四条上ル紙屋町355 営 12:00～15:00 (LO13:30) 17:30～22:00 (LO19:30)
休 不定休
交 阪急京都線・京都河原町駅から徒歩2分 P なし

料庭レストランで味わう 湯豆腐と京料理と庭園美

八千代
やちよ

南禅寺周辺 MAP 付録P.15 E-4

南禅寺参道の入口。『雨月物語』の上田秋成が晩年を過ごした庵の跡に建つ由緒ある料理旅館。隣接する「料庭レストラン」では、池泉回遊式の庭園を望む床席や掘りごたつ式の座敷席で、湯豆腐と京料理が楽しめる。

☎ 075-771-4148
所 左京区南禅寺福地町34
営 11:00～16:00(LO15:00) 17:00～21:00(LO19:30)
休 無休 交 地下鉄東西線・蹴上駅から徒歩7分 P 10台(要予約)

ガラス張りで明るい雰囲気の料庭入口

東山を借景とした庭が望めるテラス床席

予約 可
予算 LD 2900円～

雨月弁当 湯豆腐付 4400円
南禅寺名物 湯豆腐御膳は2900円～。「雨月弁当」は1日30食限定で、3400円～

伝統と洗練。京料理の名店10選

カウンター割烹で食べる
料理人の技と思いに対峙する
美食の劇場

席に着く。その目の前で繰り広げられる、料理人の切る、煮るの手際。
極上の味わいは、際立った技とあいまっていっそうの輝きを放つ。

↑長さ10m、幅70cmのマホガニーのカウンター席。奥にテーブル8席、2階に座敷もある。祇園さゝ木

祇園さゝ木
ぎおんささき

祇園 MAP 付録P.24 B-2

**店内に一体感が生まれる
躍動感あふれる食の舞台**

17席のカウンターは人呼んで「佐々木劇場」の舞台。昼夜一斉スタートで供されるコースは、店主・佐々木浩氏が当日仕入れた豪華食材を語り、石窯を駆使した調理工程を見せ、京料理を打ち破る「今日うまい料理」で客を魅了する。

☎075-551-5000
所 東山区八坂通大和大路東入ル小松町566-27　営 12:00(一斉スタート)～14:00 18:30(一斉スタート)～22:00　休 日曜、第2・4月曜ほか不定休　交 京阪本線・祇園四条駅から徒歩10分　P なし

↑連日賑わいの絶えない店で、予約は各月初に翌々月の分まで受け付け

↑カウンター中央の石窯で焼かれる雲子グラタン

↑夜の看板メニューは大トロにぎりが絶品の大皿のお造り

予約	要
予算	L 8000円～ D 2万7500円～

ごだん 宮ざわ
ごだんみやざわ

四条烏丸周辺 MAP 付録P.16 C-3

**茶事の雰囲気も味わえる
新スタイルの日本料理**

「じき宮ざわ」の姉妹店。店主・宮澤政人氏は、端正な茶室風の店内で、看板メニューの焼胡麻豆腐をトウモロコシや銀杏豆腐など旬素材で登場させたり、カラスミ蕎麦をコースに組み込むなど、新スタイルの茶懐石でもてなしてくれる。

☎075-708-6364
所 下京区東洞院通万寿寺上ル大江町557　営 12:00～13:45(LO) 18:00～20:15(LO)　休 水曜ほか不定休　交 地下鉄烏丸線・五条駅から徒歩3分　P なし

↑すりおろしたカラスミ絡むカラスミ蕎麦

↑ごだん(後段)とは茶事後の宴会席を指す

↑網代天井に栗の一枚板のカウンター8席と個室1部屋がある

予約	要
予算	L 1万6335円～ D 2万1780円～

↑おくどさん(竈)を目前にする漆塗りのカウンター12席。草喰 なかひがし

草喰 なかひがし
そうじき なかひがし

銀閣寺周辺 MAP 付録P.15 F-1

自然の恵みに感謝し"命を感じる"料理

店主自ら畑や野山で摘む山野草や野菜で料理する四季を映す八寸に始まり、造り、お椀と滋味あふれるコースは唯一無二。メインは羽釜で炊いたご飯に炭火で炙る目刺し。煮え華、炊きたて、おこげとユーモラスな口上付きで味わえる。

☎ 075-752-3500
所 左京区浄土寺石橋町32-3
営 12:00～13:00(LO) 18:00～19:00(LO)
休 月曜、月末の火曜
交 市バス・銀閣寺道下車、徒歩3分 P なし

予約 要
予算
昼 6600円～
夜 1万6500円～

↑山河の妙味を伝える店主・中東久雄氏

↑9月の「芋名月」をイメージした八寸

↑蓮芋とマイクロトマトで日月を表した鯉のお造り

↑おこげは中東氏自家製山椒オイルと英国産塩で

祇園淺田屋
ぎおんあさだや

祇園 MAP 付録P.22 C-2

名料亭仕込みの若々しい料理

若き店主・淺田恭平氏が静かに立つ店内はカウンター6席のみ。もてなしの基礎となるのは「京都吉兆」で積んだ7年の修業。歳時を取り入れた八寸や炙り鴨の握り寿司など、日本料理に新味を融合させ、祇園の客を呼び込む。

☎ 075-531-5065
所 東山区新門前通花見小路東入ル中之町247
営 昼12:00 夜18:00(そのほかの時間は要相談) 休 不定休 交 京阪本線・祇園四条駅から徒歩5分 P なし

予約 要(夜は1日2組まで)
予算
L D 1万6200円～

↑2015年オープン。すがすがしさに満ちている

↑コースで必ず味わえる炙り鴨の握り寿司

↑サンマの甘露煮、松茸、柿、銀杏などを盛り込んだ秋の八寸

料理人の技と思いに対峙する美食の劇場

123

一日の始まりを贅沢に演出してくれる食卓

とっておきの京の朝ごはん

大人の京旅なら、ちょっと早起きして、ていねいに作られた上質な朝食をゆったり味わいたい。奥深い味わいの基本的なメニューから、京都ならではの食材やメニューまで、バリエーションも豊富だ。

食べる ● 京都ごはん

↑ 和モダンな店内に合わせ、器も作家作品を中心にセレクトされている

朝食 喜心 kyoto
ちょうしょくきしん キョウト

祇園 MAP 付録P.22 B-4

お腹をやさしく満たす
極上の汁ものと土鍋ご飯

ホテル1階にある朝食専門店で、宿泊客以外も利用可能。一飯一汁を基本にしたシンプルなメニューだが、ていねいにだしをひいた食べごたえのある汁ものが自慢で、十分に満たしてくれる。一品メニューも追加できる。

喜心の朝食 2750円
汁ものは京味噌の豚汁や、季節野菜の汁ものなど3種類から選べる。くみあげ湯葉やうるめいわしの丸干しとともに

☎075-525-8500
東山区小松町555 花とうろホテル祇園1F
7:30 9:00 10:30 12:00 13:30(80分ごとの入替制)※夜のイベント開催日18:00〜22:00 休木曜 京阪本線・祇園四条駅から徒歩5分 Pなし

予約 望ましい
予算 2750円〜

↑ ご飯は土鍋で炊かれたつやつやの白飯が登場。うるめいわしの丸干しがよく合う

京料理 たん熊北店
リーガロイヤルホテル京都店
きょうりょうり たんくまきたみせ
リーガロイヤルホテルきょうとてん

京都駅周辺 MAP 付録P.18 B-1

京料理の老舗が作る
ほっとする朝ごはん

老舗割烹・たん熊北店 本店(P.121)のホテル内店舗。伝統的な京料理を朝から楽しむことができる。京都駅近くと、観光の起点にしやすい立地もうれしいところ。

※2020年12月現在、朝食は休業中、昼食・夕食は金〜日曜、祝日のみ営業(HPで要確認)

↑ 朝食を目当てに、このホテルを定宿にする人も多いという

☎075-361-3815
下京区東堀川通塩小路下ル松明町1 リーガロイヤルホテル京都B1
7:00〜10:00(LO9:30) 11:30〜14:30(LO) 17:00〜21:30(LO21:00)
休第3火曜(朝食は不定休)
京都駅から徒歩7分 P117台

予約 可
予算 B 2783円〜
   L 2662円〜
   D 6655円〜

京湯豆腐 3630円
スタンダードな朝ごはんに、京都を訪れたらぜひ味わいたい湯豆腐を付けたもの。ご飯はお粥にすることもできる

花梓侘
かしわい

上賀茂神社周辺 **MAP** 付録P.11 F-2

予約 要
予算 Ⓑ2200円〜
Ⓛ3190円〜

季節の味が詰まった
愛らしいつまみ寿司

一口サイズのつまみ寿司は、味にも見た目にも工夫が凝らされていて食べるのが楽しみ。春は竹の子など、京都らしい季節の味が盛り込まれている。テイクアウトもOKなので、近くの鴨川で味わうのもおすすめ。

☎075-722-7339
所 北区上賀茂今井河原町55
営 9:00〜11:00(LO) 11:30〜14:00(LO)
休 水曜 交 地下鉄烏丸線・北山駅から徒歩10分 P 3台

朝のつまみ寿司 2200円
赤酢で調えたシャリに、生湯葉など京都らしい素材も使った10貫が味わえるほか、汁ものとデザートもセット

↑北山の大通りから少し入った静かな場所にあり、鴨川や植物園がすぐそば

↑ゆったりとしたテーブル席は、靴を脱いでくつろげる空間(左)。お隣は姉妹店のセゾン・ド・ジャポン。作家ものの器などが並ぶ(右)

とっておきの京の朝ごはん

洋の朝食が食べたいならコチラ

老舗喫茶で味わう
伝統の一杯と洋風朝食

イノダコーヒ本店
イノダコーヒほんてん

創業以来約80年、ミルク・砂糖入りの名物コーヒーをはじめ、伝統の味とスタイルが支持される喫茶店。特製ハムなどを使ったこだわりの品が並ぶ「京の朝食」を目当てに通う人も。白い制服姿の店員のスマートな接客も心地よい。

烏丸御池周辺 **MAP** 付録P.20 B-2

☎075-221-0507
所 中京区堺町通三条下ル道祐町140
営 7:00〜18:00 休 無休
交 地下鉄・烏丸御池駅から徒歩5分
P 10台

予約 不可
予算 Ⓑ Ⓛ 1500円〜
Ⓓ 2000円〜

↑京の朝食1480円。サラダ、ジュース、玉子、ハム、パンにコーヒーか紅茶付きで、ボリューム満点

↑中庭の緑が映えるレトロモダンな広い店内

↑落ち着いたたたずまいの町家に洋館が隣接

125

おばんざい 各380円～
おいなりさんは1個250円、鴨ロース1200円、生麩のバター焼き780円、鯛の南蛮漬け780円

ほっと心落ち着く、京都の家庭料理
あたたかな食卓
おばんざい

だしの利いた煮物や揚げ物、焼き物、おひたし、おから…。
気取らないけれども、季節をしっかりと感じさせてくれる京の味。

おひとりさまも一見さんも通いたくなる味と女将の笑顔
あおい

四条河原町周辺 MAP 付録P.21 E-2

定番から洋風のアレンジを加えた一品までていねいに作られたおばんざいが並ぶ。だしや酢がほどよく利く野菜・生麩料理や寿司、カレーなども少量ずついただけるので女性や一人客に人気。女将のトークもいいお味。

☎075-252-5649
所 中京区材木町181-2 ニュー京都ビル1F奥
営 17:00～23:00(LO22:00)
休 月曜、日曜・祝日不定休
交 京阪・三条駅から徒歩5分 Ｐなし

予約 望ましい
予算 D4000円～

↑10人ほどでいっぱいになる隠れ家的な小さな店

京都人の胃袋をとらえる
定番から創作料理まで多彩
御料理 めなみ
おりょうり めなみ

京都市役所周辺 MAP 付録P.21 E-2

料理を盛った大皿をカウンターに並べるスタイルは、初代の発案ともいわれる名店。定番の「菜っ葉とおあげ煮」から「テール煮込み」といったオリジナルまで、進化し続ける京都のおばんざい約50種類が揃う。

☎075-231-1095
所 中京区木屋町三条上ル中島町96 三条木屋町ビルⅡ1F
営 15:00～22:00(LO21:30)
休 水曜 交 京阪・三条から徒歩5分 Ｐなし

↑店はアクセス至便な繁華街・木屋町通沿い

予約 望ましい
予算 D5000円～

→常時15種類のおばんざいが並ぶカウンター

おばんざい盛り合わせ 1320円
毎日替わる5種のメニューが一皿に。定番の生ゆば造りほか、季節感ある品がずらり

昔ながらの竈で炊くご飯が名物
気軽に楽しめる京の味

みます屋 おくどはん
みますや おくどはん

京都市役所周辺 MAP 付録P.21 D-2

「おくどさん(はん)」とは京ことばで竈のこと。戸口を入ってすぐのところに設けられたおくどさんが、米を炊き上げる湯気で訪れる人を迎えてくれる。旬の食材をふんだんに使ったおばんざいランチが人気。

☎075-251-0051
所 中京区御幸町通三条上ル丸屋町318-3
営 11:30～15:00(LO14:30) 18:00～23:00(LO22:30) 休 無休 交 地下鉄東西線・京都市役所前駅から徒歩5分 Pなし

予約 可
予算 L 1000円～ D 2500円～

おくどはん御膳 1320円
ごま豆腐や京野菜の炊き合わせなど季節のおばんざい9品に、名物の竈炊きご飯が付く

↑京町家を改装。座敷席はゆったりとくつろげる

カウンターの料理も目に楽しい
司馬遼太郎が愛した名店

先斗町 ますだ
ぽんとちょうますだ

四条河原町周辺 MAP 付録P.21 F-3

約70年前に現・大将の母が姉妹で開店。作家・司馬遼太郎も新聞記者時代から長く通っていたという。約20種類並ぶ鉢から選ぶか、季節の一品をオーダーすることもできる。料理が映える伊万里焼や京焼の器も美しい。

予約 要
予算 D 6000円～

☎075-221-6816
所 中京区先斗町通四条上ル下樵木町200
営 17:00～22:00(LO21:30) 休 日曜 交 阪急京都線・京都河原町駅から徒歩3分 Pなし

↑花街・先斗町らしい華やかな雰囲気。座敷もある

おばんざい 各550円～
鯖きずし880円、おから550円、にしん茄子880円。名料亭で修業を積んだ大将の技が光る味。日本酒・賀茂鶴とともに

期間限定のおからを目当てに
全国から人が訪れる京のわが家

おばんざい 350円～
名物「おから」のほか、「蓮根つくね」「壬生菜の炊いたん」など季節のおばんざいが揃う。600円ほどのものが多い

京のおばんざい
わらじ亭
きょうのおばんざい わらじてい

二条城周辺 MAP 付録P.8 A-1

旬の京野菜を中心としたおばんざいが毎日約25品並ぶ。創業時より変わらない、京都らしい味わいを求め、遠方から訪れる客も多い。店は、思わず「ただいま」と言いたくなる、家庭的で温かなほっこりした雰囲気。

予約 望ましい
予算 D 4500円～

☎075-801-9685
所 中京区壬生東大竹町14 御前通六角西入ル北東角
営 17:00～23:00(LO22:30) 休 日曜、祝日 交 市バス・西大路三条下車、徒歩3分 Pなし

↑静かな住宅街にたたずむ。カウンターのほか奥に小上がり、テーブル、2階にお座敷もある

あたたかな食卓 おばんざい

水がいい街、だからこそのおいしさ
お豆腐のやさしい味わい

シンプルな味わいながら、同時に豊かな風味を感じる。
豆腐がおいしい街で、しみじみと堪能したい料理だ。

南禅寺 順正
なんぜんじじゅんせい

☎ 075-761-2311
所 左京区南禅寺草川町60 営 11:00～21:30(LO20:00、会席LO19:30)
休 不定休 交 地下鉄東西線・蹴上駅から徒歩5分 P なし

南禅寺周辺 MAP 付録P.15 E-4

豆の滋味深さを江戸建築で

蘭学者の学問所だった建物と庭園を受け継ぐ由緒あるロケーション。名物ゆどうふはほんのり温まった絶妙な頃合いで供され、木綿豆腐なのにまるで絹ごしのような舌ざわりで、豆の豊かな風味が楽しめる。

○店名の由来となった「順正書院」を見ながら食事ができる

ゆどうふ(花) 3000円
豆腐はすべて国産大豆を使用。料理はゆどうふほか、田楽や炊き合わせなど全7品

予約 望ましい
予算 L D 3000円～(会席6500円～)

京野菜と生湯葉膳 1782円
くみ上げ湯葉やつまみ湯葉、さしみ湯葉などまさに湯葉づくし。デザートにはとようけ饅頭も

とようけ茶屋
とようけぢゃや

金閣寺周辺 MAP 付録P.12 B-3

京豆腐と生湯葉を堪能

豆腐専門店・とようけ屋山本が、豆腐や湯葉をじっくり味わってもらいたいと北野天満宮前に開いた茶房。丼ものや湯豆腐といった料理からデザートまで、多彩なメニューが揃う。豆腐商品各種も販売。

○北野天満宮近く。1階は販売店舗で、2～3階が食事スペースに

☎ 075-462-3662
所 上京区今出川通御前西入ル紙屋川町822 営 11:00～14:00(LO)、販売10:00～18:00 休 水曜、月2回不定休 交 市バス・北野天満宮前下車すぐ P なし

予約 不可
予算 L 700円～

豆水楼 木屋町本店
とうすいろうきやまちほんてん

京都市役所周辺 MAP 付録P.21 F-1

鴨川の眺めも薬味のひとつ

鴨川沿いの大正建築で味わいたいのは国産大豆100%の濃い風味のおぼろ豆腐。冷やせばぎっしり詰まった大豆の重みを感じ、温かい湯豆腐ならホロホロとほどけるやわらかさ。湯葉造りなどが付くコースのほか一品料理も用意。

○木屋町通から路地を入った奥という隠れ家的な立地も京都らしい

☎ 075-251-1600
所 中京区木屋町通三条上ル上大阪町517-3 営 11:30～15:00(入店14:00) 17:00～22:00(入店21:00) 日曜、祝日11:30～15:00(入店14:00) 17:00～21:30(入店20:30)
休 不定休 交 地下鉄東西線・京都市役所前駅から徒歩4分 P なし

予約 望ましい
予算 L 3234円～
D 4966円～

町家膳 3234円
おぼろ湯豆腐に揚げ物などが付いたコースで、昼のみの提供。5月上旬～9月は湯豆腐は冷やしおぼろ豆腐に

予約	望ましい
予算	Ⓛ 3630円〜 Ⓓ 7260円〜

↑妙心寺門前、今も本山や地方末寺の料理方を担う

↑由緒ある墨蹟や禅画の襖絵などが配され、趣深い座敷

縁高弁当 3630円
気軽に味わえる弁当は昼限定。丹念に調理された旬の野菜が月替わりで美しく盛り付けられる

伝統に現代の粋を投じた
会席風精進料理

阿じろ 本店
あじろ ほんてん

金閣寺周辺 MAP 付録P.5 F-2

妙心寺の庫裏で料理修業をした創業者が、気軽に精進料理を楽しみたいとのリクエストに応えて開いたのがこの店。素材を吟味し、深い味わいを引き出す昔からの手法を継ぎつつ、新しい食材・料理法を巧みに取り入れている。

☎ 075-463-0221
所 右京区花園寺ノ前町28-3
営 11:00〜21:00（LO19:00）
休 水曜（祝日の場合は営業）
交 JR花園駅から徒歩10分
P 妙心寺駐車場利用

伝統のヘルシー料理を味わいたい
精進料理をカジュアルに

寺院の塔頭、寺院の中にある食事処で、精進料理の膳を前にする。かたくるしい席ではない。季節の野菜、豆腐、生麩など、体にやさしい食材と味を気軽に楽しみたい。

石庭を見たあとは
湯豆腐精進でひと休み

西源院
せいげんいん

金閣寺周辺 MAP 付録P.5 E-1

龍安寺の塔頭のひとつ、西源院は長い歴史を持つ寺院ながら、参拝者の要望で精進料理を提供するように。昆布だしにきめ細かな豆腐、七草と呼ぶ7種類の季節野菜や生麩などが入った湯豆腐とセットで味わえる。

☎ 075-462-4742
所 右京区龍安寺御陵ノ下町13 龍安寺境内
営 11:00〜16:00（LO15:30）
休 無休
交 市バス／JRバス・竜安寺前下車すぐ
P 龍安寺駐車場利用

予約	可
予算	1500円〜

↑池を中心とした庭園を望む。鹿おどしの音も聞こえる

↑暖簾には「○（まる）天下一」。平和を願う円満の意味

精進料理 七草湯豆腐付き 3300円
胡麻豆腐や野菜の炊き合わせなどの精進料理に湯豆腐が付く。湯豆腐単品は1500円

お豆腐／精進料理

129

↑川床は4組のみのテーブル席

↑栃の木を使ったバーカウンター
←6600円のコースから。前菜3種とフレッシュポルチーニ茸のパスタ、美作産鹿ロースのオーブン焼き ※コース内容は月替わり

京都鴨川倶楽部
きょうとかもがわくらぶ

木屋町通 MAP 付録P.17 D-2

プライベート感のある
イタリア料理&バー

細い石畳の奥にたたずむ大人の空間。鴨川を望むバーカウンターや川床では本場仕込みのイタリアンが楽しめる。ワインは常時70種揃い、コースやアラカルトも充実。

☎075-353-2258
所下京区木屋町通仏光寺上ル天王町151
営18:00～24:00 川床18:00～23:00
休水曜 交京阪本線・祇園四条駅から徒歩5分 Pなし

予約 要
予算 D 8000円～
床席料1000円
チャージ1000円
（コース以外）

モリタ屋 木屋町店
モリタやきやまちてん

木屋町通 MAP 付録P.21 F-2

きめ細かでとろける
直営牧場の京都肉

明治2年(1869)、京都初の牛肉店として創業。仲居さんが焼いてくれるすき焼やオイル焼は、自社牧場からの京都肉をはじめ全国から厳選した黒毛和牛で、肉の香りと食感は極上。

☎075-231-5118
／0120-77-0298（予約専用）
所中京区木屋町通三条上ル上大阪町531 営11:30～15:30(LO14:30) 17:00～23:00(LO22:00) 土・日曜、祝日11:30～23:00(LO22:00)
休無休
交京阪・三条駅から徒歩5分 Pなし

予約 要
予算 L 5808円～
D 6413円～

↑特選すき焼き9438円は、肉は1人150gで前菜五種盛、野菜、玉子、ご飯、赤出し。デザート付き

↑鴨川からの川風に吹かれながら味わうすき焼、しゃぶしゃぶ、オイル焼も格別

京都の暑い夏に風情を感じるお食事

先斗町通&木屋町通
鴨川納涼床

京都の街が初夏を迎える5月、鴨川沿いの納涼床が開かれる。油照りといわれる暑い京都の夏に欠かせない風物詩だ。9月まで賑わいは続く。

食べる ●京都ごはん

先斗町 魯ビン
ぽんとちょう ろびん

先斗町通 MAP 付録P.21 F-2

京町家の風情に包まれて
コースと単品で本格和食

築160年のお茶屋の建物と風情を残す和食店。鮎や鱧など時季によって調理法を工夫し、京野菜や豆腐、湯葉などを使った料理のほか、平日は当日おすすめの単品も人気。

☎075-222-8200
所 中京区先斗町通若松町137-4
営 17:00～22:00　休 無休
交 京阪・三条駅から徒歩5分
P なし

予約 望ましい
予算 L 4000円～
　　 D 7560円～
　　 床席料500円

→ 先斗町の見落としそうな細い路地奥へ行灯が誘う

→ 秋から冬は、鴨鍋コース6500円（上）や金目鯛しゃぶしゃぶコース7500円（下）などが人気。メインの鍋に前菜、お造り、〆物、自家製甘味が付く

→ 5月の川床開きの頃から登場する鱧のたたき3000円と活鮎の塩焼き一尾1200円

→ 鴨川を見下ろす2階のテーブル席。座敷席や個室もある

梅むら
うめむら

木屋町通 MAP 付録P.21 F-1

明治の元勲ゆかりの館で
伝統的な京の旬味を堪能

もとは伊藤博文の定宿だったという館は日本家屋の建築美をとどめる。納涼床での川床料理は鱧、鮎、京野菜など目にも涼やかに繰り出される京懐石。コースに付く小鍋も名物。

☎075-231-3383
所 中京区木屋町通三条上ル上大阪町515-1
営 11:30～14:00(LO13:30) 17:00～22:00 (LO20:30)
休 無休　交 地下鉄東西線・京都市役所前駅から徒歩2分　P なし

予約 要
予算 L 6831円～
　　 D 1万3915円～

→ 夜の1万3915円のコースから。鯖寿司、和牛の味噌漬、子持ち鮎などの八寸、鱧と剣先イカのお造り、松茸のどびん蒸しといった料理が並ぶ

→ 鴨川と御池大橋の向こうに大文字や比叡山を望める座敷席

→ 杉皮塀に打ち水された石畳が玄関まで続く

割烹 露瑚
かっぽう ろこ

木屋町通 MAP 付録P.14 B-4

路地裏の奥に開ける床で
気軽に楽しむ京の味

2階テラス席もある築100年余の京町家。気軽に川床を楽しんでほしいと割烹料理をベースにおばんざいも並ぶ川床ランチやミニ会席を用意。夜は会席のほか一品料理も充実。

☎075-212-0297
所 中京区木屋町通御池上ル東側 上槌木町491-6
営 11:30～14:30(LO13:30) 17:30～22:00 (LO20:00)
休 不定休　交 地下鉄東西線・京都市役所前駅から徒歩2分　P なし

→ 川床は17:30～と19:30～の2部制

予約 要
予算 L 4500円～
　　 D 7500円～

→ 木屋町通の路地奥に建つ元旅館

→ 5940円の会席コースから。お造り、松茸と焼き鱧、有頭海老の土瓶蒸し、湯葉豆腐の豆乳鍋

先斗町通＆木屋町通 鴨川納涼床

町家カフェ&レストラン
和のぬくもり、風雅な時間

料理だけでなく、京都ならではの風情も堪能したい。作り手の温かさが感じられるメニューと空間をご紹介。

食べる●京都ごはん

築100年以上と思われる町家で、壁を建具で埋め尽くしたおもしろい空間。奥の蔵には古書店のつるかめ書房がある

日本茶の新たな魅力にふれる大人の茶館
日本料理／甘味処

○間-MA-
ま

京都駅周辺 **MAP** 付録P.18A-3

予約	望ましい
予算	(L)1500円〜 ※カフェは1000円〜

☎075-748-6198
所 南区西九条比永城町59
営 ランチ11:00〜14:00(LO13:00)、カフェ11:00〜18:30(LO) ※料理は要予約
休 不定休
交 近鉄京都線・東寺駅から徒歩5分 Pなし

古き良き姿を残しつつリノベーションされた空間は、とてもぜいたく。趣向を凝らしたランチやお茶が楽しめ、特に茶葉は日本茶のほか中国茶や和紅茶など100種類ほどをセレクト。茶の飲み比べや、和菓子作家の創作菓子など、ユニークなメニューでもてなしてくれる。

↑東寺のすぐそばという好ロケーションで、立派な構えが目を引く

↑特注の上用饅頭に煎茶を掛けて味わう、驚きのメニュー。茶妙1200円

↑一角にある「微香」は、茶葉から香りを抽出した香水などを販売する

↑有機栽培の玉露とカツオで作る茶だしを掛けて味わう、昼のお茶漬け御膳1500円。添えられた生ハムをトッピングすると、また違ったおいしさに

組み合わせが楽しい見目麗しい手織り寿し

日本料理

AWOMB 烏丸本店
アウーム からすまほんてん

四条烏丸周辺 MAP 付録P.16 B-1

評判の「手織り寿し」は刺身に京野菜や湯葉、生麩など40〜45種の具材に塩や唐辛子の薬味まで、まるでパレットのように色とりどりに盛られてくる。手巻き、ちらしとそれぞれお好みで楽しめる趣向が人気だ。

☎ 050-3134-3003
所 中京区蛸薬師通新町東入ル姥柳町189 営 12:00〜15:00(LO14:00) 17:00〜20:00(LO19:00) 休 不定休 交 地下鉄烏丸線・四条駅から徒歩7分 P なし

↑外観は京都らしい町家

↑靴を脱いで上がる店内は、坪庭を望む窓に白壁と白木のテーブルが並び和モダンな内装

↑手織り寿し3267円。季節の椀もの付き。茶碗1杯の酢飯と海苔8枚が付く。おかわりは酢飯1杯264円、海苔1枚33円

予約 可
予算 LD 3267円〜

姉妹がもてなす心づくしの家庭料理

カフェ

まつは

京都御所周辺 MAP 付録P.14A-4

姉妹が切り盛りする穏やかな空気感が魅力のカフェ。終日味わえる一汁一菜、一汁三菜など一皿一皿に細やかなひと手間が感じられる和食メニューが好評で自家製スイーツにドリンク、酒肴なども充実。

予約 可
予算 LD 650円〜

☎ 075-231-7712
所 中京区二条通富小路東入ル南側 晴明町671 営 10:00〜17:00(LO16:30、17:00以降は要相談) 休 土〜月曜 ※月3日ほど定休日にイベントを開催 交 地下鉄東西線・京都市役所前駅から徒歩5分 P なし

↑一汁三菜900円。車麩の煮浸し、南瓜と胡麻豆腐のグラタン、煮卵、鶏肉の混ぜご飯、葱の吸い物。週ごとに献立が替わる

↑店主姉妹が自分たちで改装した店内。小上がり、椅子席、中庭を抜けた離れなど表情豊かな町家

月ごとに蜜が替わる名物「琥珀流し」

甘味処

大極殿 六角店 栖園
だいごくでん ろっかくみせ せいえん

四条烏丸周辺 MAP 付録P.20 B-3

明治18年(1885)創業の和菓子店が併設する甘味処。名物の「琥珀流し」はグラスできらめく自家製寒天のデザートで、3月の甘酒、4月の桜花、6月の梅酒、7月のペパーミント、8月の冷やし飴など月替わりの蜜が絶妙。

予約 不可
予算 750円〜

☎ 075-221-3311
所 中京区六角通高倉東入ル南側堀之上町120 営 10:00〜17:00(LO) 休 水曜 交 地下鉄・烏丸御池駅から徒歩8分 P なし

↑小さいけれど端正な坪庭を望める席が特等席

↑築140年の風格が漂う店内。席数16席

↑4月の琥珀流し750円。小豆とふるふるの寒天に桜花の蜜漬けが散る

和のぬくもり、風雅な時間

野菜、花、野草が会話につながる
進化するモダンフレンチ

フランス料理

ラ・パール・デュー

下鴨神社周辺 **MAP** 付録P.7 E-3

30年近く愛された「ベルクール」の新店。店名を変え、白波瀬和宜オーナーシェフが陣頭指揮をとる料理は、大原や美山の野菜をふんだんに使うモダンフレンチ。昼夜とも華やかで季節感豊かなコースで魅せる。

☎075-711-7643
所 左京区田中里ノ前町59
営 12:00～14:00(LO) 18:00～21:00(LO)
休 月曜
交 叡山本線・元田中駅から徒歩3分　P 1台

予約 要
予算 L 3080円～
　　 D 5280円～

⬅⬆お昼の五皿コース4950円から。カンパチのセビーチェ63種の野菜や花・野草(左)。天使の海老緑のリゾット渡り蟹のソース(上)。京丹波高原豚フルムダンベールバターナッツ(下)

➡2015年に再始動。クラシックな店内で、シェフの巧みな野菜使いを楽しみたい

京都フレンチ&イタリアン

みやびやかに。
古都の一皿

食べる●京都ごはん

日本料理だけでなく、京都はフレンチ、イタリアンもレベルが高い。京野菜を取り入れたり、独創性の高いメニューが多いのも特徴だ。モダンな一皿に出会いたい。

最上食材と技が融合する
一歩先をいくイタリアン

イタリア料理

リストランテ キメラ

祇園 **MAP** 付録P.23 D-4

八坂神社の鳥居を望む好ロケーション。最上の食材にこだわる筒井光彦シェフは、キメラ専用に鴨を飼育してもらうなど徹底的。驚いたり感動したり、常に予想を超える味とコースの物語性で楽しませてくれる。

☎075-525-4466
所 東山区祇園町南側504　営 12:00～14:00
18:00～21:00　休 水曜　交 京阪本線・祇園四条駅から徒歩10分　P なし

➡1万8150円のコースから。キメラ専用亀岡産チェリバレー窒息鴨の炭火ローストとカルヴァドス風味のテリーヌフォアグラ。春キャベツのクレマを添えて

➡ダイニングからは新緑・紅葉が絵のように窓に映る

予約 要
予算 L 6050円～
　　 D 1万8150円～

数寄屋造りのモダン空間で
野菜が息づくコースを堪能
[フランス料理]

青いけ
あおいけ
京都御所周辺 MAP 付録P.8 C-1

数寄屋造りの匠が手がけた店は、一見日本料理店のよう。欅の寄木カウンターに立つ青池啓行シェフの料理は、50種類余の野菜をさまざまな調理法で共鳴させる伝統的なフレンチ。アンディ・ウォーホルやシャガールの絵皿も素敵。

☎075-204-3970
所 中京区竹屋町通高倉西入ル堺之内町631
営 12:00～13:30(LO) 18:00～19:30(LO)
休 月曜 交 地下鉄烏丸線・丸太町駅から徒歩5分
P なし

予約 要
予算 L 6160円～
　　 D 7150円～

→高い天井がのびやかな2階席

→ランチ6160円から。もち豚肩ロース旬の野菜ソース(上)、サンマと秋茄子のテリーヌの前菜(下左)、三元豚のパイ包み焼き(下右)

みやびやかに。古都の一皿

珍しい野菜に出会える
独創性豊かなコース
[イタリア料理]

祇園 245
ぎおん にいよんご
祇園 MAP 付録P.22 C-2

煙とともに登場する鰻の燻製、色鮮やかな30種におよぶ季節野菜の一皿など吉岡正和シェフのスペシャリテは、盛り付け、演出まで趣向を凝らす。パスタも定評があり、インパクトのあるコースが楽しめる。

☎075-533-8245
所 東山区新門前通花見小路東入ル中之町245-1
営 12:00～15:00(LO14:00) 18:00～23:00(LO21:00)
休 不定休
交 京阪・三条駅から徒歩5分 P なし

予約 要
予算 L 1万1000円～
　　 D 1万4520円～

→オープンキッチンのカウンター8席と個室が1室

→リンゴの木と藁の燻す香りに包まれる鰻の燻製、鶉の卵と一緒に一口で(左)。オマール海老のフリット桜の香りで。梅肉と混ぜた桜の花の粉末が香る(右)

CAFE & SWEETS
カフェ&スイーツ

お庭観賞ポイント
桜や椿、梅、柏など、和菓子とも関係の深い草木が多い庭。水盤越しに蔵や稲荷社も見える

情緒にあふれるお茶の時間
お庭を眺めて和スイーツ

抹茶と和菓子で古都のブレイクタイム。そんなとき、風情あるお庭を眺めながら過ごせるお店がある。なんて素敵で贅沢な時間。

食べる●カフェ&スイーツ

伝統の和菓子とともに四季折々の庭を愛でる

虎屋菓寮 京都一条店
とらやかりょうきょうといちじょうてん
京都御所周辺 MAP 付録P.13 F-3

和菓子の老舗が手がける喫茶。庭が目の前に広がるテラス席で、季節の生菓子や甘味が味わえる。隣接ギャラリーの展示を鑑賞することもできる(不定期開催)。

☎075-441-3113
所 上京区一条通烏丸西入広橋殿町400
時 10:00～18:00(LO17:30)
休 不定休 交 地下鉄烏丸線・今出川駅から徒歩7分 P 8台

←「とらや」の暖簾が出迎える趣深い外観

←生菓子と抹茶1342円～

お庭観賞ポイント
中庭は併設のカフェより、四季折々の景観が楽しめるようになっている

季節の風情を眺めながら個性派スイーツに舌鼓

然花抄院
ぜんかしょういん
烏丸御池周辺 MAP 付録P.8 C-1

老舗も多く建つ室町通に店を構える。丹波黒豆を食べ、京都で育った鶏の卵を使用した、然花抄院だけの紙焼きかすてらなどを提供。

☎075-241-3300
所 中京区室町通二条下ル蛸薬師町271-1
時 11:00～18:00(然カフェLO17:30)
休 第2・4月曜(祝日の場合は翌日)
交 地下鉄・烏丸御池駅から徒歩6分 P 3台

←元呉服商の店舗は築300年を超える

←ショップで購入できる「然」かすてら。小648円、大1620円

情緒感じる庭園とともに
季節を映す繊細な生菓子

茶寮 宝泉
さりょう ほうせん
下鴨神社周辺 MAP 付録P.7 D-2

丹波大納言小豆や丹波黒大豆を使った菓子に定評ある「宝泉堂」が展開。5〜6種から選べる生菓子を、抹茶や冷抹茶とともに楽しみたい。

☎075-712-1270
所 左京区下鴨西高木町25
営 10:00〜17:00(LO16:30)
休 水・木曜 交 市バス・下鴨東本町下車、徒歩3分 P 5台

→茶寮は「宝泉堂」から歩いて3分ほどの位置にある

→練りたてのわらび餅1300円もぜひ

お庭観賞ポイント
座敷の向こうには、美しい日本庭園。秋は紅葉が彩りを添えるなど、季節で表情を変える

お庭を眺めて 和スイーツ

お庭観賞ポイント
喫茶スペースのすぐ後ろに坪庭が配されているので、灯籠やモミジなどの木々がよく見える

眼前に広がる坪庭ビュー
特等席で贅沢なひととき

丸久小山園 西洞院店
茶房「元庵」
まるきゅうこやまえん にしのとういんてん
さぼう「もとあん」
烏丸御池周辺 MAP 付録P.16 B-1

元禄年間(1688〜1704)創業の茶園・丸久小山園が展開する茶房で、町家を改装したモダンな雰囲気が素敵。上質の抹茶を生かした洋スイーツもおすすめ。

☎075-223-0909
所 中京区西洞院通御池下ル西側
営 10:30〜17:00(販売9:30〜18:00)
休 水曜(祝日の場合は営業)
交 地下鉄・烏丸御池駅から徒歩6分
P なし

→店内では茶葉やお菓子の販売も行う(右)。店舗限定抹茶・雅の院と和菓子1200円(左)

137

乙女の心がときめく
麗しの古都 抹茶スイーツ

古都らしいスイーツといえば、まずは味わいたい抹茶パフェ。それ以外にも抹茶を使った絶品スイーツはさまざま。

A 茶寮都路里 祇園本店
さりょうつじり ぎおんほんてん
祇園 MAP 付録P.22 B-3

老舗茶舗の極みの技が光る甘味

創業160年余の宇治茶老舗・祇園辻利が開く茶寮。幾種もの茶を巧みに使い分けて作るスイーツに連日行列ができる。白玉などの具材は当日朝の手作り。

☎ 075-561-2257
所 東山区祇園町南側573-3
営 11:00〜18:00(土・日曜、祝日は〜19:00、LOは各1時間前)
休 無休
交 市バス・祇園下車、徒歩5分
P なし

A 抹茶 十徳 1177円
まろやかな風味の抹茶十徳を、4種から選べる菓子と一緒に。右は抹茶わらび餅

A 抹茶カステラパフェ 1210円
しっとり香る抹茶カステラにアイスと寒天、抹茶みつがよく合う

A 特選都路里パフェ 1441円
ホイップにゼリー、シャーベット、アイスと異なる食感も楽しい抹茶づくし

B 茶ろんたわらや
さろんたわらや
京都御所周辺 MAP 付録P.13 E-2

京菓子老舗の味と安らぎを味わう

江戸期創業の老舗「俵屋吉富」が手がける茶房。中庭の見える和モダンな空間で上質な甘味が味わえる。釜上げもちや葛切など季節を彩る限定メニューも充実。

☎ 075-411-0114
所 上京区寺之内通小川西入ル宝鏡院東町502
営 10:00〜16:00(LO)
休 火・水曜
交 市バス・堀川寺ノ内下車、徒歩3分
P あり

B 抹茶善哉 864円
抹茶に浸った餡と白玉を混ぜながらいただく。10〜4月限定

B バニラと抹茶のアイスクリーム(きなこ掛け) 648円
アイスのなめらかな口どけと同時に香るきなこの風味が楽しめる

C 家傳京飴 祇園小石
かでんきょうあめ ぎおんこいし
祇園 MAP 付録P.22 C-3

甘さ控えめ黒糖みつの京の味

京飴の人気店「祇園小石」併設の甘味処。飴作りで培ってきた技を生かし生み出された秘伝の黒糖みつをふんだんに使った、上品な甘みの和スイーツが揃う。

☎ 075-531-0331
所 東山区祇園町北側286-2
営 10:30〜19:00(LO18:00)
※季節・材料の状況により変更あり
休 不定休
交 京阪本線・祇園四条駅から徒歩5分
P なし

C 黒みつアイスのクリームあんみつ 990円
口どけにこだわったやわらかな寒天と相性の良い黒みつがたっぷり

C 抹茶シフォンパフェ 1210円
抹茶味のみつやアイスの苦みと餅風ゼリーの食感がアクセントに

D 伊藤久右衛門 本店茶房
いとうきゅうえもん ほんてんさぼう
宇治 MAP 本書 P.167 B-1

石臼挽きのほろ苦い旨みを本場で

創業180年を超える老舗茶舗に併設された茶房では、石臼挽きの上質な抹茶をふんだんに使った甘味が味わえる。宇治名物の茶そばなどフードメニューも充実。

☎ 0774-23-3955
所 宇治市莵道荒槇19-3
営 10:00～18:30（LO18:00）
休 無休
交 京阪宇治線・宇治駅から徒歩5分
P 40台

D 特選伊藤久右衛門パフェ 1290円
和の食材をふんだんに使用した、ボリュームたっぷりのパフェ。豊かな抹茶の味わいを楽しみたい

D 抹茶ぜんざい 990円
大納言小豆に抹茶を合わせ、餅、栗、生麩が入っている。昆布湯付き

D 抹茶あんみつ 990円
大納言小豆、2種類の栗、白玉、抹茶ゼリー、抹茶アイス、寒天に抹茶みつをたっぷりとかけて

E 茶寮翠泉 高辻本店
さりょうすいせん たかつじほんてん
四条烏丸周辺 MAP 付録 P.16 C-2

濃厚な和の味を楽しみ尽くす

本格和スイーツが気軽に堪能できると評判の甘味処。抹茶は日本茶鑑定士が選ぶ抹茶を使う。落ち着いた和空間のなかで癒やしのひととき。

☎ 075-278-0111
所 下京区高辻通東洞院東入ル稲荷町521 京都高辻ビル1F
営 10:30～17:30（LO）
休 不定休
交 地下鉄烏丸線・四条駅から徒歩5分
P なし

E 抹茶あわ雪氷【極】 1496円
独自の製法で作り上げた京の氷。最後まで溶けにくくしっかりとした味

E 抹茶クリームわらび餅 924円
抹茶を練り込んで作った抹茶わらび餅にお濃茶アイスとわらび餅アイスをトッピング

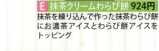

F 大谷園茶舗
おおたにえんちゃほ
東福寺周辺 MAP 付録 P.19 E-2

抹茶チョコが織りなす新感覚パフェ

レトロな風情の今熊野商店街にたたずむ茶舗。喫茶スペースでは、店主考案の抹茶生チョコ「古都の恋心」を使ったパフェや抹茶ケーキなどが人気を集めている。

☎ 075-561-4658
所 東山区今熊野椥ノ森町7
営 9:30～18:00（LO17:30）
休 日曜、祝日
交 市バス・泉涌寺道下車、徒歩2分
P なし

F 古都の恋心パフェ 968円
抹茶生チョコにわらび餅、寒天、カステラ、アイスなど食べ応え十分

F 宇治茶パフェソフト 495円
宇治茶ソフトに白玉、丹波大納言小豆、栗、プチウエハースなどが賑やか

麗しの古都 抹茶スイーツ

京都珈琲 文化案内

コーヒーを愛する伝統が息づいている街の、おいしい一杯

コーヒーカルチャー

京都は、独自のコーヒー文化が根づいている街。日本のコーヒー文化の歴史を語れるような老舗の喫茶店も多いが、新旧問わず、こだわりのおいしさは連綿と受け継がれている。

食べる●カフェ&スイーツ

1.バリスタが1杯ずつていねいに淹れてくれる 2.繊細なラテアートのカフェラテ 3.ハワイの自社農園や世界中から仕入れた豆。焙煎豆の販売も 4.エスプレッソマシンは「スレイヤー」を使用

持ち歩くのがステイタス
アラビカ京都 嵐山
アラビカきょうと あらしやま
嵐山 MAP 付録P.4 B-3

渡月橋を望む桂川沿いのスタイリッシュなコーヒースタンド。豆、焙煎、ドリップ方法、カップデザインなどにこだわり、香り豊かなコーヒーをテイクアウトできる。

☎075-748-0057
所 右京区嵯峨天龍寺芒ノ馬場町3-47
営 9:00~18:00 休 不定休
交 嵐電・嵐山駅から徒歩5分
P なし

1.小川珈琲 本店外観。1階に72席、2階に52席を構え、全席禁煙 2.コーヒーはもちろん、フードやスイーツも幅広いラインナップで、モーニングからディナーまで利用できる 3.厳選されたコーヒーは20種類以上用意されている

コーヒーのある暮らしを楽しみたい
小川珈琲 本店
おがわこーひー ほんてん
西京極 MAP 付録P.8 A-3

京都の珈琲職人「小川珈琲」の本店。"コーヒーライフスタイルの提案"をコンセプトに、店内は広々と開放的で、中央には豆専用の定温ケースが鎮座。販売カウンターでは試飲も楽しめる。

☎075-313-7334
所 右京区西京極北庄境町75
営 7:00~21:00(LO20:30) 休 無休
交 阪急京都線・西京極駅から徒歩11分
P 52台

1.定番のブレンドは200g1200円。缶入り1900円も人気 2.コクと酸味のバランスがとれたブレンド550円。ていねいにハンドドリップして、淹れてくれる 3.現在も2階では洋食ランチが楽しめる

地元の常連気分で老舗の一杯を
スマート珈琲店
スマートこーひーてん
京都市役所周辺 MAP 付録P.21 D-1

昭和7年(1932)に洋食店スマートランチとして創業。山小屋をイメージしたという店内は、芳しい焙煎香に包まれ、落ち着いた雰囲気だ。ブレンドのお供には焼きたてのホットケーキを。

☎075-231-6547
所 中京区寺町通三条上ル天性寺前町537
営 8:00~19:00、2Fランチタイム11:00~14:30(LO) 休 無休(ランチは火曜)
交 地下鉄東西線・京都市役所前駅からすぐ P なし

日本の四季を表現した
目にも楽しい雅なチョコレート
Chocolat BEL AMER
京都別邸 三条店
ショコラ ベルアメール きょうとべってい さんじょうてん

烏丸御池周辺 MAP 付録P.20 B-2

↑2階のショコラバーではショコラの軽食も登場

和洋の素材を組み合わせたショコラ雅や、チョコレートを枡に見立てた瑞穂のしずくなど、デザインも味も個性的で、京都らしさが漂う。季節のショコラメニューが楽しめるカフェもおすすめ。

☎075-221-7025
所 中京区三条通堺町東入ル枡屋町66
営 10:00〜20:00(LO19:30)
休 不定休
交 地下鉄・烏丸御池駅から徒歩5分
P なし

↑口どけよく軽い食感に仕上げたスティックショコラ1本540円。季節によりフレーバーは異なる

買って帰れるショコラ

瑞穂のしずく
お茶(上)、日本酒(下)
各1620円
京都の地酒や日本各地の銘茶のジュレを閉じ込めたユニークな逸品

↑燻製の香りとともにサーブされる定番のフォンダンショコラ〜燻製〜 1320円

宝石のように輝くご褒美ショコラスイーツ
京の街で話題のショコラトリー

京都はパティスリーだけでなく、ショコラトリーも数多く個性的なデザインや味わいが話題。ギフトとしてだけでなく、カフェスペースでしか味わえないメニューも、旅の思い出に楽しみたい。

口どけの良さに驚く
オーガニックチョコレート
Kyoto 生 chocolat
Organic Tea House
キョウト なま ショコラ オーガニック ティーハウス

平安神宮周辺 MAP 付録P.15 D-3

ニューヨーク日本大使館のシェフだったオーナーの中西広文氏が、試行錯誤の末に生み出した生チョコレートは、後味が軽く甘いものが苦手でも食べられるほど。ぜひその独特の食感を体験して。

リンゴンベリー入りのフェアリーテールも楽しめるチョコセット&ドリンク1100円

☎075-751-2678
所 左京区岡崎天王町76-15
営 12:00〜18:00(LO)
休 火曜
交 市バス・岡崎道下車すぐ
P なし

↑庭の緑が美しい町家は時を忘れそうなほど落ち着ける

買って帰れるショコラ

Kyoto 生 chocolat
2400円
抹茶、スウィート、ビターの詰め合わせ。持ち帰りは予約がおすすめ

歴史ある名店が新たに提案する
世界を魅了した味わい
サロンドロワイヤル 京都
サロンドロワイヤルきょうと

京都市役所周辺 MAP 付録P.21 E-1

昭和10年(1935)創業の名店で、新たなチョコレート作りに取り組むのは、世界のショコラティエ100人に選ばれた岡本昂也氏。玄米黒酢や鷹の爪など、予想外な味の取り合わせとその味わいに感動する。

☎075-211-4121
所 中京区木屋町通御池上ル上樵木町502
営 11:00〜18:30(LO18:00)
休 無休
交 地下鉄東西線・京都市役所前駅から徒歩3分
P なし

↑形も愛らしいボンボンショコラは約30種類

買って帰れるショコラ

結〜Musubi〜
1500円
花山椒や万願寺唐辛子などを使用したボンボンショコラは唯一無二の味

ベネズエラ産カカオに杏の香りがさわやかにマッチする
P.D.G 550円

珈琲文化案内／話題のショコラトリー

ふんわり食感に、こころがほっこり喜ぶ
愛される パンケーキ

甘く風味豊かな味わい。朝食にも午後のおやつでも、いつでもおいしい。お好みの一枚を探してみたい。

ゆったり気分で味わう「幻のホットケーキ」
cafe BLUE FIR TREE
カフェブルーファーツリー
祇園 MAP 付録P.22 A-4

隠れ家カフェ。厚み4.5cmの名物ホットケーキは、20分かけてじっくり焼き上げる贅沢な一品。外カリカリ＆中しっとりの食感を楽しみたい。

☎ 075-541-1183
所 東山区大和大路通四条下ル大和町6-1 モア祇園1F
時 9:00〜19:00(LO18:00)
休 月曜(祝日の場合は営業)
交 京阪本線・祇園四条駅から徒歩2分
P なし

幻のホットケーキ 1000円(ドリンク付き)
バターとたっぷりのシロップでシンプルに。＋150円でアイスの追加が可能

白壁と木の扉が目印。男性の一人客も多い

大人っぽい落ち着いた雰囲気

創業時から愛され続ける小倉あんのパンケーキ
梅香堂
ばいこうどう
三十三間堂周辺 MAP 付録P.19 E-1

創業50年を誇る甘味処の名物メニューは、昔ながらのホットケーキ。甘さ控えめの生地とあんこの甘みが相性抜群。5月中旬〜9月中旬は夏限定のかき氷と交替する。

☎ 075-561-3256
所 東山区今熊野宝蔵町6
時 10:00〜18:00(LO17:30)
休 火曜(祝日の場合は営業)
交 市バス・今熊野下車すぐ
P なし

小倉クリームホットケーキ 単品(2枚) 700円
手作りあんこはやさしい甘さ。驚きのボリュームだが、一人でもぺろり

地元で愛されて50年。夏季はかき氷や小倉抹茶パフェが人気

店内には、店主が父から受け継いだあんこの甘い香りが立ち込める

ライ麦入りで香ばしい
生地のおいしさを堪能
pongee's Table
ポンジーズ テーブル
金閣寺周辺 MAP 付録P.12 C-2

フードもスイーツも本格的で、地元の常連も多い町家カフェ。ライ麦粉を配合した風味豊かなパンケーキは、料理好き店主こだわりの一品。季節限定メニューにも注目！

☎ 075-200-1122
所 上京区千本通五辻上ル牡丹鉾町567-1
営 11:00～21:00(LO20:00)
休 水曜、不定休
交 市バス・千本上立売下車すぐ　Pなし

賑やかな千本通沿い。2011年のオープンで今やファン多数

昔ながらの町家の雰囲気はそのまま。座敷もありのんびり和める

プレミアムバターのパンケーキ
1000円(単品850円)
プレミアムバター「セルドゥメール」は海塩のジャリっとした食感が美味

自然の甘みでほっこりと
町家で楽しむ伝統の味
うめぞの CAFE & GALLERY
うめぞの カフェ&ギャラリー
四条烏丸周辺 MAP 付録P.16 B-1

老舗甘味処「梅園」の姉妹店で、カフェ限定の抹茶のホットケーキは、注文後にメレンゲを泡立てるので、焼きたてはとけるようにふわふわ。宇治抹茶の風味も濃厚だ。

☎ 075-241-0577
所 中京区蛸薬師通新町西入ル不動町180
営 11:30～19:00(LO18:30)　休 無休
交 地下鉄烏丸線・四条駅から徒歩7分
Pなし

2階にはギャラリーを併設。不定期で個展などが開催されている

風情ある京町家をそのまま生かした店舗。手作りの看板が目印

抹茶のホットケーキ
980円
黒糖バターとあんこの甘みが絶妙。ドリンクメニューとセットで1380円

フルーツサンドの進化系が話題
人気食パン専門店に
姉妹店が登場
フルーツパンダ。
by bekkaku
フルーツパンダ。バイ ベッカク

京都駅周辺 MAP 付録P.18 C-1
☎ 075-744-6522
所 下京区烏丸通七条下ル東塩小路町721-1 京都タワーサンド1F
営 9:00～21:00　休 不定休
交 京都駅から徒歩3分　Pなし

最新のフルーツサンドは、キュートなルックスのオープンサンド。しかも食パンは人気の「別格」が専用に焼き上げているから、フルーツとも好バランスだ。

↑2020年6月にオープン。開店と同時にファンが訪れる人気ぶり

↑バナナノパンダ 350円。濃厚チョコレート×バナナのベストコンビは、誰からも愛される味

↑キウイノパンダ 350円。甘酸っぱいキウイに、ほんのり甘い蜂蜜クリームをマッチング

↑イチゴノパンダ 350円。上品なあんこと練乳が好相性で、いちご大福のような味わい(季節限定)

↑リンゴノパンダ 350円。リンゴのコンポートとキャラメルクリームが合わさったコクのある風味(季節限定)

愛されるパンケーキ

143

抹茶みつ 1210円
ゴージャスな器で登場するふわふわの氷に練乳を添えて
●お茶と酒 たすき

焙じ茶みつ 1210円
香りのよい焙じ茶みつは、隠し味に黒糖をプラス
●お茶と酒 たすき

利休 1210円
独自ブレンドの抹茶蜜とほうじ茶蜜の最強コンビ
●二條若狭屋 寺町店

いつだって食べたい
かき氷が大好き

しゃれた大人の空間で、ワンランク上のかき氷はいかが。
ふわふわの食感と上品な甘さは、冬の寒い日でさえ恋しくなる。

生搾りレモン 880円
さっぱりとしておいしいと男女ともに人気。後味もすっきりしている
●祇園下河原 page one

彩雲 1540円
べっこう飴など季節の5種類の蜜を食べ比べ
●二條若狭屋 寺町店

生搾り苺 1045円
旬のイチゴを冷凍保存して作るから、いつでもイチゴが楽しめる
●祇園下河原 page one

食べる●カフェ&スイーツ

お茶と酒 たすき
おちゃとさけたすき

白川沿いで優雅に味わうかき氷

祇園 MAP 付録P.22 B-3

PASS THE BATON KYOTO GIONに併設されている喫茶。かき氷はアンティークの器でサーブされ、空間と相まってなんとも優雅な気分になれる。かき氷は一年中楽しめる。

☎075-531-2700
所東山区末吉町77-6
営11:00〜20:00(LO19:00)
日曜、祝日11:00〜19:00(LO18:30)
休不定休 交京阪本線・祇園四条駅から徒歩4分 Pなし

祇園下河原 page one
ぎおんしもがわら ページワン

氷のプロが作る贅沢なかき氷

清水寺周辺 MAP 付録P.25 D-1

明治16年(1883)創業の氷店、森田氷室本店がプロデュースするカフェ&バーだけに、かき氷は看板メニュー。手彫りして作る氷の器に盛ってサーブするので、器がなくなると終了することも。

☎075-551-2882
所東山区下河原通八坂鳥居前下ル上弁天町435-4 営11:00〜24:00
(LO23:30、18:00〜はバータイム)
休水曜 交京阪本線・祇園四条駅から徒歩12分 Pなし

二條若狭屋 寺町店
にじょうわかさや てらまちてん

和菓子店ならではの上品な味わい

京都市役所周辺 MAP 付録P.14 A-4

素材の味を生かしたこだわりの蜜は、老舗和菓子店ならではの上品な味。夏は貴重な柑橘の美生柑、冬はリンゴなど、珍しいものばかり。あれこれ試したいなら、まずは彩雲がおすすめ。

☎075-256-2280
所中京区寺町通二条下ル榎木町67
営10:00〜17:30(LO17:00)、
ショップ9:00〜18:00
休水曜 交地下鉄東西線・京都市役所前駅から徒歩5分 Pなし

白川を眺めながらお茶や甘味が楽しめる人気スポット

店は、丸窓が目印の町家。かき氷は終日提供あり

茶房では和菓子も味わえ、1階で買うこともできる

SHOPPING
Kyoto

買う

古都の伝統というのは
ただ古いものを守ることではない。
本物だけが生き残るこの街では、
新しいものであろうと、
古くからの技であろうと
デザインも機能も、
優れたものだけが尊ばれる。

京の審美眼に
耐えたモノが
輝きを見せる

京都発 おしゃれ雑貨 selection

京の街で出会える、女性の心をつかむ小物

まめも
罫線も柄ごとに異なる200枚つづりの小さなメモ。各451円

枝折 弐
一筆箋としても使える粋なしおり。4柄入り385円

集めたくなる粋で和モダンな文具

ぽち袋
500円玉が入るまめ小330円サイズも愛らしい。大は440円

はがき
約90種あり、そのまま飾っても絵になるデザイン。165円

ちょうめん
書き味の良い薄型のノートは罫線のデザインも秀逸。1023円

買う ● 京都の逸品

裏具
うらぐ
祇園 **MAP** 付録P.17 D-2

グラフィックデザイナーが手がけているだけに、ぽち袋や一筆箋などどれも印刷や紙にも趣向が凝らされている。しかも、ちょっと洒落のきいたデザインでおみやげにもおすすめ。
☎075-551-1357
所 東山区宮川筋4-297 営 12:00～18:00
休 月曜（祝日の場合は翌日）
交 京阪本線・祇園四条駅から徒歩5分 Pなし

Bacchus
一点ものも多いブローチは充実したラインナップ。4万6200円

赤い
小さな丸が連なる人気シリーズのイヤリング。2万900円

ファン垂涎のラインナップ

Fu
光の加減できらきらと輝く漆黒に引き込まれるブローチ4万9500円

祝∞
ちょっとおめでたいカラーリングのイヤリングは、京都店限定アイテム。1万2100円

Dressing
セットで楽しむのもおすすめ。イヤリング3万8500円、ブローチ6万8200円

タマス京都
タマスきょうと
京都市役所周辺 **MAP** 付録P.14 B-3

絶大な人気を誇るタマスが、2019年冬に初の直営店をオープン。希少なヴィンテージビーズと刺繡が織りなすオリジナルアクセサリーのほか、A.Dupréのウェアも要チェック。
☎075-741-8905
所 中京区河原町二条上ル清水町352 佐藤ビル1F
営 11:00～18:00
休 水曜
交 地下鉄東西線・京都市役所前駅から徒歩5分 Pなし

和綴じ豆本セット
葛飾北斎や歌川広重などシリーズで揃う。光琳画譜1冊1760～1870円

海外でも愛される木版印刷

和綴じノート
古典柄の菊文様を和紙に手摺りで仕上げた表紙の風合いが美しいノート。1冊1980円

木版はがき
木版画で手摺りされた京都らしい風景の絵はがきも人気。440円

秘密の花園
女性作家・武中楓さんの現代的な木版画も魅力的。4400円

芸艸堂
うんそうどう
京都市役所周辺 **MAP** 付録P.14 A-4

日本唯一の手摺木版和装本出版社で、出版物の美しさは海外でも高く評価されている。職人たちが手摺りする木版画は作品ごとに微妙に風合いが異なり、実際に手にしてこそ魅力が堪能できる。
☎075-231-3613
所 中京区寺町通二条南入妙満寺前町459 営 9:00～17:30
休 土・日曜、祝日
交 地下鉄東西線・京都市役所前駅から徒歩5分 Pなし

京都の街を歩いていると、洗練されたデザイン雑貨の店を目にすることが多い。
作家もののテキスタイル雑貨やアクセサリーなど、センスが光るアイテムを扱うショップをご紹介。
旅先での一期一会を求めて、気になる店をゆっくりと訪ねてみたい。

京都発 おしゃれ雑貨 selection

麻のバッグ
ヨーロッパリネン糸を使い、特注で織り上げた生地を使用。1万1550円

がま口
世界各国の生地を使った京都製のがま口は一番人気。各1620円

貼付つっかけ足袋
先が割れているので、普通のサンダルにはない履き心地。7480円

足袋下
草履を履くのにも便利な靴下風の足袋(普通丈)605円

丈夫で飽きのこないロングセラー

ショルダーバッグ
人気の翠水玉柄。コンパクトだけど内ポケット付きで使いやすい。1万1000円

大人かわいいグッズがたくさん

ハッピーチャームネックレス
モチーフごとに意味があり、お守りのようにつけられる。6264円〜

存在感バツグンの足袋アイテム

SOU・SOU×宇治田原製茶場 水出し六刻茶
ティーバッグをペットボトルに入れて六刻(3時間)でおいしい緑茶のできあがり。1箱690円

草履あさぶら
鼻緒にオリジナルテキスタイルを使った草履。裏面はなんと自転車のタイヤを使用。5489円

バケツ型のバッグ
底が円形のため、幅のあるものも収納できて便利。1万6500円

ヴィンテージ時計
豊富に揃い大人の観光客にも人気。8万円程度〜

ミニバッグ
カラフルなバッグは、フランスのシャネルツイードを作っている生地屋さんでオーダーした生地を使用。各5400円

SOU・SOU×長久堂 和三盆セット【数字】
SOU・SOUを代表する数字柄をかたどったポップな和三盆。京菓子の老舗「長久堂」とのコラボレーション。864円

帽子
ユニセックスな帽子。MからLLまでのサイズ展開。7700円

一澤信三郎帆布
いちざわしんざぶろうはんぷ
祇園 MAP 付録P.22 C-1
明治38年(1905)から愛されるかばんは、綿帆布のほか使い込むと味の出る麻帆布など、どれも丈夫なものばかり。飽きのこない定番のトートバッグから小物まで幅広く揃う。
☎075-541-0436 東山区東大路通古門前上ル高畑町602 10:00〜18:00
火曜(無休のシーズンもあり、HPで要確認)
地下鉄東西線・東山駅から徒歩5分 Pなし

COHAKU KAIRASHI
コハク カイラシ
清水寺周辺 MAP 付録P.24 C-2
京都のアクセサリーブランドの新作や姉妹ブランド「COHAKU」のバッグ、ポーチなど大人の遊び心をそそるアイテムが揃う。京都の名店とのコラボ商品も多い。
☎075-541-5405 東山区東大路高台寺南門通入ル下弁天町58-3 12:00(土・日曜、祝日11:00)〜19:00 不定休
市バス・東山安井下車すぐ Pなし

SOU・SOU 足袋
ソウ・ソウたび
四条河原町周辺 MAP 付録P.21 D-4
テキスタイルブランドとして知られるSOU・SOU。ポップな柄を使った地下足袋のほか、つっかけタイプの足袋、靴下風の足袋など、快適な履き物を種類豊富に取り揃える。
☎075-212-8005 中京区新京極通四条上ル中之町583-3 11:00〜20:00 無休 阪急京都線・京都河原町駅から徒歩5分 Pなし

147

「用の美」の真髄を知る
暮らしのなかで輝く道具たち

機能性を重視して作られた生活道具は、見た目にも美しさを具えている。見て、使って、その実力を実感したい。

買う●京都の逸品

A HOTOKI
ホトキ
国際会館駅周辺 MAP 付録P.3 E-1

日常使いしたい手作りの器たち
「うつわをもっと好きになる場所」をコンセプトに、ショップやカフェ、陶芸体験を融合させた店。体験では、来客者の貸切空間として楽しむことができる。
☎075-781-1353
所 左京区岩倉西五田町17-2
時 10:00～18:00 休 月～木曜 交 地下鉄烏丸線・国際会館駅から徒歩8分 P 2台

B 鍛金工房 WESTSIDE 33
たんきんこうぼう ウエストサイド さんじゅうさん
三十三間堂周辺 MAP 付録P.19 E-1

料理上手になれる調理道具
金属を叩いて強度を増し、美しい打ち目を表現する鍛金。ていねいな手仕事で生まれる鍋や皿は、特に手入れも楽なアルミ製のものが人気。軽いから調理もしやすいスグレものだ。
☎075-561-5294
所 東山区大和大路通七条下ル七軒町578
時 10:00～17:00 休 火曜
交 京阪本線・七条駅から徒歩8分 P なし

C KIJIRUSHI
キジルシ
大徳寺周辺 MAP 付録P.11 D-2

手ざわりのよい木のアイテム
主にナラの無垢材を使用した木の家具や小物は、オーナーの溝上吉郎氏手作りのオリジナル。座りやすいスツールなど、機能性が高くシンプルなデザインも魅力だ。
☎075-406-7206
所 北区紫竹上築野町26-1
時 11:00～17:00 休 月・火曜、日曜不定休
交 市バス・下岸町下車、徒歩5分 P 1台

A HOTOKIシリーズ ダックスフンド 箸置き 各1100円
ダックスフンドのかわいい箸置きは4色展開

A TUKU MARU 4180円
花器、ドライフラワー、ピンがセットになった商品。ギフトにもおすすめ。5色展開

A KAKELシリーズ フリーカップ(L) 1万7600円
木工作家とコラボし、底部は木製でやわらかな感触が心地よい

A shiro-kuroシリーズ 鉢 2200～5280円
4寸から7寸のサイズの鉢がスタッキングできる便利なシリーズ

B 玉子焼器 9100円
銅製だから熱伝導が良く、きれいにだし巻きが作れる

B 丼用 6000円
蓋付きで、玉子丼などを作るときに重宝する

B アルミ一人鍋 3800円
盛り皿としても使えるうえ、直火にかけてもOK

C クリップボード 1430円～
メモを挟むのにちょうどいいサイズ。A4版も便利

D たたき刷毛 1430円
馬毛のしみ抜き用の刷毛は、汚れを叩くようにして落とす

C 糸巻き&糸 3740円
かわいい糸に合わせて作った糸巻き台は飾ってもかわいい

C キッチンタオル 2916円(ライン)、2700円(チェック)
使ってよかったと思えるキッチンタオルを厳選

C コーヒーフィルターホルダー 4180円
ナラのフィルターケースは壁掛けできるタイプ

D 化粧筆(10号) 2530円
舞妓さんたちが使う日本の筆はパウダーを塗るのに便利

F 繪札葉書セット Y／M 1485円
和のモチーフを現代的に表現したURAGNOらしい図柄に細身のフォルムが人気。銀のインクがちらりと光る贅沢仕様。8枚入り。写真はMセット

G バラエティセット 880円
ここでしか手に入らない大小織り交ぜたぽち袋セット

F まめも 451円
20種類以上の柄があり、横書きや升目など中紙も楽しい

F 小皿 各935円
6種類ある小皿は、お香立てやアクセサリー置きにもおすすめ

G つづら(小) 2200円
名刺を入れるのにちょうどよいサイズで、中には仕切り箱付き

D テーブル箒 1760円
食べこぼしなどをさっと掃ける小ぶりの箒で、窓枠などの掃除にも便利

E 木版うちわ 4840円
昔の版木を使ったキキョウ柄がクラシック。あおぎやすく、心地よい風を起こしてくれる

E 並型片透うちわ(鮎) 5720円
少し透かしが入りつつ、あおぎやすい。骨の並びの美しさも際立つデザイン

D ストラップ 550円
小指の先ほどの小さなたわしがストラップに。隠れた人気商品

E 新小丸型片透うちわ 3960円
愛らしい犬の図柄と、丸いフォルムがマッチした華奢なデザイン

G 京扇子 5500円
好きな絵柄の木版和紙でオーダーすることもできる

F 扇子 5500円
親骨の部分に描かれた柄がポイントで、閉じた姿も美しい

D 内藤商店
ないとうしょうてん
京都市役所周辺 MAP 付録P.21 F-2

生活を清める道具があれこれ
7代目が暖簾を守る老舗には、すぐ完売する京箒やハケなどが並んでいる。小ぶりのテーブル用の箒などは、ちょっと掃除をするのに便利で、密かに人気のアイテム。

☎075-221-3018 所中京区三条大橋西詰
営9:30～19:30 休不定休
交京阪・三条駅から徒歩3分 Pなし

E 京うちわ 阿以波
きょううちわ あいば
四条烏丸周辺 MAP 付録P.20 C-3

飾っても楽しめる京うちわ
元禄2年(1689)創業のうちわの専門店。国産材料にこだわり、今でも職人の手作り。形が美しいだけでなく、繊細な透かし柄が入っていて、季節に合わせた柄が揃う。

☎075-221-1460 所中京区柳馬場通六角下ル
営9:00～18:00 休日曜、祝日(4～7月は無休)
交地下鉄烏丸線・四条駅から徒歩8分 Pなし
※商品や価格は予告なく変更する場合あり

F URAGNO
ウラグノ
三十三間堂周辺 MAP 付録P.19 E-1

モダンでクールな和のデザイン
和文具で人気の裏具プロジェクトの新展開。伝統に最新技術を組み合わせ、美しいプリントの布製品や、老舗陶器店たち吉とのコラボグッズなどを販売。

☎075-744-6540 所東山区塩小路通大和大路東入ル3丁目本瓦町672 営11:00～17:00 休月・火曜(祝日の場合は営業)
交京阪本線・七条駅から徒歩10分 Pなし

G 竹笹堂
たけざさどう
四条烏丸周辺 MAP 付録P.16 B-2

手摺り木版和紙の紙小物
明治24年(1891)創業の老舗木版工房、竹中木版が手がけるショップ。職人たちが手摺りする美しい木版和紙を使ったぽち袋やブックカバーは、どれも温かみがあり、やさしい風合い。

☎075-353-8585 所下京区綾小路通西洞院東入ル新釜座町737 営11:00～18:00
休水曜 交地下鉄烏丸線・四条駅から徒歩8分 Pなし

暮らしのなかで輝く道具たち

民の物
たみのもの
京都御所周辺 MAP 付録P.14 B-2

温かな暮らしを伝える
ストーリーのある古道具

並んでいるのは、オランダやベルギーで見つけたアンティーク。「人が使った気配があるものが好き」という店主が選ぶのは、カトラリーや食器といった実用品も多いが、玩具やオブジェといったちょっと不思議なアイテムにも心惹かれる。

☎ 090-4288-4189　所 上京区出水町253春日ビル4F　営 12:00～19:00　休 水・木曜、買付期間 ※Instagram (www.instagram.com/_tami_no_mono_/)で要確認　交 京阪本線・神宮丸太町駅から徒歩7分　P なし

⬆ びっしりとビーズで飾られたオーナメントはオランダで見つけたもの

⬆ 食事にも使われていたちょっと大ぶりのカフェ・オ・レ・ボウル1万8000円

⬆ 紙でできたフランスのパピエマシェは、珍しい花柄が目を引く

⬆ 東洋的な龍の柄が手描きされたプレート1万3000円は、南仏のムスティエのもの。食器のほかカトラリーも人気で、状態の良いものが2000円前後で見つかる

⬆ カップのように見えるが、ガラスのスキットルの底部分らしき一品。1万2000円

⬆ 古びたボトルや華奢なグラスなど、ガラスアイテムもおもしろいものに出会える

上質なライフスタイルのヒントがここに
京都流コンセプトショップ

買う●京都の逸品

Sfera
スフェラ
祇園 MAP 付録P.22 A-2

美しい生活雑貨が並ぶ
モダンなギャラリーショップ

デザイン、クラフト、アート、食をテーマに器や家具、アクセサリーなどをオリジナルデザインで展開。木工品や陶磁器など、伝統的なものを現代の視点で表現した作品は、どれも美しく、かつ機能的。カフェも併設されている。

☎ 075-532-1105　所 東山区縄手通新橋上ル西側弁財天町17 スフェラ・ビル1F　営 11:00～19:00　休 水曜　交 京阪本線・祇園四条駅から徒歩2分　P なし

⬆ コーヒードリップケトル5万5000円〜。鍛金による銅製コーヒーケトル。手仕事による風合いと試作を重ねて検証した機能性とを持ち合わせる

⬆ 備前で作られたボディに、トチの木の蓋とハンドルを組み合わせたポット2万8080円

⬆ オリジナルのカップ＆ソーサーは大ぶりでスープ用にも。4860円

⬆ 京都の職人が作る白竹と磁器を組み合わせたエアヴァッセルズ3万8578円

⬆ 京都の作家・戸田直美さんとのコラボレーションによる愛らしい子供用家具

⬆ 拭き漆やオイルで仕上げたオリジナルの鉄鉢S 4320円とプレートM(漆) 5400円

⬆ 木製のアイススプーン。ツゲ1296円(左)、ツバキ1080円(右)

↑ 商品に添えられた紹介コメントを読むのも楽しい

↑ 安田念珠店にオーダーした念珠・紫丹素挽尺丸片手1705円

↑ 飯尾醸造の紅芋酢756円。国産紅芋から紅芋酒を造り、さらに発酵、熟成させた

↑ 老舗・高野竹工が作る胡麻竹四角箸擦り漆2068円

↑ 鈴木松風堂のカラフルな図柄の和紙で作った筆箱1980円

↑ 百人一首シェア全国1位の大石天狗堂の花札3080円

↑ 形も美しい人気の鳥獣戯画の清水焼の茶碗3960円

D & DEPARTMENT KYOTO
ディー アンド デパートメント キョウト
四条烏丸周辺 MAP 付録 P.16 C-2

お寺の境内で出会う
京都の名品と優秀雑貨

D＆DEPARTMENTの京都店はなんと本山佛光寺の境内にあり、ロングライフデザインをテーマに、日本各地の生活用品や工芸品が並ぶ。京都のこだわりの食材や生活道具もあり、おみやげ選びにもおすすめ。

☎075-343-3217
⌂下京区高倉通仏光寺下ル新開町397 本山佛光寺内
⌚10:00〜18:00
休水曜 交地下鉄烏丸線・四条駅から徒歩8分
Pなし

ジャンルにとらわれず、自分たちの理念に沿ったものを販売する話題の4店。
京都の伝統工芸とのコラボレーションなど、ご当地らしさを意識した商品にも出会える。
お寺の境内、祇園の町家といったユニークな空間利用にも注目だ。

↑ トラネコボンボン ラウンド豆皿 ネコ各981円。料理人・中西なちおさんのイラストがデザインされた豆皿

↑ オリジナルの鉛筆付きブラスペンシル1728円

↑ ひろせべにさんのカラフルなポストカード各162円

↑ KATA KATAの形も愛らしい印判手豆皿クマ1080円

↑ イイダ傘店 ミニタオル（森の花）1320円。テキスタイルを用いたミニタオル

↑ ro-jiとkuniの2つの作家がコラボしたリング。ガーネット2万1600円

恵文社 一乗寺店
けいぶんしゃ いちじょうじてん
一乗寺 MAP 付録 P.7 E-2

見ているだけで心が弾む
アーティスティックな雑貨たち

英国紙が世界の10店に挙げた書店の名店は、本だけでなく、それらにまつわる厳選された雑貨も楽しみのひとつ。ギャラリーアンフェールと生活館には、展覧会で作家の作品が展示販売されることもあり、こちらも見逃さずに。

☎075-711-5919
⌂左京区一乗寺払殿町10
⌚10:00〜21:00
休無休
交叡山本線・一乗寺駅から徒歩3分
P11台

京都流コンセプトショップ

A おはりばこ

大徳寺周辺
MAP 付録 P.11 D-4

ふっくらと美しい絹が
花や動物のモチーフに

絹生地を使って作られる髪飾りや小物類は、すべて職人の手作り。特に、つまみ細工という技法で作る髪飾りの美しさは格別。和装にはもちろん、ドレスにも似合うデザインもあり好評。

☎ 075-495-0119
所 北区紫野下門前町25
営 10:00～18:00　休 水曜
交 市バス・大徳寺前下車、徒歩2分
P なし

A 玉椿クリップ 8800円
ふっくらと立体的なカメリアは存在感バツグンでドレスにも似合う

A ピルケース 各1540円
古布を使った押し絵がかわいい。中は3つに仕切られていて便利

A 梅鶴帯留 2200円
梅×鶴の押し絵が愛らしい。お正月にもおすすめのモチーフ

伝統的な絵柄をモチーフにした、京都らしい品々

カラフル＆キュートな
和小物を買いに。

花柄や市松模様の生地を使った雑貨たち。
現代のセンスがプラスされて、普段の生活にもなじむものが多い。

B 井澤屋
いざわや
祇園
MAP 付録 P.22 A-3

女性を美しく見せてくれる
花街育ちの和小物

慶応元年(1865)創業の和小物の老舗は、舞妓さんも御用達。帯締めや半襟などの和装小物のほか、普段に使いやすいハンカチやかわいいバッグなどが豊富に揃うので、ぜひのぞいてみて。

☎ 075-525-0130
所 東山区四条通大和大路西入ル中之町211-2
営 10:00～18:30　休 無休
交 京阪本線・祇園四条駅から徒歩1分
P なし

B 正絹バッグ 3万9800円
七五三用バッグが好評で、大人サイズに。マチもたっぷりで意外と収納力あり

B ミニガーゼ刺繍ハンカチ 各590円
肌ざわりの良いガーゼを使用。20近い刺繍柄があり、何枚も欲しくなる

B 白革 がま口財布 1万2100円
白革に模様を型押しし、その上に絵付けして、漆を施す伝統技法で作られている

C 聞香処
もんこうどころ
京都市役所周辺
MAP 付録 P.14 A-4

聞香を楽しみながら
自分好みの香り探し

和文具や香の老舗として知られる鳩居堂の姉妹店。質の良い材料で作るお香は、香りがやわらかで種類も豊富。奥の茶房では、電子香炉で香りを楽しむ聞香体験もでき、こちらもおすすめ。

☎ 075-231-0510
所 中京区寺町通二条下ル妙満寺前町464
営 10:30～17:30(喫茶 LO16:30)
休 火・水・日曜、祝日
交 地下鉄東西線・京都市役所前駅から徒歩5分
P なし

C 沈香（渦巻）2640円
渦巻き形のお香は、スティックタイプより香りを長く楽しみたい人におすすめ

C ジャスミン 660円(左)
バラ 880円(右)
和の香りだけでなく、フローラルやウッディなど種類豊富なスティックタイプ

B 小物入れ 6410円
ファスナー付きのポケットもあり、札入れや通帳ケースに人気

C 香立ハト 880円
鳩居堂といえば鳩。季節に合わせた模様が描かれた愛らしい香立

C 鳩居堂インセンス みゆき 550円
白檀の香りのシリーズのひとつ。線香タイプで、柱皮をブレンドしたさわやかな香り

D マルチ市松帆布
横長バッグS
6050円
長財布が入るサイズで
カラフルな市松模様が
キュート

D おめかしハンカチ
各550円
ガーゼ素材のミニタオル。まとめ買いに最適

D ビーズ付京都ジャガード
2.5寸がま口
きつね(左)、舞妓(右)
各2090円
ひねり部分のビーズが印象的ながま口。国内の職人が手作りで仕上げている

D マルチ市松帆布
手提げがま口バッグ
6160円
ちょっとしたおでかけに重宝するサイズ

D あぶらとり紙
鴨川(左)、花街(右)
各396円
華やかでかわいい舞妓さんがデザインされた、本店限定のあぶらとり紙

D マルチ市松
ペンケース 1320円
ペンケースとしてはもちろん、小物入れとしても活用できる

E てぬぐい
アレタ立に 1980円
竹内栖鳳の日本画を繊細に表現した一枚は、このまま飾っても美しい

E ミニフレーム 2420円
愛らしい絵柄の手ぬぐいを、手のひらサイズのフレームに

F 正絹風呂敷
5500円
縁起の良い柄で、ふくさ代わりに使える45cm幅

E てぬぐい
平等院・雲 1760円
世界遺産である宇治・平等院の国宝平等院鳳凰堂をモチーフに

F リバティ赤玉がま口
バッグ 9350円
京都の職人が作るがま口バッグでリバティプリントはオリジナル品

F 印傳印鑑ケース 1870円
キキョウ柄の朱肉の根付けが付いている

D カランコロン京都 本店
からんころんきょうとほんてん
四条河原町周辺
MAP 付録P.21 E-4

京都モチーフもモダンな和雑貨がずらり

がま口、きんちゃく、風呂敷など昔ながらの和小物に、ポップな柄とはんなりした色がキュートなオリジナル雑貨が揃う。季節ごとに新作雑貨が登場し、京都本店限定の柄も楽しい。

☎ 075-253-5535
所 下京区四条通小橋西入ル真町83-1
営 10:30～20:30 休 不定休
交 阪急京都線・京都河原町駅から徒歩すぐ P なし

E 永楽屋
細辻伊兵衛商店 祇園店
えいらくやほそつじいへえしょうてんぎおんてん
祇園
MAP 付録P.22 B-3

京の風景や歌舞伎俳優を巧みな染色で表現

400年以上にわたって続く綿布商。祇園店には昭和初期に作られたものの復刻柄や、現14代当主による新柄など豊富な手ぬぐいが揃う。2階にはティールームも。

☎ 075-532-1125
所 東山区四条通大和大路東入ル祇園町北側242 営 10:00～20:00
休 無休 交 京阪本線・祇園四条駅から徒歩1分 P なし

F さんび堂
さんびどう
四条烏丸周辺
MAP 付録P.16 B-2

伝統的な和小物からリバティプリントのがま口まで

半衿専門店・荒川益次郎商店に隣接するお店で、種類豊富な和小物が揃う。なかでもがま口は人気で、小さな財布からショルダーバッグまであり、珍しいリバティプリントシリーズも。

☎ 075-341-2121
所 下京区室町通綾小路下ル自楽天町504 営 10:00～18:00 休 火曜
交 地下鉄烏丸線・四条駅から徒歩1分
P 2台

カラフル&キュートな和小物を買いに。

はんなり京美人のキレイのひみつ
注目の京コスメ
BEAUTY事情

今おすすめしたいのは、天然成分にこだわったスキンケア・ネイルケアプロダクト。パッケージも素敵なものが多いので、自分用にはもちろん、プレゼントにしても喜ばれそう。

五島特産 純粋つばき油
完全無農薬栽培で希少なオイルは栄養豊富で全身に使える。2090円

練香水
椿油配合で肌にやさしい。野バラやビャクダンの上品な香りが漂う。1320円

特製つばき油 香る椿
椿油にラベンダーやローズマリーなど5種類のオーガニック精油を配合。3630円

地肌の美容液(左) 髪の美容液(右)
健康でつややかな髪の育成をサポート。地肌の美容液4730円、髪の美容液3300円

買う●京都の逸品

上羽絵惣
うえばえそう
四条烏丸周辺 MAP 付録P.16 C-3

爪にやさしい胡粉ネイル
爪や肌を傷める有機溶剤を含まず、日本画に使われる胡粉を配合したネイルカラーは、発色も美しく、独特の色合いが素敵。ほかにもハンドクリームや口紅もチェック!

☎075-351-0693
所 下京区東洞院通高辻下ル燈籠町579
営 9:00～17:00
休 土・日曜、祝日
交 地下鉄烏丸線・四条駅から徒歩7分
P なし

薬用ハンドジュレ 瑞々
京都産のお茶や絹などの成分を配合。お肌が弱い人にもおすすめ。1540円

胡粉ネイル
独特の和の色合いと豊富なラインナップが魅力。1324円～

京彩菜BB
京野菜から抽出した成分などを配合した、オールインワンタイプのBBクリーム。2200円

京花舞
1本でメイクとリップケアが叶う、京の四季を彩る花色の口紅。1980円

かづら清老舗 祇園本店
かづらせいろうほ ぎおんほんてん
祇園 MAP 付録P.22 C-3

極上の椿油で全身つややかに
慶応元年(1865)創業。看板商品の五島列島産の椿油のほか、椿油配合の肌にやさしいスキンケアシリーズも好評。京舞妓・絹肌コスメなら自然なメイクアップも楽しめる。

☎075-561-0672
所 東山区四条通祇園町北側285
営 10:00～19:00
休 水曜
交 市バス・祇園下車すぐ
P なし

京舞妓・絹肌コスメ 椿のお粉
特製椿油やシルクエキスを配合し長時間肌を美しくキープ。5060円

京都ちどりや 銀閣寺店
きょうとちどりや ぎんかくじてん
銀閣寺周辺 MAP 付録P.15 F-1

京都発のオーガニックコスメ
人工合成成分を使わないコスメは、美容マニアにもファンが多数。スキンケアアイテムから、体を締め付けないランジェリーまで揃い、ここへ来れば美しくなれそう。

☎075-751-6650
所 左京区浄土寺上南田町65-1
営 10:00～18:00
休 日・木曜
交 市バス・銀閣寺前下車、徒歩5分
P なし

アイセラム
肌なじみの良い天然ヤブ椿油に、ローズヒップシードオイル、精油配合で目元にハリと潤いを与える。5115円(15㎖)

ボディトリートメントクリーム
オーガニックロウシアバターと生ゴマ油がベースで、アロマの香りも最高。3520円(60㎖)

ピーチムーン ハーバル フェイスウォーター
月桃の葉の蒸留水が肌の新陳代謝を助けて、美肌に整えてくれる。4730円(240㎖)

よーじや 祇園店
よーじやぎおんてん
祇園 MAP 付録 P.22 B-3

日本人の肌になじむ優秀コスメ

明治37年(1904)の創業以来、歌舞伎役者や舞妓にも愛される京都を代表するブランド。特に口紅やフェイスカラーは、日本人の肌に似合う独自のカラーリングでおすすめ。

☎ 075-541-0177
所 東山区祇園四条花見小路東北角
営 10:30〜20:00
休 無休 交 京阪本線・祇園四条駅から徒歩5分 P なし

あぶらとり紙
大判で使いやすいロングセラー。やわらかで皮脂をやさしくオフ。396円
(1冊20枚入り)

うるおいトライアルセット（洗顔フォームタイプ）
保湿ジェルまでセットで、スキンケアをシリーズで試せる。3256円

リップ 丸平
希少なイタチ毛を使った紅筆は、口紅をぴったりと唇になじませてくれる。3883円

粧具 口紅
日本の伝統色をイメージし、保湿成分がたっぷりで色落ちもしにくい口紅。2750円

紙せっけん洗顔用（やさしい熟成せっけん）
携帯に便利な敏感肌用の紙石鹸で、手も顔も洗える。473円

京都しるく 東山高台寺店
きょうとしるくひがしやまこうだいじてん
清水寺周辺 MAP 付録 P.25 D-2

絹の力で舞妓さんの肌を目指す

看板商品の珠の肌パフは、つるつる美肌になれると評判。ほかにも、絹に含まれる天然保湿成分を利用したコスメなど、肌にやさしいものばかり。かわいい小物も必見だ。

☎ 075-541-8974
所 東山区高台寺下河原町526 高台寺販売店内
営 9:30〜17:20 (季節により延長の場合あり)
休 無休 交 市バス・東山安井下車、徒歩5分
P 100台(有料)

舞妓ちゃん ハンド&ネイルクリーム
植物性保湿成分でなめらかな肌を実現。ユーカリエキスの香りも心地よい。1078円

保湿ジェルクリーム
肌にスーッとなじんで、潤うのにべたつかないのがうれしい。3630円

お化粧パフ（厚型）
天然ゴム製のきめ細かいパフ。ムラのないベースメイクに仕上げてくれる。418円

絹羽二重 珠の肌パフ（ちりめんライン）
絹羽二重製の洗顔用パフは、汚れだけをやさしく落としてくれる。1430円

フェイスマスク
肌荒れもこの一枚でつるつるに。絹の天然保湿成分がしっかりと潤してくれる。440円

KOTOSHINA
コトシナ
四条河原町周辺 MAP 付録 P.21 E-3

宇治茶使用のオーガニックコスメ

有機栽培された宇治茶や茶の実のオイル、フランスの天然温泉水などを使用したオーガニックコスメ。肌がもちもちになるうえ、やさしい香りで疲れも癒される。

☎ 075-223-0503
所 中京区河原町通三条下ル山崎町251 京都BAL1F
営 11:00〜20:00
休 不定休 交 阪急京都線・京都河原町駅から徒歩5分 P なし

美容オイル（ほのかなグリーンティーの香り）
オーガニック茶の実オイルを贅沢に70%配合。8250円

ホホバ&バンブースクラブ（スウィートグリーンティーの香り）
ホホバビーズとバンブースクラブを配合。8250円

フェイスローション（グリーンティーの香り）
配合成分は99%天然由来というとてもナチュラルなローション。4620円

有機煎茶抹茶ブレンド
有機栽培された5種類の茶葉のなかでも、煎茶の抹茶ブレンドが人気。2052円

フレンチクレイ Wソープ（グリーンティーの香り）
フランスの天然ホワイトクレイと、肌をトーンアップする植物保湿成分を配合。3520円

注目の京コスメBEAUTY事情

旅の味を自宅でも楽しめる
絶品の味わいをお持ち帰り。

京料理の文化が育まれた街だけに、食材もバラエティ豊か。味噌や酢といった調味料から、ちりめん山椒などのご飯のお供まで、すべてが美味！

A 半兵衛麸
はんべえふ
清水寺周辺 MAP 付録P.17 D-3
麸を使ったスイーツも話題
元禄2年(1689)創業の麸屋。定番の麸から、洋食にも合うものや、向かいの「ふふふあん」にはスイーツも。
- ☎075-525-0008
- 所 東山区問屋町通五条下ル上人町433
- 営 9:00〜17:00
- 休 水曜
- 交 京阪本線・清水五条駅から徒歩1分　Pなし

B 京湯葉 千丸屋 本店
きょうゆば せんまるや ほんてん
四条烏丸周辺 MAP 付録P.20 B-4
各宗総本山御用達の絶品湯葉
文化元年(1804)から京湯葉作りにこだわり、伝統的な乾燥湯葉から生湯葉まで、名水で仕込んでいる。店内の食事処では、湯葉の鍋が味わえる。
- ☎075-221-0555
- 所 中京区堺町通四条上ル
- 営 10:00〜18:00、食事処10:30〜15:00
- 休 水曜
- 交 阪急京都線・烏丸駅から徒歩2分　Pなし

C 村上重本店
むらかみじゅうほんてん
四条河原町周辺 MAP 付録P.17 D-2
野菜のおいしさを生かした漬物
漬物一筋180年余という老舗。旬の野菜を使った漬物のなかでも、昔ながらの千枚漬や白菜昆布漬は独自の味でおすすめ。
- ☎075-351-1737
- 所 下京区西木屋町四条下ル船頭町190
- 営 9:00〜19:00(土・日曜、祝日は〜19:30) 休 無休
- 交 阪急京都線・京都河原町駅から徒歩1分　Pなし

D しののめ
大徳寺周辺 MAP 付録P.11 E-3
できたてのやわらかな食感
ちりめん山椒の人気店。その日のできたてを販売しているので、ふっくらやわらか。やさしい味付けでご飯がすすむ。
- ☎075-491-9359
- 所 北区小山元町53
- 営 9:00〜17:00
- 休 第2土曜、日曜、祝日
- 交 地下鉄烏丸線・北大路駅から徒歩8分　P2台

湯葉・お麸
精進料理におけるたんぱく源だった2品。お麸は生のものも有名。

A 笹巻麸
麸づくりの技術を生かして作られた麸まんじゅう。5個入り1242円

A スープ de お麸
チーズなど全5種類。クルトン代わりに。496円

A 京なま麸田楽セット
生麸に田楽味噌、串のほかレシピもセットになっている。1404円

B 京湯葉詰め合わせ
料理に使いやすい引上げゆば6個と、乾燥湯葉の切小巻ゆば15個がセット。1728円

A ふきよせ麸
油で揚げるとさくさく、ふわふわの煎餅ができあがる。432円

ご飯のお供
ご飯にのせて手軽に楽しめる佃煮や漬物。こだわりの逸品を食卓に。

C 生しば漬
大原のしそと塩だけを使い、昔ながらの製法で漬けたシンプルな味。480円(160g)

C 千枚漬
聖護院かぶらの甘みと昆布の旨みが存分に味わえる(冬季限定)。1000円(154g)

C はな壬生菜
菜の花と一緒に壬生菜を漬けた、コクのある醤油風味の漬物。480円(150g)

D じゃこ山椒
醤油、みりん、酒で炊き上げた、やわらかなちりめん山椒。864円(80g)

F 鰹梅
野菜のディップソースにしたり、和風のパスタソースにも活躍。864円

だし・調味料

料理の味の決め手となる食材だからこそ、特別なものを選びたい。

E 西京白味噌
京都人が愛する白味噌は、ほんのりとした甘さで後味が良い。648円(500g)

E 一わんみそ汁
人気の即席味噌汁は4つの味がある。紅こうじ1個216円。なめこ、油揚げ、豆腐1個195円

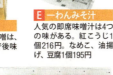

F 粉だし
だしや料理にひとさじ加えるだけで、味に旨みが増す。昆布1026円、カツオ767円

E 紅こうじ味そ
塩分控えめだけれどしっかりとコクがあり、ファンの多い味噌。972円(500g)

F おだしのパック じん
全部で4種類。緑は野菜だし、黄はカツオと昆布、赤はイワシなどと昆布、金はマグロ節と羅臼昆布。緑1491円、黄1404円、赤1134円、金1404円

F 京のだし
薩摩産本枯節と利尻島天然昆布のだしを、本醸造醤油、本みりんで味で調えたもの。幅広い料理に使える万能ストレートだし。843円

G 京風すし酢
白飯にこれさえ混ぜれば、寿司飯が簡単に作れるスグレもの。734円

G 夜のラムレーズン
隠し味に酢を入れたさっぱりとした味のラムレーズンは料理家にも人気。1404円

G 生姜梅酢
お湯割りで飴湯のようにしたり、炭酸で割ってジンジャーエール風に。1728円

G 京あまり米酢
自然のまま半年から1年寝かせるため、まろやかな風味。648円

お茶

歴史ある日本茶専門店ならではの厳選された茶葉は、味も香りも格別。

H 京都限定抹茶 北野の昔
甘み、渋みのバランスが良く、薄茶だけでなく抹茶ラテなどでも楽しめる。1944円(20g)

H 煎茶 嘉木
煎茶のなかでも濃厚な風味を楽しめる銘茶。まろやかな甘みが口に広がる。3240円(105g)

H ティーバッグセット12
玉露、煎茶、ほうじ茶の3種類が手軽に楽しめるため、おみやげにも人気。702円(12袋入り)

E 本田味噌本店
ほんだみそほんてん
京都御所周辺 MAP 付録P.13 E-3
西京白味噌や赤みそなど種類豊富
創業200年余の味噌の専門店には、京都らしいやさしい白味噌から、味わい深い田舎みそまで種類豊富にラインナップ。

☎075-441-1131
所 上京区室町通一条上558
営 10:00～18:00
休 日曜
交 地下鉄烏丸線・今出川駅から徒歩6分
P 4台

F 京 東寺 うね乃
きょう とうじ うねの
東寺周辺 MAP 付録P.8 A-4
安心&安全な無添加おだし
料理店に愛される昆布やカツオ節の専門店。化学調味料などの添加物を使わないだしパックなど、使いやすいものも豊富。

☎075-671-2121
所 南区唐橋門脇町4
営 10:00～18:00(土曜は～17:00)
休 第2土・日曜、祝日
交 JR西大路駅から徒歩7分
P 2台

G 京・西陣 孝太郎の酢
きょう・にしじん こうたろうのす
京都御所周辺 MAP 付録P.13 E-2
ヘルシーな酢を食べる&飲む
京都の名水と国産米で仕込む酢は、もとは料理店や寿司店への卸専用。プロに愛される味はまろやかで料理の名脇役だ。

☎075-451-2071
所 上京区新町通寺之内上ル東入り上道正町455
営 9:00～17:00
休 日曜、祝日、第2・4土曜
交 地下鉄烏丸線・今出川駅から徒歩10分 P 3台

H 一保堂茶舗
いっぽどうちゃほ
京都市役所周辺 MAP 付録P.14 A-3
最高級のお茶を知る&味わう
享保2年(1717)創業の老舗。茶葉だけでなく、使いやすい茶器などもおすすめ。喫茶室で銘茶を味わうこともできる。

☎075-211-4018
所 中京区寺町通二条上ル常盤木町52
営 10:00～17:00 休 無休
交 地下鉄東西線・京都市役所前駅から徒歩5分
P 6台

絶品の味わいをお持ち帰り。

京都に出かけて味わいたい
華やぎの和菓子

季節ごとの色彩が織り込まれた美しい和菓子。
上生菓子も干菓子も、これを知っていたら
ちょっとツウな気分になれる、そんなお菓子を集めてみました。

A 嘯月
しょうげつ
大徳寺周辺 MAP 付録P.11 E-3

作りたてにこだわる季節の上生菓子

大正5年(1916)の創業以来、作り置きせず完全予約制で引き取り時間に合わせて生菓子を用意。名物は四季を表現するきんとんで、繊細なそぼろが真骨頂。

☎075-491-2464　所北区紫野上柳町6
営9:00～17:00　休日・月曜、祝日
交地下鉄烏丸線・北大路駅から徒歩10分
Pなし

A 上生菓子 各460円～
ういろうの中はピンク色のこし餡「光琳の菊」ときんとん「交錦」(まぜにしき)

B したたり 1200円(1棹)
沖縄産黒砂糖や和三盆などを使った風味豊かな寒天の棹物。通年販売

B 亀廣永
かめひろなが
四条烏丸周辺 MAP 付録P.20 B-3

祇園祭ゆかりのみずみずしい銘菓

透明感が涼を呼ぶ「したたり」はもともと祇園祭の菊水鉾のお茶席の菓子。美しい琥珀羹で黒糖のコクのある甘さとやわらかく上品な口当たりが人気。

☎075-221-5965
所中京区高倉通蛸薬師上ル和久屋町359
営9:00～18:00　休日曜、祝日
交地下鉄烏丸線・四条駅から徒歩5分　Pなし

C 松屋常盤
まつやときわ
京都御所周辺 MAP 付録P.14 A-3

歴代天皇にも愛された味噌松風

御所出入りの店のみ許される白い暖簾を掛け、一子相伝で受け継がれてきた「味噌松風」は、焼いた西京味噌の香りと抑えた甘さで禅味豊か。

☎075-231-2884
所中京区堺町通丸太町下ル橘町83
営9:30～16:30　休無休　交地下鉄烏丸線・丸太町駅から徒歩10分　Pなし

C 味噌松風 900円
カステラ風だがしっかりした食感が特徴。予約が必要。地方発送あり

B 古都大内 1800円(30個入り)
つぶ餡が入った紅白の一口サイズの押物。10～5月の限定販売

D 紫野源水
むらさきのげんすい
大徳寺周辺 MAP 付録P.11 E-4

職人技が光る繊細優雅な有平糖

桜、桃、スミレなどガラス細工のように美しい「有平糖」が評判。代表銘菓「松の翠」や夏季限定の水ようかん「涼一滴」など創意工夫された商品が多い。

☎075-451-8857　所北区小山西大野町78-1
営10:00～18:00　休日曜、祝日
交地下鉄烏丸線・北大路駅から徒歩8分
Pなし

D 有平糖 照葉 1296円(8個入り)
飾って眺めていたいほどの職人技で季節ごとにモチーフが変わる

D 松の翠 1100円(6個入り)
丹波産大納言が入ったようかんをすり蜜で包んだ一口サイズの看板菓子

F わらび餅 378円
透けるようなみずみずしさと口どけに
ファンが多い。10〜6月限定

F 白菊 410円
メレンゲを加えた羽二重餅でふわふわ
な仕上げ。中はこし餡

G 茶寿器 2484円
茶碗には落雁や州浜、有平糖が入って
おり、贈り物として人気

H 花面 929円(6個入り)〜
阿波の和三盆でできた和菓子。能面師
が監修した木型を用いている

E 京のよすが 3700円
別名、「四畳半」とも呼ばれる。季節ご
とに内容が変わるのも楽しみ

F 秋の声 410円
こし餡を包む糸状になった小田巻きん
とんが淡くきめ細か

G 干錦玉 303〜357円
表面はシャリッとした食感で、和風ゼ
リーのようなカラフルな干菓子

H きぬた 918円(1本)
求肥を薄くのばして練羊羹を巻き、和
三盆をまぶした看板商品

E 亀末廣
かめすえひろ
烏丸御池周辺 MAP 付録P.20 A-1

京の風雅を表す干菓子の代表格

創業は文化元年(1804)。"四畳半"に
区切った秋田杉の箱に、季節感あふれ
る可憐な干菓子、有平糖、半生菓子を
敷き詰めた「京のよすが」が名高い。
☎075-221-5110
所 中京区姉小路通烏丸東入ル車屋町251
営 8:30〜18:00　休 日曜、祝日
交 地下鉄・烏丸御池駅から徒歩3分　Pなし

F 聚洸
じゅこう
大徳寺周辺 MAP 付録P.13 D-1

小ぶりで茶人好みの洗練の味

原料の吟味から色、形、銘まで若い主
人の感性が光る店。淡い色合いを微妙
に変えて季節を表現する生菓子や、繊
細なわらび餅も秀逸。3日前に予約を。
☎075-431-2800
所 上京区大宮寺之内上ル
営 10:00〜17:00　休 水・日曜、祝日
交 市バス・天神公園前下車、徒歩5分　Pなし

G 甘春堂 本店
かんしゅんどう ほんてん
三十三間堂周辺 MAP 付録P.17 D-4

お茶に粋な遊び心を添えて

抹茶茶碗そっくりに干菓子でできた
「茶寿器」で知られる老舗。和三盆・落
雁・有平糖・干錦玉など100種類以上揃
える干菓子は愛らしさ満点。
☎075-561-4019
所 東山区上堀詰町292-2
営 9:00〜18:00　休 無休
交 京阪本線・七条駅から徒歩3分　P3台

H 長久堂 北山店
ちょうきゅうどう きたやまてん
上賀茂神社周辺 MAP 付録P.6 C-1

風趣に富んだ和菓子を味わう

江戸時代、初代が郷里丹波で聞いた砧
の音から生まれた「きぬた」が名高い。
店内には創作性豊かな季節の生菓子な
どが揃っている。
☎075-712-4405
所 北区上賀茂畔勝町97-3
営 9:30〜18:00　休 無休
交 地下鉄烏丸線・北山駅から徒歩6分　P4台

華やぎの和菓子

159

行列必至。大人気の豆大福
出町ふたば
でまちふたば
京都御所周辺 MAP 付録P.7 D-3

☎075-231-1658 所上京区出町通今出川上ル青龍町236 営8:30～17:30 休火曜、第4水曜(祝日の場合は翌日) 交京阪鴨東線・出町柳駅から徒歩5分 Pなし

名代豆餅が明治32年(1899)創業以来の名物。往時の大原女や学生のおやつとして愛され、今も連日行列ができるほどの人気商品だ。よもぎの田舎大福や季節菓子も人気。賞味期限は当日限り。

豆餅200円。つきたての餅にこし餡の甘さと赤えんどう豆の塩加減が絶妙

いろいろな味が楽しめるわらび餅と餅菓子
祇園鳴海屋
ぎおんなるみや
祇園 MAP 付録P.22 C-4

☎075-561-7638 所東山区祇園町南側524-3 営8:00～17:00 休水曜 交京阪本線・祇園四条駅から徒歩5分 Pなし

八坂神社のすぐ近く。店先に和三盆、抹茶、黒糖などの定番に桜、イチゴ、ブドウなど季節のわらび餅が並ぶ。試食ができるので好みの味を。石臼で手づきしている餅菓子の種類も豊富。

わらび餅1パック10切入り360円。きな粉別付

やさしい味わいにほっこり
おやつで、ひと休み

小腹がすいたら、手軽に食べられるお菓子を。天気が良ければ、鴨川のほとりに腰を下ろしてひと休みしながら味わうのもいい。

よもぎ栗餅170円。つぶ餡と栗がたっぷり

生銅鑼焼345円(1個)。小倉、サツマイモ、抹茶なども揃っている

黒みつだんご10本入り1080円(ばら売りの販売はなし)。保存は購入日当日までなので早めに召しあがれ

インパクト大の冷やしていただくどら焼
朧八瑞雲堂
おぼろやずいうんどう
上賀茂神社周辺 MAP 付録P.11 D-2

☎075-491-6011 所北区紫竹上竹殿町43-1 営9:00～18:00 休無休 交市バス・下竹殿町下車、徒歩1分 Pなし

直径約8cm、高さ6cmの「生銅鑼焼」は圧巻のボリューム。春は桜やイチゴなどのクリームも登場し、見た目と違ってあっさり軽いテイスト。こし餡を包んだわらび餅の「おぼろ」もおすすめ。

一串二串と手がのびる黒みつだんご
美玉屋
みたまや
下鴨神社周辺 MAP 付録P.7 D-2

☎075-721-8740 所左京区下鴨高木町西入ル下鴨本町18-1 営9:30～18:00 休火曜 交地下鉄烏丸線・松ヶ崎駅から徒歩12分 Pなし

上新粉で作られる団子はわらび餅のような食感。とろりと絡んだ黒蜜とたっぷりのきな粉の風味が人気の「黒みつだんご」が看板商品となっている。夕方には売り切れることもある。

買う●京都味みやげ

モダンなお菓子のニューフェイス

伝統の技を駆使した新進気鋭のお菓子。やさしい口どけと美しいデザインに京のたおやかさがにじむ。

A 葵白 540円
鮮やかな色が印象的なウォーターメロン味の飴。葵は徳川を指す

A 白絹手鞠 540円
つやっと美しい光沢で京飴の定番形ともいえる逸品。レモンライム味

B drawing 780円
カラフルな和菓子のピースを組み合わせて、好きな形を作ることができる

C 京ことば〈松露〉 572円
店主の実家で作られる松露。餡の風味が堪能できる小さな和菓子だ

B りすとどんぐり 1500円
どんぐりをほおばったりすは、秋冬限定の人気者（落雁と金平糖のセット）

C kimono 2538円（5個入り）
ベルギー産ホワイトチョコレートに包まれたケーキで、中の生地やクリームが異なる8種類

A 雛 388円（単品）
小サイズの飴。数種類のなかから好きなものを選び、かわいいボックスに入れて詰め合わせにできる。2個セット777円、3個セット1080円、5個セット1620円

A 老舗が手がける宝石のような京飴

Crochet 京都本店
クロッシェ きょうとほんてん

四条河原町周辺　MAP 付録P.16 C-2

創業140年の京飴の老舗工房の技を生かした飴は、見た目のかわいさにうっとり。パッケージもかわいいのでおみやげにも喜ばれる。

☎075-744-0840
所 下京区綾小路富小路東入ル塩屋町69
⏰ 10:30～19:00
休 不定休
交 地下鉄烏丸線・四条駅から徒歩7分
P なし

B おいしい&楽しいポップな干菓子

UCHU wagashi 寺町本店
ウチュウ ワガシ てらまちほんてん

京都御所周辺　MAP 付録P.14 A-3

色や形がユニークな落雁を提案するウチュウワガシ。金平糖との組み合わせもおいしくてかわいい。御所そばの寺町本店のほか、京都タワーにも支店あり。

☎075-754-8538
所 上京区寺町通丸太町上ル信富町307
⏰ 11:00～17:00
休 火・水曜
交 地下鉄烏丸線・丸太町駅から徒歩7分
P なし

C あでやかな着物を思わせる上品なプチケーキ

京纏菓子 cacoto
きょうまといかし カコト

四条烏丸周辺　MAP 付録P.16 C-3

縁起の良い吉祥柄が目を引く「kimono」が看板メニュー。口どけがよいスポンジケーキで、煎りごまや抹茶など、さまざまな味が楽しめる。

☎075-351-2946
所 下京区東洞院通松原下ル大江町553-5
⏰ 10:00～18:00
休 日曜、ほか不定休あり
交 地下鉄烏丸線・五条駅から徒歩4分
P なし

おやつで、ひと休み／モダンなお菓子

美食の街のおいしい宝石箱
帰りも楽しくなる
京都のお弁当

京都の料亭や仕出し店では、
お弁当や折詰の持ち帰りは一般的。
桜の季節の鴨川沿いや、新幹線の車中で楽しんで。

茶福箱（持ち帰り用）
4750円
美しい真田紐の結びを解くと、二段のお重に料理がぎっしり。膝掛けがセットになっているのもうれしい（夏季は販売休み）

仕出し料理の名店で
季節の味をおあつらえ
三友居
さんゆうきょ
銀閣寺周辺 **MAP** 付録 P.15 E-1

☎ 075-781-8600
所 左京区北白川久保田町22
営 11:00～18:00(LO)　休 水曜
交 市バス・銀閣寺道下車、徒歩2分
P なし

出張茶懐石の専門店として知られる名店。茶懐石を味わう機会がなくとも、その味を気軽に楽しめる竹籠弁当は、リピートするファンが多いのもうなずける。

竹籠弁当
3780円
ほぼ毎月内容が変わるという弁当は、美しい竹籠入り。20種類近い旬の料理が詰め込まれていて、見ているだけでも楽しい

● 3日前までに要予約

食通が通う人気店の
知る人ぞ知る名物弁当
井政
いまさ
梅小路周辺 **MAP** 付録 P.8 A-3

中央卸売市場のそばにある料理店だけに、食材にこだわり、食通のファンも多い。お弁当は店内で食べられるほか、予約すれば京都駅へ配達もしてくれる。

☎ 075-313-2394
所 下京区七条御前西入ル
営 11:00～21:00(LO19:00)
休 火曜（祝日の場合は営業）
交 市バス・七条御前通下車すぐ　P 2台

● 5日前までに要予約

折詰弁当（花）
5400円
一度は食べたい名物の出し巻玉子のほか、冷めてもおいしい料理がぎっしり詰まった贅沢な内容
※6～9月は要問い合わせ

☎ 075-561-0413
所 東山区新門前通大和大路東入ル西之町213
営 11:30～19:00
休 日曜、第2・最終月曜、ほか不定休あり　交 京阪・三条駅から徒歩7分　P なし

見て、食べて、楽しむ
色とりどりの京料理
菱岩
ひしいわ
祇園 **MAP** 付録 P.22 B-2

天保初年(1829)創業の祇園を代表する仕出し料理店。こだわりのだし巻きと白いご飯に加え、定番・旬の食材を用いたさまざまな料理をちりばめたお弁当は、色彩も豊かだ。

● 前日までに要予約

買う ● 京都味みやげ

ジェイアール京都伊勢丹でも老舗のお弁当が買えます

京都駅直結のジェイアール京都伊勢丹なら、お弁当の受け渡しが便利。20以上の店の弁当のなかから選べる。

便利なうえによりどりみどり　予約してスムーズに受け取り

ジェイアール京都伊勢丹
ジェイアールきょうといせたん

B2 老舗・名店弁当

京都駅周辺 MAP 付録P.18 C-1

ジェイアール京都伊勢丹は、京都ならではの名店のお弁当が買える便利なスポットで、辻留や魚三楼、はり清など料亭のお弁当も揃う。販売日、数量が限られているため予約は必須。特に行楽シーズンは混雑するので早めにオーダーを。
※季節により内容は変更

- ☎075-352-1111（大代表）
- 所 下京区烏丸通塩小路下ル東塩小路町
- 営 10:00～20:00　休 不定休　交 京都駅直結
- P 京都駅ビル駐車場利用

ジェイアール京都伊勢丹オンラインストア
isetan.mistore.jp/kyoto/
一部商品は上記サイトからもネット予約ができる。受け取りは伊勢丹店舗（地下2階 老舗・名店弁当／各ショップ）で。

各店のプロフィール

紫野和久傳 大徳寺店／堺町店
むらさきのわくでん だいとくじてん／さかいまちてん
料亭の料理人が仕立てるおもたせ専門店。京都駅直結のJR西口改札前イートパラダイスにある「はしたて」でも、鯛の胡麻味噌寿司や鯖寿司などがテイクアウトOK（二段弁当の取り扱いはなし）。

六盛
ろくせい
手をけ弁当で知られる老舗。手まり寿司弁当のほか丸弁当など、愛らしく値段も手ごろな弁当がいろいろ揃っている。

辻留
つじとめ
東山三条に看板を掲げる出張専門の茶懐石料理店。裏千家出入りの名店によるこだわりの素材を使った折詰を提供している。

2日前までに要予約

紫野和久傳
二段弁当
4860円
和久傳特製の鯛ちらしに四季折々の料亭の味を数十種類合わせた重ね弁当。月曜日は販売なし（月曜が祝日の場合は火曜休）

1日前までに要予約

辻留 辻留弁当 5400円
季節に応じた寿司、旬の魚の焼き物などが入り、素材の持ち味を生かしたお弁当

六盛
手まり寿司弁当
1696円
食べやすい小さな手まり寿司7個とおかずがセットになった、コストパフォーマンスの高いお弁当。ほかに、丸弁当もおすすめ

3日前までに要予約

※予約情報は店頭・電話での内容です。

京都のお弁当

バラエティ豊か！和菓子も洋菓子も、正統派もポップなお菓子も
名店の特別なお菓子を京都駅で買う。

有名店・人気店のみやげも豊富に揃う京都駅。駅の店舗のみの限定品もあるので、好みに合わせて選んでみたい。

買う●京都味みやげ

京都銘菓・八ッ橋の名店が紡ぐ新定番

京ばあむ 1166円(3.5cm厚1個)
宇治抹茶と京都産豆乳のしっとりふんわりバームクーヘン
●おたべ

おたべ 594円(10個入り)
生八つ橋で自家製のつぶ餡を包んだ銘菓。味はにっきと抹茶の2種類
●おたべ

こたべ 各378円(5個入り)
おたべの一口サイズ。王道のにっきと抹茶のほか、季節限定の味（写真は冬限定）も。パッケージデザインもかわいい
●おたべ

小口(こごう) 864円(25個入り)
小さな大徳寺納豆を入れた和三盆製落雁。大徳寺納豆の塩味と和三盆糖の甘さを楽しみたい
●塩芳軒

京都らしさを感じる洗練された味わい

お濃茶フォンダンショコラ 生の菓 1251円(5個入り)
口どけなめらかなお濃茶のフォンダンショコラは、濃厚な風味が印象的。冷やすとさらに深みがアップ
●マールブランシュ

正統的名店の京菓子が京都駅でも買える

 1501円(10枚入り)

お濃茶ラングドシャ 茶の菓
特製ホワイトチョコをサンドしたお濃茶のラングドシャ
●マールブランシュ

さざれ石 864円(70g入り)
和三盆100%の干菓子。硬めに仕上げ、口の中でスッととける食感を楽しめる
●塩芳軒

誰にも愛される定番が目白押し
おたべ

🗺 付録 P.18 C-1

人気の「おたべ」を筆頭に、数々の京みやげが店頭に並ぶ。限定商品から、新定番になりつつあるお菓子まで幅広く揃えている。

所 京都駅前地下街ポルタ京名菓
☎ 075-343-3085(ポルタ京名菓)
営 10:00〜20:30(金・土曜は〜21:00)
休 不定休

京の感性が生きた上質な洋菓子
マールブランシュ

🗺 付録 P.18 C-1

思わず手に取ってしまうほど、かわいいお菓子や京都限定の抹茶スイーツを手がける洋菓子店。6階にはひと息つけるサロンもある。

所 ジェイアール京都伊勢丹B1
☎ 075-352-1111(ジェイアール京都伊勢丹・大代表)
営 10:00〜20:00
休 不定休

意匠や風味に老舗の品格
塩芳軒
しおよしけん

🗺 付録 P.18 C-1

明治15年(1882)創業の老舗。風格ある本店店舗は、京都市歴史的意匠建造物にも指定されている。茶人にも愛され、上質の素材で作る干菓子に定評がある。

所 京都駅前地下街ポルタ京名菓
☎ 075-343-3085(ポルタ京名菓)
営 10:00〜20:30(金・土曜は〜21:00)
休 不定休

名店の特別なお菓子を京都駅で買う。

▶540円(5本入り)

有平糖
西陣、嵯峨野、祇園など京の名所をイメージしたポップな飴菓子。
● 鶴屋吉信 IRODORI

▶972円(4個入り)

老舗が魅せる新感覚のかわいいお菓子

IROMONAKA（個包装）
ころんとカラフルな人気の最中。小倉、こし餡、抹茶、季節限定風味の餡の4種類
● 鶴屋吉信 IRODORI

▶810円(5枚入り)

ヌガティン
八ッ橋を飴やキャラメル掛けにした濃厚なお菓子。シナモン味など2種ある
● nikiniki á la gare

IRODORI ようかん
おしゃれなスクエア型の一口ようかん。味はイチゴ、サクランボ、レモン、ヨーグルトの4種類
● 鶴屋吉信 IRODORI

▶1026円(4個入り)

▶713円(4個入り)

ミニつばらつばら
もっちり食感で人気の焼き菓子「つばらつばら」のミニサイズ。小倉と季節限定風味の餡の2種類を用意
● 鶴屋吉信 IRODORI

▶1080円(24本入り)

カネール
薄く焼き上げ、スティック状に丸めた八ッ橋。シナモンとコーヒーの2種の詰め合わせ
● nikiniki á la gare

京都定番みやげの新しい楽しみ方を提案

生ちゃこれーと
お茶の風味が口の中いっぱいに広がる口どけのいいチョコレート
● 中村藤吉本店

▶1296円(20個入り)

▶391円(1個)

生茶ゼリイ
喉ごしのいい生茶ゼリイは抹茶とほうじ茶の2種がある
● 中村藤吉本店

▶1620円

うじていら
しっとり焼き上げたカステラ。ざらめの食感がアクセント
● 中村藤吉本店

お茶の専門店が作る絶品スイーツ

老舗のポップな和菓子
鶴屋吉信 IRODORI
つるやよしのぶ イロドリ

MAP 付録 P.18 C-1

享和3年(1803)創業の鶴屋吉信が、オリジナル商品を販売する新ブランド。伝統の和菓子をおしゃれなパッケージに詰めた新感覚のお菓子が手に入る。

所 アスティロード
☎ 075-574-7627
営 11:00〜19:00(土・日曜、祝日は〜20:00)、カフェ・テイクアウト11:00〜20:00 休 無休

かわいい系のおみやげならココ
nikiniki á la gare
ニキニキ アラ ギャール

MAP 付録 P.18 C-1

京銘菓「八ッ橋」で知られる「聖護院八ッ橋総本店」の新ブランド。和洋のエッセンスを取り入れた新しくてキュートなお菓子は、贈り物にも好適。

所 アスティ ロード 京都おもてなし小路
☎ 075-662-8284
営 9:00〜20:00 休 無休

老舗茶商が手がけるスイーツ
中村藤吉本店 京都駅店
なかむらとうきちほんてん きょうとえきみせ

MAP 付録 P.18 B-1

創業160年以上の茶商。宇治の本店は連日行列のできる盛況ぶり。お茶の専門店ならではのスイーツは、ゼリーからカステラまで多彩な顔ぶれ。

所 ジェイアール京都伊勢丹 レストラン街(JR西口改札前イートパラダイス)3F ☎ 075-352-1111(ジェイアール京都伊勢丹・大代表) 営 11:00〜22:00、カフェ11:00〜22:00(LO21:00) 休 不定休

165

京都中心部から足をのばして

平等院、『源氏物語』…。平安時代の雅な面影を残す街

宇治（うじ）

極楽浄土をこの世に現出させた平等院に、
甘く切ない恋の物語を秘めた石碑の数々。宇治川の両岸には、
優雅な歴史物語への空想をかきたてる古跡が点在する。

↑宇治川に架かる朝霧橋。色鮮やかな朱塗りの欄干が平安時代を偲ばせるよう

『源氏物語』宇治十帖の舞台は平安貴族に愛された別荘地

凛と空気の澄んだ朝、なだらかな山々を背に、穏やかな宇治川水面から立ち上る川霧が美しい。風光明媚な自然に囲まれ、平安貴族の別荘地として栄えた。

『源氏物語』宇治十帖では、この地を舞台に、薫君と匂宮、そして宇治の姫君たちをめぐる甘く切ない恋物語が描かれる。物語の重要な場所となる八の宮山荘があったのは、平等院の対岸、宇治上神社のあたりで、宇治川周辺にはほかにも物語に縁深いスポットが点在する。

ACCESS

京都駅からJR奈良線で宇治駅まで17〜30分、またはJR奈良線で25〜30分、黄檗駅で京阪宇治線に乗り換え、三室戸駅まで3分、宇治駅まで5分

絢爛華麗な大伽藍
この世に極楽浄土が顕現する

平等院（びょうどういん）
【世界遺産】

永承7年（1052）、藤原頼通が父・道長の遺した別荘を寺院に改めたのが起源。10円硬貨でもおなじみの阿弥陀堂（鳳凰堂）は、2014年に改修され往時の姿が蘇った。色鮮やかなその姿が、穏やかな水面に美しく反映する景観は、まるで極楽浄土を現実に出現させたかのよう。春には、境内の「砂ずり藤」と呼ばれる藤棚も見事。

MAP 本書P.167 B-2

☎0774-21-2861　⊕宇治市宇治蓮華116
⏰8:30〜17:30（受付は〜17:15）、平等院ミュージアム鳳翔館9:00〜17:00（入館は〜16:45）　無休　￥600円、鳳凰堂内部拝観は志納金別途300円　🚃JR宇治駅／京阪宇治線・宇治駅から徒歩10分　Ｐなし

↑平等院の子院、浄土院に建つ禅宗様の羅漢堂。江戸時代の茶人によって建立された

↑国宝の梵鐘や鳳凰像、雲中供養菩薩像をはじめ、数々の寺宝を展示する平等院ミュージアム鳳翔館

穏やかな阿字池の水面に美しく反映する阿弥陀堂（鳳凰堂）

平等院 MAP

- 藤棚
- 表門（北門）
- 扇の芝
- 受付
- 観音堂
- 宇治川
- 藤棚
- 最勝院
- 不動堂
- 阿字池
- 源頼政墓地
- 阿弥陀堂（鳳凰堂）
- 羅漢堂
- 浄土院
- 平等院ミュージアム鳳翔館
- 六角堂
- 鐘楼
- 養林庵書院
- 茶房 藤花
- 南門
- 門前広場

さらに遠くの名刹へ

ツツジ、アジサイ、蓮
「花の寺」とも呼ばれる

三室戸寺
みむろとじ

かつては御室戸寺と称したが光仁、花山、白河の3天皇の離宮になったことから、三室戸寺と寺号を改めた。約5000坪もある大庭園は四季折々の花で彩られ、さまざまな花の名所として名高い。

MAP 本書P.3 F-1

☎0774-21-2067 ㊟宇治市菟道滋賀谷21 ㊋8:30〜16:30（11〜3月は〜16:00、受付は各30分前まで）宝物館は毎月17日9時から20分に限り開扉 ㊡8月13〜15日、12月29〜31日 ㊙500円（アジサイ園、ツツジ園開園期間は800円）、宝物館別途500円 ㊋京阪宇治線・三室戸駅から徒歩15分 ㊗300台（有料）

↑本堂前に咲くのは、200鉢に植えられた蓮

明の高僧が開創した
黄檗宗の中心寺院

萬福寺
まんぷくじ

江戸時代前期、明の国から来日した隠元禅師が寛文元年（1661）に開いた禅寺。伽藍建築、仏像、儀式作法などすべてが中国の明朝様式で、寺内のいたるところに中国情緒が感じられる。

MAP 本書P.3 F-1

☎0774-32-3900 ㊟宇治市五ケ庄三番割34 ㊋9:00〜17:00（受付は〜16:30） ㊡無休 ㊙500円 ㊋JR黄檗駅／京阪宇治線・黄檗駅から徒歩5分 ㊗50台（有料）

↑大雄宝殿とは中国・朝鮮の寺院で本堂にあたる建物を指す

凛とした空気が漂う境内
本殿は日本最古の神社建築

宇治上神社
うじかみじんじゃ

世界遺産

世界遺産にも登録されている古社。日本最古の神社建築といわれる本殿は、平安時代後期に建てられた。2015年に、約2年がかりで行われた本殿と拝殿の御屋根替が完了した。

MAP 本書P.167 B-1

☎0774-21-4634 ㊟宇治市宇治山田59 ㊋9:00〜16:30 ㊡無休 ㊙無料 ㊋JR宇治駅から徒歩20分／京阪宇治線・宇治駅から徒歩10分 ㊗なし

→拝殿の前には清め砂と呼ばれる、円錐状の砂山がある

→現存する最後の宇治七名水「桐原水」が湧く

→3棟の内殿が覆屋で覆われている本殿。本殿と拝殿は、ともに国宝に指定されている

深緑、清流、花、紅葉。自然の穏やかな営みに心和む

大原
おおはら

緑が豊かに茂る山道をゆき、川のせせらぎに涼を感じつつ、趣に満ちた名庭を訪ねる。
四季折々の色鮮やかな自然が心を癒やす、京の隠れ里へ。

豊かな自然と文化に包まれた山里
ハイキング気分で名庭巡り

大原三山の山あいにある大原は、青々と繁茂する深緑や赤く色づく紅葉など、季節ごとの自然の景色が美しい山里。天台声明（仏教音楽）の修練地として名高く、声明の道場として開かれた寺も多い。そのため、三千院一帯は唐の声明の聖地名にちなみ、魚山とも呼ばれる。
あぜ道や広がる畑の中に建つ古民家に山里の風情を感じつつ、森閑とたたずむ古刹に声明の音韻がどのように響いたのだろうかと、思いを馳せるのも一興だ。

--- ACCESS ---

京都駅から京都バス17系統大原行きで約1時間10分、大原バス停下車、または京都駅から地下鉄烏丸線・国際会館駅まで行き、京都バス19系統大原・小出石行きに乗り換え約25分、大原バス停下車

↑三千院のわらべ地蔵（杉村孝 作）。有清園の弁天池脇に生える苔の中で静かに寄り添っている

季節を映し出す2つの庭
洛北大原を代表する名刹

三千院
さんぜんいん

四季折々の自然が美しい有清園と、池泉観賞式の聚碧園、2つの庭園で知られている。延暦年間（782〜806）、最澄が比叡山東塔に建てた一院を起源としており、天台宗五箇室門跡にも数えられる。往生極楽院に、国宝の阿弥陀三尊坐像が祀られる。

MAP 本書P.169 C-2
☎075-744-2531
⌂左京区大原来迎院町540
⏰9:00（11月8:30）〜17:00（12〜2月は〜16:30）無休 700円
🚌京都バス・大原下車、徒歩10分
🅿なし

↑有清園を前にたたずむ往生極楽院。堂内の壁画と天井は、かつて極楽浄土を表す極彩色の絵が描かれていた

↑杉木立から洩れる日差しが、苔庭をあたたかく照らす有清園
↑客殿から眺める聚碧園。よく手入れされており、奥行きのある空間演出が素晴らしい池泉観賞式庭園だ

秋に咲く不断桜で有名なお寺
趣の異なる2つの庭園も見事

実光院
じっこういん

天台声明を伝承するために建てられた勝林院の子院で、声明を学ぶ僧侶が住持した。客殿には声明のための楽器が並ぶ。抹茶とお菓子をいただきながら、美しい庭園を眺める心穏やかな時間を過ごすこともできる。

MAP 本書P.169 C-1
☎075-744-2537 ⌂左京区大原勝林院町187
⏰9:00〜16:00（11月は〜16:30）
無休 500円（茶菓料別途300円）
🚌京都バス・大原下車、徒歩10分 🅿なし

↑観賞式の契心園と回遊式の旧理覚院庭園、2つの庭園が有名。写真は契心園

柱と鴨居を額縁に見立てた「額縁庭園」が素晴らしい

宝泉院
ほうせんいん

勝林院の塔頭寺院で、絵画のような「額縁庭園」で知られる。客殿は、徳川家康の家臣の鳥居元忠らが伏見城で自刃した際の床板を、供養のため移築した「血天井」があることでも有名。

↑「理智不二」と名付けられた珍しい二連式の水琴窟

↑樹齢700年を超える五葉松を望む圧巻の景色

MAP 本書 P.169 C-1
☎075-744-2409 所左京区大原勝林町187 時9:00～17:00(受付は～16:30) 休無休(1月3日は要問い合わせ) 料800円(茶菓付) 交京都バス・大原下車、徒歩15分 Pなし

平家滅亡後に建礼門院が身を寄せた

寂光院
じゃっこういん

推古天皇2年(594)、聖徳太子が父の用明天皇のために建立したと伝わる尼寺。文治元年(1185)には平清盛の娘、建礼門院が隠棲し、壇ノ浦で滅亡した平家一門の菩提を弔うために、晩年を過ごした寺としても知られる。

←←本堂前には『平家物語』にちなむ汀の池などがあり、往時を偲ぶことができる(上)。本堂は2000年に焼失してしまい、2005年に再建された(左)

MAP 本書 P.169 A-1
☎075-744-3341
所左京区大原草生町676
時9:00～17:00(冬期は～16:30)
休無休 料600円 交京都バス・大原下車、徒歩15分 Pなし

山里で採れた野菜が並ぶ朝市

毎週日曜の早朝に開催される「大原ふれあい朝市」。大原一帯で採れた旬野菜は新鮮そのもので、京都市内の名店の料理人も買いにくるほど。珍しい品種の野菜は、販売している農家さんに調理法を尋ねてみよう。

大原ふれあい朝市
おおはらふれあいあさいち

MAP 本書 P.169 A-2
☎075-744-4321(里の駅 大原)
所左京区大原野村町1012
時日曜6:00～9:00 交京都バス・野村別れ下車、徒歩5分 P77台

大原

鞍馬・貴船 くらま・きぶね

天狗から兵法を学んだ義経伝説が息づく霊峰・鞍馬山

鬱蒼とした木々が影を落とす鞍馬山は、
天狗の住み処にふさわしい幽玄な雰囲気が漂う。
鞍馬山を下ると、涼しげな貴船川のせせらぎが聞こえてくる。

↑貴船神社の奥の院。鞍馬・貴船は自然豊かな京都の一面を知ることのできるエリアだ

天狗が棲むという鞍馬山を抜け清らかな水が流れる貴船へ

牛若丸(源義経の幼名)がこの地で過ごした7歳から16歳までの間、学問を修める傍ら、奥の院魔王殿に至る僧正ヶ谷で天狗に武芸の手ほどきを受けていたという。山内、本坊から奥の院までの杉木立に覆われた木の根道には、不動堂、義経堂、義経公背比石などが点在。

奥の院から坂を下っていくと、清らかな水に恵まれた貴船へとたどり着く。貴船川沿いに料理旅館などが立ち並び、夏には川床に涼を求める人で賑わう。

ACCESS

出町柳駅から叡山鞍馬線で約30分、鞍馬駅または貴船口駅へ。貴船口駅から貴船方面へは、京都バスが運行。2020年12月現在、叡山鞍馬線の市原〜鞍馬間は、土砂崩れの影響により運休中。運休期間中は市原バスターミナルからバスを利用

京都中心部から足をのばして

義経にまつわる史跡が残る山まるごとを境内とする古刹

鞍馬寺 ➡P.98
くらまでら

宝亀元年(770)に鑑真和上の高弟、鑑禎上人が開創したと伝わる鞍馬山尊天を本尊とする寺院。霊宝殿では、1階に鞍馬山の動植物や鉱石、2階に寺宝などが展示されている。

MAP 本書P.171 B-1

↑牛若丸が修行の休憩に喉を潤したといわれる湧き水。今なお水が湧き出している

↑鞍馬寺の本殿前には、金剛床という石畳があり、パワースポットとしても人気を集めている

牛若丸伝説が残る鞍馬山中木の根が這う不思議な道

木の根道
きのねみち

鞍馬山の山頂から奥の院魔王殿までの山道。木の根が岩盤に阻まれて露出したままの道が続く。

MAP 本書P.171 A-1

↑大木の根が地面を這うように絡み合う

↑義経が鞍馬山を離れ、奥州へと旅立つときに名残を惜しんで背比べをしたといわれる「義経公背比石」

水を司る神様を祀る古社
良縁祈願をする人の姿も

貴船神社
きふねじんじゃ

鴨川の水源である貴船川沿いに建つ。主祭神として水を司るといわれる高龗神が祀られており、古くから信仰を集めてきた。本宮と奥宮の中間にある結社は、縁結びのご利益があるパワースポットとしても人気が高い。

MAP 本書P.171 A-1

☎075-741-2016 ㊟左京区鞍馬貴船町180 ㊕授与所9:00〜17:00 ※ライトアップ期間中など、時季により延長あり ㊡無休 ㊎無料 ㊋京都バス・貴船下車、徒歩5分 Ⓟ25台（有料）

↱緑に朱の灯籠が映える参道石段

↱境内にあるご神水に浸すと、文字が浮かびあがる水占（みずうら）みくじ

↱本宮からさらに貴船川を上流へ向かうと、結社、奥宮にたどり着く

夏の暑い日に楽しみたい
貴船の涼やかな川床料理

京都の夏の風物詩といえば川床。川岸で楽しむ鴨川の川床に対し、川のすぐ真上に設けられた桟敷で楽しむのが貴船流。川に足がつけられるほど近く、涼しさがダイレクトに感じられる。例年、5月1日から9月末頃までの期間で各料理旅館などが営業している。

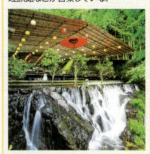

日本三大火祭・京都三大奇祭
のひとつ「鞍馬の火祭」

由岐神社
ゆきじんじゃ

鞍馬山の参道沿いにあり、10月22日に行われる京都三大奇祭のひとつ「鞍馬の火祭」で有名な古社。国の重要文化財に指定されている割拝殿は、石段の参道が建物の中央を通り抜ける、珍しい造りになっている。

MAP 本書P.171 B-1

☎075-741-1670 ㊟左京区鞍馬本町1073 ㊡㊎境内自由 ㊋叡山鞍馬線・鞍馬駅から徒歩10分 Ⓟなし

↱小さな祠に祀られた大杉は、樹齢800年を超える老巨木

↱鞍馬山のケーブルカーに乗ると、通り過ぎてしまうので注意

周辺図 本書P.2-3
0　300m
1:25,000

鞍馬・貴船

171

高雄
たかお

美しい北山杉とモミジ、渓流、自然に抱かれる風景

古くから人々がモミジ狩りを楽しんだとされる高雄の紅葉は、16世紀の絵画『観楓図屏風(国宝)』にもその様子が描かれている。

↑夏の風物詩川床。カエルの声やホタルの舞いとともに、渓流から獲れたての鮎を味わえる

古来から愛されてきた紅葉の名所
日帰りで自然を満喫できる景勝地

　高雄地域にある、高雄(尾)、槇尾、栂尾の三山は、「三尾(さんび)」と称され、古来より京都を代表する紅葉スポットとして知られている。秋の燃えるような紅葉の絶景はもちろんのこと、山桜やツツジが山を彩る春、まぶしい新緑のモミジ、涼をとる渓流の川床、宝物が眠る高山寺や神護寺などの古刹巡りといった、四季折々の楽しみ方がある。豊かな自然と歴史を感じる景勝地で、京都観光の定番から、一歩先の魅力を発見したい。

ACCESS
京都駅からJRバス周山／栂ノ尾行きで約50分、山城高雄バス停または栂ノ尾バス停下車
※二条駅前、竜安寺前などを経由

京都中心部から足をのばして

鳥獣人物戯画で名高い 栂尾の古刹は世界遺産
高山寺
こうざんじ

世界遺産

創建は奈良時代にまで遡るとされている寺は、建永元年(1206)に明恵(みょうえ)上人が高山寺として再興。所蔵する国宝、重要文化財は1万点余りにおよぶ文化財の宝庫。日本最古の茶園も。

↑杉木立の中の石段を上り、境内の最も奥まった場所に金堂がある

MAP 本書P.172 ①

☎075-861-4204　 右京区梅ヶ畑栂尾町8　 8:30〜17:00　 無休　 石水院800円(紅葉シーズンは入山料500円)　 JRバス・栂ノ尾下車、徒歩3分　 50台(市営駐車場利用、11月のみ有料)

↑元和9年(1623)再建の五大堂と毘沙門堂。境内を埋め尽くす紅葉も美しい

高雄山の中腹にたたずみ 多くの国宝を所蔵する寺
神護寺
じんごじ

和気清麻呂(わけのきよまろ)公が建てた愛宕五坊のひとつ。最澄や空海などが活躍し、平安仏教発祥の地となった。唐から帰朝した空海が14年間住持し、真言密教の基礎を築いた場所でもある。

MAP 本書P.172 ②

↑金堂まで続く自然石の石段は風情たっぷり

☎075-861-1769　 右京区梅ヶ畑高雄町5　 9:00〜16:00、宝物虫払い行事5月1〜5日9:00〜16:00(神護寺書院)、多宝塔特別拝観「五大虚空蔵菩薩像」5月13〜15日、10月第2月曜(祝日)を含む3連休10:00〜15:00、大師堂特別拝観「板彫弘法大師像」11月1〜7日9:00〜16:00　 無休　 600円(宝物虫払い行事時は800円、大師堂特別拝観は別途500円)　 JRバス・山城高雄下車、徒歩15分　 なし

醍醐(だいご)

京都随一と名高い桜の名所で「醍醐の花見」気分を

秀吉が最晩年の春に開催した醍醐の花見は1300人を招待したとされる盛大な宴。満開の桜の下、当時の光景が目に浮かぶようだ。

豊臣秀吉最後の豪遊とされる いにしえの花見の宴に思いを馳せる

醍醐寺をはじめ、小野小町ゆかりの随心院(P.113)、朱雀天皇醍醐陵、醍醐天皇後山科陵、また忠臣蔵の登場人物にまつわる寺や神社、明智光秀の胴塚などが点在する醍醐。花の名所になっている名刹も多く、桜や紅葉の名所としても知られるようになったのは、慶長3年(1598)に秀吉が行った「醍醐の花見」のために、約700本の桜を集めて植えさせたからだと伝えられている。春に桜が咲き乱れる美しい風景は圧巻。

ACCESS
京都駅からJR東海道本線で5分、山科駅下車。地下鉄東西線に乗り換えて、小野駅まで6分、醍醐駅まで9分

↑河津桜、しだれ桜、ソメイヨシノ、山桜など醍醐寺の桜は種類が多く約1カ月間次々と咲き続ける

膨大な寺宝を守り続ける古都京都の文化財寺院
醍醐寺(だいごじ) 【世界遺産】

醍醐山全山を寺域とする大規模寺院は、貞観16年(874)に聖宝が醍醐水の霊泉を得て建立した堂が起源。国宝や文化財の伽藍や美術品を多く所蔵することでも知られる。桃山時代の栄華を物語る三宝院の庭園は秀吉が自ら基本設計した。

MAP 本書P.173 2
☎075-571-0002 ⌂伏見区醍醐東大路町22 ⏰9:00～17:00(12月第1日曜の翌日～2月は～16:30、受付は各30分前まで) ※春期は変更の場合あり ❌無休(霊宝館は休館日あり、HPで要確認) 💴三宝院庭園・伽藍1000円(春期は霊宝館庭園を含め1500円) 霊宝館仏像棟通常期無料 ※ほかHPで要確認 🚇地下鉄東西線・醍醐駅から徒歩10分 🅿約100台(有料)

↑醍醐天皇の菩提を弔う五重塔は天暦5年(951)建立、京都最古の木造塔

↑桜とモミジが映える仁王門に立つ平安後期の金剛力士像の表情に注目

季節の花が絶えない上品で雅な門跡寺院
勧修寺(かじゅうじ)

醍醐天皇が生母・藤原胤子の菩提を弔うために創建。境内は春から夏にかけてさまざまな花が咲き誇り、秋の紅葉も美しい。樹齢750年を超えるハイビャクシンや水戸光圀寄進の石灯籠も必見。

MAP 本書P.173 1
☎075-571-0048 ⌂山科区勧修寺仁王堂町27-6 ⏰9:00～16:00(最終受付) ❌無休 💴400円 🚇地下鉄東西線・小野駅から徒歩6分 🅿40台

↑氷室池を中心とする庭園は、周囲の山を借景としている

伏見 ふしみ

良質な湧き水に恵まれた風情ある歴史と酒蔵の街

天下の酒どころとして知られる伏見、その見どころは酒蔵だけではない。さまざまな歴史上の重要事件を目撃してきた地でもあった。

↑伏見から米や酒を大阪に輸送していた港町の歴史を物語る十石舟と張りめぐらされた水路

皇室や平安貴族の別荘地と近代日本の夜明けの舞台

かつてこの地は「伏水」と呼ばれ良質の地下水に恵まれていた。山紫水明の地として、平安期に別荘地として好まれた伏見は、伏見城の築城によって、桃山時代に絢爛豪華な文化を開花させる。酒造りが盛んになった江戸時代には、港町として栄え、明治後期には天下の酒どころとしてその名を馳せた。一方で、この地は鳥羽・伏見の戦いが繰り広げられた激動の地でもあり、近代日本の夜明けの舞台でもあった。

ACCESS

京都駅からJR奈良線で3分、東福寺駅下車。京阪本線に乗り換えて18分、中書島駅下車

京都中心部から足をのばして

幕末の歴史ファン必見 龍馬も逗留した船宿
史跡 寺田屋
しせき てらだや

薩摩藩急進派が集結し、乱闘の末9名が死亡した文久2年(1862)寺田屋騒動の現場となった船宿。また慶応2年(1866)には、逗留中の坂本龍馬が、伏見奉行所の捕方に襲われたが、難を逃れた。

↑建物は鳥羽・伏見の戦いで焼失後、再建されたともいわれる

MAP 本書P.174 ①
☎075-622-0243 ㊟伏見区南浜町263
⏰10:00〜16:00(受付は〜15:40)
㊡月曜不定休 ¥400円 ㊋京阪本線・中書島駅から徒歩5分 Ⓟなし

カッパでおなじみの清酒 お酒とカッパの歴史探訪
黄桜記念館
Kappa Gallery
きざくらきねんかん カッパ ギャラリー

大正14年(1925)創立の清酒メーカー「黄桜」の資料館。酒造りについて学べるジオラマやパネルなどが展示され、歴代のCMが見られるコーナーもある。キャラクターにもなっているカッパの資料館では、カッパの起源や歴史を紹介。

MAP 本書P.174 ①
☎075-611-9919 ㊟伏見区塩屋町228 ⏰10:00〜16:00 ㊡月曜(祝日の場合は開館) ¥無料 ㊋京阪本線・中書島駅から徒歩7分 Ⓟ20台

↑酒造りの工程や昔の酒造りの道具などを展示しているお酒の資料館

↑河童資料館では、おなじみ「カッパッパ〜」の曲が流れる

伏見に張りめぐらされた水路を往く

江戸時代に酒蔵の水運輸送を担った十石舟に揺られる水上観光。酒蔵と季節の花が織りなす美しい風景を満喫できる。

十石舟
じゅっこくぶね

MAP 本書P.174 ②
☎075-623-1030(受付窓口) ㊟伏見区南浜町247
⏰10:00〜16:20(20分間隔で運航) ㊡月曜(祝日の場合は運航、4・5・10・11月は無休) ¥1200円
㊋京阪本線・中書島駅から徒歩4分 Ⓟなし

周辺図 本書P.2-3
0 100m
1:11,000

① 黄桜記念館 Kappa Gallery P.174
② 史跡 寺田屋 P.95/P.174
③ 十石舟(乗り場) P.174

伏見稲荷駅
月桂冠大倉記念館
宇治川派流
伏見南浜小
長蓮寺
京都市伏見区
中書島
京阪本線
中書島駅
枚方市駅
京阪宇治線
宇治駅

174

西山 にしやま

貴族の栄華に思いを馳せながら愛でる桜やモミジ

春はあたり一面の桜、秋は燃えるような紅葉に囲まれる美しい自然と、数百年もの年月を経た由緒ある寺を巡るのが西山の楽しみ方。

⬆善峯寺の境内にはしだれ桜、山桜、ソメイヨシノなど100本以上の桜が植えられている

知る人ぞ知る歴史の隠れ家 懐かしい山里の風景に癒やされる

京都盆地の西側を囲む西山連峰麓のエリア。長岡京、平安京の時代から貴族が花見や狩りを楽しんだ行楽地として知られ、今なお美しい山里の風景にその面影を残している。京都・西山三山をはじめとした歴史と風情にあふれる古刹がひっそりとたたずむ風光明媚なエリア。樹々や花々に囲まれた荘厳な寺には、重要文化財や樹齢数百年もの名木があるなど、見応えも十分だ。

ACCESS
京都駅からJR東海道本線で8分、向日町駅下車。阪急バス63系統で25分、南春日町バス停下車、または阪急66系統で34分、善峯寺バス停下車(1月6日〜2月末日までは運休)

桂昌院ゆかりの寺は四季の風景も見どころ
善峯寺 よしみねでら

MAP 本書P.175 A-2
☎075-331-0020
所西京区大原野小塩町1372
営8:00〜17:00(2021年4月から平日8:30〜) 休無休 料500円
交阪急バス・善峯寺下車、徒歩7分
P150台(有料)

平安中期の長元2年(1029)に創建され、江戸時代に徳川綱吉の母・桂昌院を大檀那として復興された古刹。四季折々の花や樹々の彩りと、数多くの堂塔伽藍、境内からの京都市街の眺望に注目。

⬆元和7年(1621)建立の多宝塔は国の重要文化財、本尊は愛染明王

西行法師の桜が始まり花の寺と呼ばれる古刹
勝持寺 しょうじじ

MAP 本書P.175 A-1
☎075-331-0601
所西京区大原野南春日町1194
営9:30〜16:30(受付は〜16:00)
休2月(予約すれば拝観可) 料400円
交阪急バス・南春日町下車、徒歩20分 P25台

西行法師が植えた西行桜をはじめ約100本もの桜と、自生する100本のモミジが美しい寺。白鳳8年(679)創建だが、応仁の兵火を逃れた仁王門以外は乱後の再建。

⬆古寺の趣と満開の桜、赤く燃える紅葉のコントラストもまた別格

京春日の別称を持つ 紫式部が崇めた氏神様
大原野神社 おおはらのじんじゃ

⬆本殿は4棟、神のお使いである神鹿の狛鹿は全国でもここだけ

MAP 本書P.175 A-1
☎075-331-0014
所西京区大原野南春日町1152
営休境内自由
交阪急バス・南春日町下車、徒歩10分 P60台(有料)

奈良の春日大社の分社で、紫式部(P.24)の『源氏物語』などにも記述が見られる。藤原一族においては、女性が生まれると中宮や皇后になれるよう、祈願が行われた。

伏見／西山

京都・宿泊のきほん

京都市には年間5500万人を超える観光客が訪れ、そのうち4人に1人が京都に宿泊しているという。年々増加する観光客数とともに、滞在スタイルも多様化している。目的に合った宿泊先を選びたい。

宿泊施設の種類
千年の都に溶け込む伝統とモダンの競演

● 老舗旅館
京都の宿を語るうえで外せない、一流のおもてなしが魅力の老舗宿。創業300年以上の俵屋旅館をはじめ、衣・食・住の歴史が凝縮した宿は、外国人観光客の注目度も高い。伝統的な数寄屋造りや書院造りの建物、純和風の客室や調度品など、歴史と文化を感じることができる。

● 料理旅館
情緒漂う空間で、贅を尽くした京料理が楽しめる。京野菜や豆腐、湯葉など京都ならではの食材を京懐石やおばんざいで提供する。料亭の味を肩肘張らずに味わえるのがうれしい。

● 町家旅館
築100年以上の、住み継がれた京町家を再生した宿泊施設。なかでも、片泊まりや一棟貸切宿が人気で、1泊1万円台で手軽につかの間の京都人気分が味わえる。

● 温泉旅館
市内観光に最適な嵐山温泉、くらま温泉、大原温泉が有名。市内から離れて足をのばせば、夕日ヶ浦温泉、丹後温泉、天橋立温泉など日本海沿岸の人気温泉地もある。

● 高級ホテル
外資系ホテルを中心に、ラグジュアリーをコンセプトとした高級ホテルが続々とオープンし、京都の新しい滞在スタイルを確立している。

● シティホテル&ビジネスホテル
京都市内のホテルは、機能的で利便性の高いホテルが多い。寝具にこだわるスタイリッシュな客室や、レストラン、エステ&スパなど気軽に楽しめる施設が充実している。

● 宿坊
法話、写経、朝のお勤めなど、寺社で修行体験ができる宿。女性専用や気軽に参加できる場所も増えている。精進料理が味わえるのも宿坊ならではの楽しみ方。

宿泊施設の多いエリア
アクセスやロケーションに最適な宿が点在

● 京都駅周辺
シティホテルやビジネスホテルが集中している。どこへ行くにもスムーズに移動でき、買い物や食事の心配も少ない。人気観光地、伏見稲荷大社や平等院へ、京都駅からJR奈良線一本でアクセスできるのも魅力のひとつ。便利な反面、常に人混みを感じるため、ハイシーズンの滞在には注意が必要。

● 四条河原町周辺
京都市の主要な大通り、四条通や烏丸通沿いにシティホテルが点在している。交通手段が多く、観光やビジネスの拠点として最適なため、サービス面も充実。碁盤目状の東西南北の通りには、古都の情緒を感じる旅館も点々と立ち並ぶ。

● 祇園・清水寺周辺
比較的小規模な、京料理や京懐石が味わえる料理旅館が多い。繁華街から少し離れた東山周辺では、高級ホテルの進出が目立つようになった。

● 嵐山・嵯峨野
嵐山の大自然に囲まれた大型旅館が渡月橋周辺に立ち並ぶ。喧騒から離れ、湯めぐりや四季折々の自然美が楽しめる。滞在型旅行に向き、高級リゾートに特化した宿が多い。

● その他のエリア
中心部から離れると、川床料理で知られる貴船の老舗旅館や、昔ながらの花街風情が残る、西陣の町家旅館が有名。

ホテル予約サイトの利用法

予約サイトは多数あるが、まずは掲載施設が多い大手の「じゃらんnet」「楽天トラベル」などで目星をつけ、その後ほかのサイトでより魅力的なプランがないか探すのが早道。直接予約限定のプランを提供していることがあるので、ホテルの公式HPもぜひ確認を。高価格帯に絞った「一休.com」や女性向けのプランが多い「オズモール」のような特化型サイトもある。少しでも安い料金を求めるなら、「フォートラベル」「トラベルコ」のような比較サイトで複数サイトを一括検索できる。

"ここにしかない贅沢"を求めて
「星のや京都」で過ごす特別な休日

世界遺産の街、嵐山の大自然に溶け込んだラグジュアリーホテルで極上の滞在を満喫する。

京都・宿泊のきほん／星のや京都

京の美を惜しげもなく演出する喧騒とは無縁の「水辺の私邸」

星のや京都
ほしのやきょうと

嵐山 MAP 付録P.4 B-3

渡月橋から専用船で15分、川を上った場所に非日常の空間がある。100年以上前に建てられた旅館を現代のスタイルにリノベーションし、快適さを実現。全室が渓流に面するリバービューで、京唐紙など京の伝統が息づくインテリアにこだわる。東洋医学に基づくスパプログラムや「五味自在」をコンセプトにした会席料理など、質の高い時間を提供してくれる。

HOTEL DATA

☎ 0570-073-066(星のや総合予約)
所 西京区嵐山元録山町11-2
交 嵐電・嵐山駅／阪急嵐山線・嵐山駅から徒歩10分 P なし in 15:00 out 12:00 室 25室
予 1室6万5945円～(食事別)

1. 全室リバービューの客室で、四季の移ろいを満喫 2. 日本料理の本質を追求しながらも、食材や調理法を自在に取り合わせた会席料理 3. 客室で指圧マッサージが受けられる。60分1万4520円～ 4. 渓流美を独り占めできる贅沢なロケーション 5. 京の美が息づく新旧の魅力が調和したインテリア

泊まる

ほんとうの"おもてなし"がここに
憧れの三大老舗旅館

日本の古き伝統と情緒に浸れる名旅館。
五感に響く昔からの変わらないおもてなし。
特別な日に、一度訪れてみたい。

すみずみまで配慮が行き届いた
茶の湯の精神を伝える空間

炭屋旅館
すみやりょかん

京都市役所周辺 MAP 付録P.20 C-2

大正5年(1916)創業。伝統を今に伝える数寄屋造りの建物は、三条界隈でひときわ目を引く。茶人が好んだ、ほの暗い明かりと静寂が心地よい。四季折々の京野菜を贅沢に使う京懐石は、部屋食で堪能できる。先代からの慣習として、毎月7・17日の夜には、夕食後に宿泊客を茶室でもてなしてくれる。

HOTEL DATA

☎075-221-2188
所 中京区麸屋町三条下ル
交 地下鉄・烏丸御池駅から徒歩8分
P 10台 ※利用は宿泊中のみ可
in 15:00 out 11:00 室 20室
予約 1泊2食付3万8500～7万7000円

1.茶室「玉兎庵」の庭に置かれた蹲踞(つくばい)。大阪城修復の際に切り出された残念石を使っている 2.麸屋町通の賑やかさも一歩奥に入ると、静寂に満ちた雰囲気を感じる 3.淡白な味付けで、素材の味を生かした懐石。伏見の銘酒にとても合う 4.先々代の干支である兎年にちなみ、玉兎庵と名付けられた

※宿泊料金は、「1泊2食付」「1泊朝食付」「素泊まり」については、特記のない場合、1室2名で宿泊したときの1名分の料金です。

ていねいなおもてなしでくつろぎを
京都を代表する老舗旅館

柊家
ひいらぎや

京都市役所周辺 MAP 付録P.20 C-1

京都の中心にありながら、隠れ家のように落ち着いた雰囲気の老舗旅館。細やかなおもてなしで、川端康成など多くの文人や要人に愛されてきた。木の温かみあふれる数寄屋造りの旧館と、和モダンにしつらえられた新館に分かれている。器にもこだわった京懐石の夕食では、京都の旬の味が楽しめる。

HOTEL DATA

☎ 075-221-1136
所 中京区麩屋町姉小路上ル中白山町277
交 地下鉄・烏丸御池駅から徒歩7分
P なし in 15:00 out 11:00 室 28室
予算 1泊2食付3万9600〜9万9000円(宿泊税別)

1. 創業時からの伝統を感じる数寄屋造りの旧館客室　2. 旅籠として文政元年(1818)に創業。古都の旅情に包まれるいでたち　3. 2006年に完成した新館の客室　4. 選りすぐりの器で提供する、目と舌で味わう京懐石料理

憧れの三大老舗旅館

京都で最も古い歴史を持つ
一流の「振る舞い」を提供する宿

俵屋旅館
たわらやりょかん

京都市役所周辺 MAP 付録P.20 C-1

創業300年を超える老舗旅館。数寄屋造りの伝統家屋は、1999年、国の有形文化財に登録された。一切の妥協を許さないホスピタリティは、世界中の著名人を虜にする。調度品ひとつひとつに愛情を注いだ客室、素材の持ち味を引き出す懐石料理など、和の粋を極めた贅を堪能したい。

HOTEL DATA

☎ 075-211-5566
所 中京区麩屋町通姉小路上ル中白山町278
交 地下鉄・烏丸御池駅から徒歩10分
P 4台 in 15:00 out 11:00 室 18室
予算 1泊2食付5万600〜8万8550円

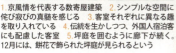  

1. 京風情を代表する数寄屋建築　2. シンプルな空間に侘び寂びの真髄を感じる　3. 客室それぞれに異なる趣を取り入れている　4. 伝統を生かしつつ、外国人宿泊客にも配慮した客室　5. 坪庭を囲むように廊下が続く。12月には、餅花で飾られた坪庭が見られるという

すべてに洗練さが光るプレミアムステイ
京の美とラグジュアリーホテル

泊まる

忙しい日常から離れて、極上のおもてなしと格式のある空間で、心も体も癒やされたい。
長い歴史に育まれてきた京都らしさを追求した、とっておきのホテルで贅沢な滞在を。

森の庭にたたずむ
隠れ家リゾートで究極のくつろぎ

アマン京都
アマンきょうと

鷹峯 **MAP** 付録P.10A-2

本阿弥光悦(P.104)ゆかりの地・鷹峯に2019年11月にオープンした自然豊かなリゾート。施設は約2万4000㎡の広大な敷地の中に位置し、大きな窓から自然光が降り注ぐ贅沢な造りになっている。坐禅体験や、生け花教室、芸妓とのお座敷遊びなど、京都ならではの多彩な文化体験も用意。

HOTEL DATA

☎075-496-1333
北区大北山鷲峯町1 市バス・鷹峯源光庵前下車、徒歩10分 P12台(有料)
in15:00 out12:00 全26室 予約1泊素泊まり6万9575～75万9000円(要問い合わせ)

1.高台から庭や比叡山の景色が楽しめ、木のぬくもりを感じる「鷲ヶ峯パビリオン」 2.ダイニング「ザ・リビング パビリオン by アマン」では、京都の厳選食材を使った料理を提供 3.伝統的な製法の椿オイルを使用したマッサージでリラックス 4.天然温泉「アマン・スパ」には内湯と露天風呂が 5.「芒(すすき)」の1階客室は木々と苔庭に面したテラスを有する 6.緑いっぱいの庭で行うヨガや瞑想で、心身ともにリフレッシュ

**鴨川のほとりにたたずむ
ラグジュアリー・アーバンリゾート**

ザ・リッツ・カールトン京都
ザ・リッツ・カールトンきょうと

京都市役所周辺 MAP 付録P.14 B-3

鴨川二条大橋ほとりに建ち、鴨川と東山三十六峰を一望。街なかにあるとは思えないほどあでやかな気品と静寂に包まれる。京情緒あふれる館内には、『源氏物語』をイメージしたアート作品展示のほか、20を超える豊富なアクティビティも用意され、最高のおもてなしと上質な時間を提供してくれる。

HOTEL DATA

☎ 075-746-5555
所 中京区鴨川二条大橋畔
交 地下鉄東西線・京都市役所前駅から徒歩3分
P 72台（有料） in 15:00 out 12:00 室 134室
予算 デラックスルーム1泊2食付6万7412〜11万4850円（2食付プランは時期により実施しない場合あり）

1. 大きな窓から鴨川を望む「グランドデラックスカモガワリバービュー」 2. 東山三十六峰を借景にした日本庭園を眺めながらくつろげる「ガーデンテラススイート」 3. 京都の町家を象徴する格子や組子を使い、古都の趣を放つロビーラウンジ 4. 和洋の文化が融合した空間も魅力のイタリア料理「ラ・ロカンダ」 5. 京都産の原料を用いたトリートメントで極上スパ体験

**由緒正しき庭園を眺めながら
唯一無二の京都滞在を満喫する**

フォーシーズンズホテル京都
フォーシーズンズホテルきょうと

清水寺周辺 MAP 付録P.17 E-4

約800年の歴史がある名庭を受け継ぐホテル。伝統とモダンが融合した洗練されたデザインのホテルには、庭園を見渡す「ブラッスリー」、ミシュラン1ツ星獲得の江戸前鮨店、プール、スパを備えたウェルネス施設を備え、リゾート感あふれる滞在を満喫できる。

HOTEL DATA

☎ 075-541-8288
所 東山区妙法院前側町445-3 交 市バス・博物館三十三間堂前下車、徒歩7分 P 77台（有料）
in 15:00 out 12:00 室 180室 予算 1室(2名利用時)7万5000〜27万5000円（別途税・15%のサービス料）

1. 和傘モチーフのエントランスがお出迎え 2. 平重盛の邸宅だったといわれる池庭「積翠園」。庭園にたたずむ茶室では、宿泊者限定で茶道体験も 3. 大きな窓から積翠園を望むメインダイニング「ブラッスリー」はテラス席も併設 4. 京都市内最大級のウェルネス施設でくつろぎの時間を 5. 庭園「積翠園」を見渡すプレミアガーデンビュールーム。西陣織のクッションなど、京の伝統工芸の粋が随所に見られる

京の美とラグジュアリーホテル

鴨川を一望できる2階の和室。鴨川の移りゆく景色を眺めながらくつろげる

趣ある路地の先に広がる
鴨川を望む癒やし空間

一棟貸し

庵 町家ステイ 和泉屋町
いおりまちやステイ いずみやちょう

四条河原町周辺 MAP 付録P.17 D-2

「うなぎの寝床」と呼ばれる伝統的な町家を、古い建物の良さを残しつつ快適に過ごせる空間にしつらえた宿。町家暮らしの体験が楽しめる宿として人気だ。部屋からは鴨川と東山の眺めを独り占めできる。京情緒たっぷりの宿で京都らしさを存分に味わいたい。

☎075-352-0211
所 下京区木屋町通仏光寺下ル
交 阪急京都線・京都河原町駅から徒歩10分
P なし in 16:00
out 11:00 室 1棟(貸切)
予算 1泊素泊まり5万1000〜9万円(2名利用時)

↑京都の町家ならではの虫籠窓がある部屋

↑多くの料亭が軒を連ねる木屋町通の近くにある

京文化の粋を感じるはんなりステイ

京町家に泊まる

幾多の歴史を重ねた伝統家屋。「ただいま」と言いたくなるような家庭的な居心地が、旅の疲れを癒やしてくれる。

泊まる

玄関を入ると、和の伝統美が目の前に。どこか懐かしく、温かみのある雰囲気

美しく上品な京町家を
心ゆくまで満喫できる宿

旅館花屋
りょかんはなや

町家旅館

四条烏丸周辺 MAP 付録P.16 B-2

築約100年の日本家屋を改装した趣深い宿。伝統的な京町家の暮らしを体感できるよう、建物は当時のままの繊細な空間を保っている。現在は1日2組にしているため、ゆったり過ごすことができる。共用の浴室とトイレはリニューアルされている。

↑元呉服屋の古き良き雰囲気に包まれた客室

☎075-351-0870
所 下京区仏光寺通西洞院西入ル木賊山町180-1
交 地下鉄烏丸線・四条駅から徒歩10分 P なし
in 16:00 out 10:00
室 5室 予算 1泊朝食付8000〜1万1000円

町家の風情を色濃く残す
1日1組限定の貸切宿

五辻庵
いつつじあん

一棟貸し

京都御所周辺 MAP 付録P.13 D-2

織物で有名な西陣、花街で栄えた上七軒など、伝統的な街並みに溶け込むように建つ貸切宿。元呉服屋の由緒ある町家で、暮らすように滞在できる。「通り庭」と呼ばれる玄関や、「火袋」と呼ばれる吹き抜けなど貴重な伝統家屋が残る。

☎050-2018-1700
所 上京区五辻通智恵光院西入ル五辻町77
交 市バス・千本今出川下車、徒歩10分 P 1台 in 16:00 out 11:00
室 1棟(貸切) 予算 1泊素泊まり1万4000円〜(2名利用の際の1名分の料金)

↑台所もあり自炊もできる土間

↑総高野槇造りの浴室。高野槇特有の香りでリラックスできる

昭和初期の暮らしぶりを感じる奥の間。手入れの行き届いた坪庭も眺められる

行き方の選択肢はたくさんあるので、便利さと好みで決める
京都へのアクセス

新幹線など鉄道が京都駅に、飛行機が伊丹空港や関西国際空港に発着している。近・中距離のアクセスなら鉄道の利用が便利だが、出発する場所によっては飛行機のほうが都合が良い場合もある。

新幹線・鉄道

京都駅にあらゆる新幹線と特急が発着

一部地域を除き、新幹線や特急列車で京都駅などへアクセスするのが一般的。京都駅は降りたらすぐ市内観光できる便利な立地。また、駅ビルのショップも充実していて、帰る直前でも上質なおみやげが買える。

東北方面から

関東方面から

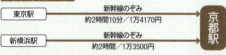

中部方面から

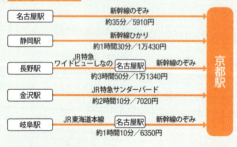

関西方面から

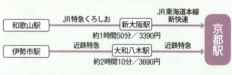

四国・中国方面から

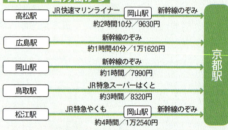

九州方面から

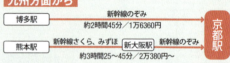

問い合わせ先

JR西日本お客様センター ☎0570-00-2486
JR東日本お問い合わせセンター ☎050-2016-1600
JR東海テレフォンセンター ☎050-3772-3910
JR四国電話案内センター ☎0570-00-4592
JR九州案内センター ☎0570-04-1717
近鉄電車テレフォンセンター ☎050-3536-3957
阪急電鉄交通ご案内センター ☎0570-089-500

お得な割引プランを利用して

●ぷらっとこだま

新幹線こだま普通車指定席にお得な運賃で乗れる。条件は、あらかじめ希望のこだま号を予約し、その列車を利用すること。乗車時間の選択肢は豊富なうえ、1ドリンク引換券付き。※乗車変更や途中乗降不可。予約後の変更は取消扱いになる。
料金：1万500円（特定日は1万1900円）※東京・品川〜京都間の片道　申込期間：前日17時まで（電話の場合、店舗受取は2日前、郵送受取は6日前まで）　購入方法：インターネット、JR東海ツアーズ各店、電話
JR東海ツアーズ jrtours.co.jp
JR東海ツアーズぷらっとこだま・コールセンター ☎03-6865-5255

※通常期、普通車指定席を利用した片道料金です

飛行機でのアクセス

遠隔地からのアクセスに便利

北海道、沖縄をはじめとした遠隔地や、鉄道の便が悪い場所から出発する場合は飛行機で。玄関口になるのは、伊丹空港か、関西国際空港（関空）。関空には、LCC（格安航空会社）も就航している。時期によって差はあるが、かなりお得な料金で利用できることもある。各空港から京都駅までは、直通のリムジンバスが出ている（関空からは特急列車もあり）。リムジンバスは、着いてから乗車券を購入し、先着順での案内となる。ただし、京都駅発関空行きは座席指定制なので、帰りに利用する人は予約を（京阪バス予約センターで受付）。

出発地	到着地	便名	便数	所要時間	料金
新千歳空港	伊丹	ANA／JAL	10便／日	約2時間	4万5200円～
	関空	ANA／JAL／APJ	11便／日	約2時間20分	4万5200円～（APJ＝4990円～）
青森空港	伊丹	ANA／JAL	6便／日	約1時間55分	3万9700円～
羽田空港	伊丹	ANA／JAL	30便／日	約1時間10分	2万4400円～
	関空	ANA／JAL／SFJ	13便／日	約1時間20分	2万4400円～（SFJ＝2万3700円～）
新潟空港	伊丹	ANA／JAL／IBX	10便／日	約1時間10分	3万1200円～（IBX＝3万200円～）
	関空	APJ	1便／日	約1時間30分	4390円～
出雲縁結び空港	伊丹	JAL	4便／日	約50分	2万1900円～
高知龍馬空港	伊丹	ANA	6便／日	約45分	1万8400円～
松山空港	伊丹	ANA／JAL	11便／日	約55分	1万8500円～
長崎空港	伊丹	ANA／JAL	7便／日	約1時間10分	2万8100円～
	関空	APJ	1便／日	約1時間10分	3890円～
鹿児島空港	伊丹	ANA／JAL／IBX	13便／日	約1時間10分	2万9300円～（IBX＝2万8300円～）
	関空	APJ	3便／日	約1時間10分	4490円～
那覇空港	伊丹	ANA／JAL	5便／日	約1時間55分	3万7500円～
	関空	ANA／JTA／APJ	10便／日	約1時間55分	3万7500円～（APJ＝4990円～）

※情報は2020年12月のものです。おでかけ前にWebサイトなどでご確認ください。　※料金は通常期の片道の普通運賃を表示しています。

各空港からのアクセス

関西国際空港
- 関西空港交通空港リムジンバス 約1時間25～40分／2600円 → 京都駅
- JR特急はるか 約1時間20分／3430円 → 京都駅

伊丹空港
- 大阪空港交通空港リムジンバス 約55分／1340円 → 京都駅

問い合わせ先

- ANA（全日空）☎0570-029-222
- JAL（日本航空）☎0570-025-071／JTA（日本トランスオーシャン航空）
- JJP（ジェットスター・ジャパン）☎0570-550-538
- IBX（IBEXエアラインズ）☎0120-686-009
- SFJ（スターフライヤー）☎0570-07-3200
- APJ（ピーチ）☎0570-001-292
- 関西空港交通☎072-461-1374　大阪空港交通☎06-6844-1124
- 京阪バス予約センター☎075-682-4400

高速バスでのアクセス

交通費を節約したい人向け

運賃が割安。各都市のターミナル駅発着のバスなど利用しやすい路線が多い。夜行バスなら寝ている間に移動し、早朝に到着して観光を始められるので、時間を有効に使える。

- 仙台駅前 → フォレスト号 約10時間30分／9800円 → 京都駅八条口
- 東京駅八重洲南口 → グランドリーム号 約8時間／6000円～ → 京都駅烏丸口
- バスタ新宿／新宿駅西口 → 東京ミッドナイトエクスプレス京都号 約7時間／5980円 → 京都駅八条口
- 長野駅前 → アルペン長野号 約7時間40分／4800円～ → 京都駅八条口
- 名古屋駅新幹線口 → 名神ハイウェイバス 約2時間30分／2600円 → 京都駅烏丸口
- 徳島駅前 → 阿波エクスプレス京都号 約3時間10分／4300円 → 京都駅烏丸口

問い合わせ先

- 宮城交通☎022-261-5333
- 京阪バス☎075-661-8200
- 西日本JRバス☎0570-00-2424
- アルピコ交通☎026-229-6200
- 名鉄バス☎052-582-2901
- 本四海峡バス☎088-664-6030
- JR四国バス（徳島）☎088-602-1090
- 関東バス☎03-3386-5489
- JRバス関東☎0570-048905
- 近鉄バス☎0570-001631
- JR東海バス☎0570-048939
- 阪急バス☎0570-089006
- 徳島バス☎088-622-1826

※情報は2020年12月現在のものです。
※運賃は片道の金額を表示しています。
※矢印の色は、青が夜行便、赤が昼行便を示しています。

京都へのアクセス

目当てのスポットへの行き方や、エリア間の移動方法を押さえておきたい

京都の市内交通

電車とバスをうまく組み合わせて効率よく移動し、じっくり名所を訪ねたい。
お得なきっぷも各種あるので、必要に応じて購入を。一部を除いて全国のICカードも利用可能。

電車

地下鉄、JR、私鉄が街なかを走る

市内の移動に使いやすいのが地下鉄。京都駅からも乗車できるのは、市内を南北に通る烏丸線。東西には東西線が通っていて、烏丸御池駅で2線が交わる。京都駅を通るもうひとつの便利な路線はJR。嵐山、東福寺、伏見稲荷の最寄り駅へつながっている。そのほか、私鉄も複数運行。阪急電鉄、京阪電鉄は、祇園や四条河原町界隈から市内各所にアクセス可能(京阪は出町柳駅で、鞍馬・貴船に行く叡山電鉄に接続)。嵐電は嵐山への足に。四条大宮駅や北野白梅町駅から乗車できる。

バス

均一運賃の市バスは利用機会が多い

● 市バス

京都市内を網羅していて、観光に便利。市内中心部は基本的に均一運賃230円。100、101、102系統は「洛バス」と呼ばれ、主な観光名所を結ぶ。100系統は銀閣寺など洛東エリア、101系統は二条城など洛中エリア、102系統は金閣寺など洛北エリアを走る。200番台は市内中心部を循環する。

● そのほかのバス

京都駅や四条河原町から大原、嵐山へ行ける京都バス、京都駅から比叡山へ、四条河原町から醍醐へ行ける京阪バスなどがある。

電車・路線バス 問い合わせ先

京都市交通局 ☎0570-666-846
阪急電鉄交通ご案内センター ☎0570-089-500
JR西日本お客様センター ☎0570-00-2486
京阪電車お客さまセンター ☎06-6945-4560
嵐電(京福電鉄 鉄道部運輸課)☎075-801-2511
叡山電車(叡山電鉄 鉄道部運輸課)☎075-781-5121
京都バス 運輸部 ☎075-871-7521
京阪バス山科営業所 ☎075-581-7189

●京都で使える乗換案内「歩くまち京都」
京都の観光名所、駅、バス停などの間の経路や運賃を、簡単に調べられる検索システム。アプリもある。
バス・鉄道の達人 歩くまち京都 www.arukumachikyoto.jp

京都観光に便利なフリー乗車券

①バス一日券(市バス・京都バス)
価格:600円(2021年10月から700円) 有効期限:1日
乗り放題範囲:市バス・京都バス均一運賃区間内
発売場所:市バス・地下鉄案内所、地下鉄駅窓口など

②地下鉄一日券
価格:600円(2021年10月から800円) 有効期限:1日
乗り放題範囲:市営地下鉄全線
発売場所:市バス・地下鉄案内所、地下鉄各駅窓口など

③地下鉄・バス一日(二日)券
価格:900円(一日券、2021年10月から1100円)、1700円(二日券、2021年10月からは廃止) 有効期限:1日(二日券は2日) 乗り放題範囲:市営地下鉄・市バス全線、京都バス(一部路線を除く)、京阪バス(一部路線を除く)
発売場所:市バス・地下鉄案内所、地下鉄各駅窓口など

④癒しの嵐電1日フリーきっぷ
価格:1400円(大人のみ)
有効期限:1日(宝厳院特別拝観期間に発売)
乗り放題範囲:嵐電全線 発売場所:四条大宮、帷子ノ辻、嵐山、北野白梅町の主要4駅で販売
※京都市営地下鉄1日乗り放題がセットになった、「京都 地下鉄・嵐電1dayチケット」1000円(大人のみ)もある(上記の嵐電4駅のほか、市営地下鉄の各駅窓口などで販売)

タクシー

数人で利用するなら、便利でお得な場合も

初乗り1.2km460円など。グループでの利用なら、バス、電車よりも割安になる場合もある。料金目安は、京都駅から祇園まで約1200円、清水寺まで約1500円、嵐山まで約4000円。
京都MKタクシー ☎075-778-4141 都タクシー ☎075-661-6611

定期観光バス

ガイドの案内付きで観光名所をまわる

観光名所の入場料、食事がセットになったバスツアー(食事が付かないコースもあり)。金閣寺、銀閣寺、清水寺をまわる「京都三大名所〜金閣寺・銀閣寺・清水寺〜」コースで5800円、所要約5時間など。
京都定期観光バス予約センター ☎075-672-2100 (7:40〜20:00)

アクセスと市内交通

●アクセス早見表

現在地＼目的地	京都駅	清水寺	祇園	四条河原町	金閣寺	嵐山
京都駅		市バス100・206（15分／230円）	市バス100・206（20分／230円）	市バス4・5・17・205（15分／230円）	市バス101・111・205（35分／230円）	JR嵯峨野線（16分／240円）
清水寺	市バス100・206（15分／230円）		市バス80・100・202・206・207（5分／230円）	市バス80・207（11分／230円）	市バス202・206→熊野神社前バス停→市バス204（45分／460円）	市バス207→四条大宮バス停→嵐電・四条大宮駅→嵐電（55分／450円）
祇園	市バス100・206（20分／230円）	市バス100・202・206・207（5分／230円）		市バス12・46・80・201・203・207（5分／230円）	市バス12（40分／230円）	市バス46・201・203・207→四条大宮バス停→嵐電・四条大宮駅→嵐電（50分／450円）
四条河原町	市バス4・5・17・205（15分／230円）	市バス207（11分／230円）	市バス12・46・201・203・207（5分／230円）		市バス12・59・205（40分／230円）	阪急京都線→阪急・西院駅→嵐電・西院駅→嵐電（35分／380円）
金閣寺	市バス101・111・205（35分／230円）	市バス204→熊野神社前バス停→市バス202・206（45分／460円）	市バス12・59 ※59は四条京阪前バス停下車（40〜50分／230円）	市バス12・59・205（40分／230円）		市バス204・205→西ノ京円町バス停→JR円町駅、→嵐電嵐電（20分／420円）
嵐山	JR嵯峨野線（16分／240円）	嵐電・四条大宮駅→四条大宮バス停→市バス207（55分／450円）	嵐電・四条大宮駅→四条大宮バス停→市バス46・201・203・207（50分／450円）	嵐電・嵐電・西院駅→阪急・西院駅→阪急京都線（35分／380円）	JR嵯峨野線→JR円町駅→西ノ京円町バス停→市バス204・205（20分／420円）	

※各エリアの最寄り駅およびバス停は次のとおりです。
清水寺…市バス・五条坂／市バス・清水道（清水寺まで徒歩10分）
金閣寺…市バス・金閣寺道（金閣寺まで徒歩5分）
祇園…市バス・祇園／京阪・祇園四条駅
嵐山…市バス・嵐山天龍寺前／嵐電・嵐山駅／JR嵯峨嵐山駅
京都駅…市バス・京都駅前／JR京都駅／地下鉄・京都駅
四条河原町…市バス・四条河原町／阪急・京都河原町駅
※早見表のアクセス方法は一例です。最短・最安のルートでない場合もあります。

京都駅構内ガイド

ショップやレストランが入った商業施設が充実。
市内観光や、京都駅ビルに関する案内をしてくれるところも。

買い物スポット

A KINETSU MALL みやこみち
☎075-691-8384　店舗により異なる

B ジェイアール京都伊勢丹 レストラン街（JR西口改札前イートパラダイス）
☎075-352-1111（ジェイアール京都伊勢丹・大代表）
11:00〜22:00（店舗により異なる）

C ジェイアール京都伊勢丹
☎075-352-1111（大代表）　10:00〜20:00（店舗により異なる）

D 京都駅ビル専門店街 The CUBE
☎075-371-2134　店舗により異なる

E 京都駅前地下街ポルタ
☎075-365-7528（インフォメーション）
ショッピング・サービス・フード・スイーツ10:00〜20:30（金・土曜は〜21:00）、レストラン・カフェ11:00〜22:00（モーニング7:30〜）

F アスティ京都
（アスティロード／アスティスクエア／新幹線改札内）
☎075-662-0741（ジェイアール東海関西開発）
5:30〜23:30（店舗により異なる）

案内所

1 京都総合観光案内所（京なび）
☎075-343-0548
8:30〜19:00

2 駅ビルインフォメーション
☎075-361-4401
10:00〜19:00

※営業情報は変更となる場合があります

WC トイレ　エレベーター　エスカレーター　コインロッカー　階段　みどりの窓口　案内所

京都の市内交通

187

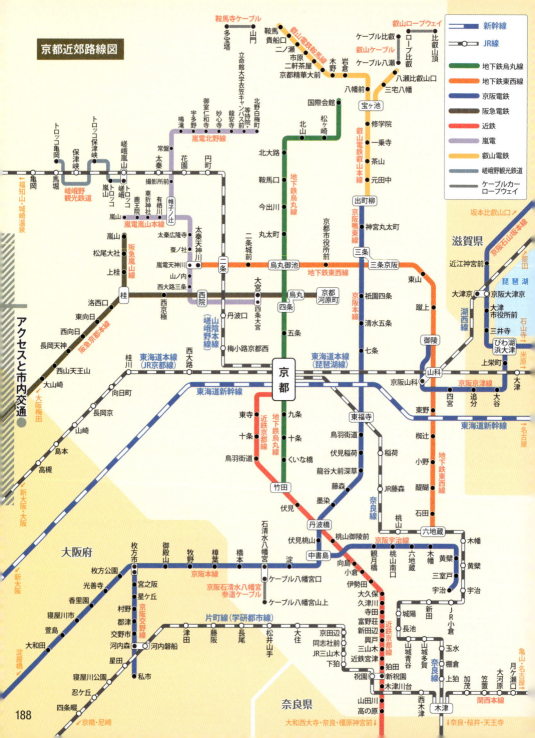

御所・離宮の参観手続き

● 京都御所

公開時間
4～8月は9～17時、3・9月は9時～16時30分、10～2月は9～16時。それぞれ入場は40分前まで。

公開休止日
月曜(祝日の場合は翌日)、年末年始(12月28日～1月4日)。※そのほか行事などのため休止となる日あり。ホームページで要確認。

入場方法
申込手続きは不要で入場自由。入場時に手荷物検査あり。

注意事項
○皇室の御使用、国公賓の接遇など、運営上の都合により公開中止となる場合あり。ホームページにて要確認。
○ペットの同伴、スーツケースなどの大型の荷物、危険物の持ち込みは不可。
○施設の保全管理上、ロープ内の通行を遵守し、職員の指示に従うこと。
○喫煙、飲食、スケッチ、拡声器の使用、プラカードや横断幕の掲示、三脚・脚立・ドローンを使った撮影、他の来場者に迷惑がかかる行為は禁止。

● 京都仙洞御所・桂離宮・修学院離宮

参観資格
京都仙洞御所と修学院離宮は18歳以上、桂離宮は中学生以上。
※1通の申込書で4名まで

参観コース・時間
【京都仙洞御所】所要約1時間。9時30分、11時、13時30分、14時30分、15時30分。
【桂離宮】所要約1時間。9時、10時、11時、12時、13時、14時、15時、16時。
【修学院離宮】所要約1時間20分。9時、10時、11時、13時30分、15時。

参観休止日
月曜(祝日の場合は翌日)、年末年始(12月28日～1月4日)。※そのほか行事などのため休止となる日あり。ホームページで要確認。

申込方法 ※代理申請不可
【郵送の場合】官製往復はがきに必要事項を記入して郵送する。
【インターネットの場合】sankan.kunaicho.go.jpにアクセスし必要事項を記入。
【窓口の場合】宮内庁京都事務所の窓口で備え付けの用紙に記入して提出。受付時間は8時40分～17時。月曜(祝日の場合は翌日)、年末年始(12月28日～1月4日)は受付休止。申込時は運転免許証など本人確認できるものが必要。またその場で許可書が発行できないことがあるので、返信用の郵便はがきを持参する。

申込書の記入方法
参観希望の場所ごとに1通の申込が必要。参観希望日は第3希望まで記入できる。

申込書の受付期間
【郵送の場合】参観希望月の3カ月前の月の1日の消印から希望日の1カ月前までの消印のあるものを先着順に受け付ける。
【インターネットの場合】参観希望日の3カ月前の月の1日午前5時から希望日の3日前23時59分まで。定員を超えた場合は抽選。
【窓口の場合】参観希望月の3カ月前の月の1日から希望日の前日までの受付。ただし満員になり次第、受付は締め切られる。

当日申込方法
【定員】当日申込定員は、施設、コースごとに異なる。ホームページで要確認。
【申込場所】各施設とも現地にて行う。
【受付方法】京都仙洞御所と修学院離宮は当日11時頃から、桂離宮は当日8時40分頃から先着順に、参観時間を指定した整理券を配布し、満員となり次第受付は終了。整理券の受け取りおよび参観の際、運転免許証など本人確認できるものを持参する。

宮内庁参観音声ガイドアプリ
京都御所などについて案内してくれる、音声ガイドアプリが配布されている。スマートフォンまたはタブレット端末で利用。ダウンロードは右のQRコードから。

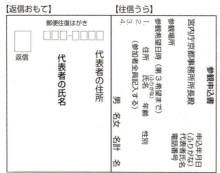

INDEX

遊ぶ・歩く・観る・美と出会う

あ 葵祭 ・・・ 27
嵐山花灯路 ・・・ 72
安楽寺 ・・・ 47
石塀小路 ・・・ 62
市比賣神社 ・・・ 101
今宮神社 ・・・ 101
宇治上神社 ・・・ 167
宇治市 源氏物語ミュージアム ・・・ 25
永観堂（禅林寺）・・・ 47・52
厭離庵 ・・・ 30
大河内山荘庭園 ・・・ 43
大豊神社 ・・・ 47
大西清右衛門美術館 ・・・ 111
大原野神社 ・・・ 175
小野篁・紫式部の墓 ・・・ 25

か 勧修寺 ・・・ 51・173
桂離宮 ・・・ 35
何必館・京都現代美術館 ・・・ 113
上賀茂神社 ・・・ 99
鴨川納涼床 ・・・ 51・130
河井寛次郎記念館 ・・・ 114
祇王寺 ・・・ 74
黄桜記念館 Kappa Gallery ・・・ 174
北野天満宮 ・・・ 44・54・111
北村美術館 ・・・ 111
きぬかけの路 ・・・ 44
木の根道 ・・・ 170
貴船神社 ・・・ 28・54・171
旧嵯峨御所 大本山大覚寺 ・・・ 74
京都迎賓館 ・・・ 115
京都国際マンガミュージアム ・・・ 116
京都国立近代美術館 ・・・ 113
京都国立博物館 ・・・ 105
京都御所 ・・・ 26・85・90
京都市京セラ美術館 ・・・ 22・112
京都水族館 ・・・ 116
京都仙洞御所 ・・・ 85
京都鉄道博物館 ・・・ 116
京都府立堂本印象美術館 ・・・ 113
京都文化博物館 ・・・ 114
清水坂 ・・・ 63
清水寺 ・・・ 23・57
金閣寺 ・・・ 44・54・76・92
銀閣寺 ・・・ 46・80・92
鞍馬寺 ・・・ 98・170
蹴上インクライン ・・・ 50
源光庵 ・・・ 79
建仁寺 ・・・ 39・92
光悦寺 ・・・ 79・104
光縁寺 ・・・ 95
高山寺 ・・・ 172
高台寺 ・・・ 53・65・93
広隆寺 ・・・ 108

さ 西行井戸 ・・・ 31
西芳寺 ・・・ 34
嵯峨嵐山文華館 ・・・ 30・114
三十三間堂（蓮華王院）・・・ 108
三千院 ・・・ 168
産寧坂（三年坂）・・・ 63
地主神社 ・・・ 61・100
史跡 寺田屋 ・・・ 95・174
詩仙堂 ・・・ 39
実光院 ・・・ 168
下鴨神社 ・・・ 99
寂光院 ・・・ 169
拾翠亭 ・・・ 85
十石舟 ・・・ 174
相国寺 ・・・ 30・92
相国寺承天閣美術館 ・・・ 107
勝持寺 ・・・ 31・175
常寂光寺 ・・・ 74
渉成園 ・・・ 87
青蓮院門跡 ・・・ 41
白川南通 ・・・ 66
白峯神宮 ・・・ 27
神護寺 ・・・ 172
神泉苑（真言宗寺院）・・・ 90
真如堂（真正極楽寺）・・・ 52
新橋通 ・・・ 67
新風館 ・・・ 23
新門前通 ・・・ 67
随心院 ・・・ 113
鈴虫寺（華厳寺）・・・ 100
住友コレクション 泉屋博古館 ・・・ 114
角屋もてなしの文化美術館 ・・・ 94
誓願寺 ・・・ 29
誠心院 ・・・ 29・91
晴明神社 ・・・ 90
清凉寺（嵯峨釈迦堂）・・・ 75・109
赤山禅院 ・・・ 102
泉涌寺 ・・・ 27・91・108
雙林寺 花月庵 ・・・ 31

た 醍醐寺 ・・・ 173
大徳寺 ・・・ 79・111
知恩院 ・・・ 41
竹林の道 ・・・ 43
智積院 ・・・ 107
茶道資料館 ・・・ 111
哲学の道 ・・・ 46・48
天龍寺 ・・・ 33・43・73・92
東寺（教王護国寺）・・・ 88・109
等持院 ・・・ 79
東福寺 ・・・ 38・51・53・92
渡月橋 ・・・ 42・72
豊国神社 ・・・ 93
トロッコおじさんのレンタサイクル ・・・ 75
トロッコ列車 ・・・ 75

な 南禅寺 ・・・ 82・92
錦市場 ・・・ 70
錦天満宮 ・・・ 102
西花見小路 ・・・ 67
西本願寺 ・・・ 86

二尊院 ・・・ 74
二寧坂（二年坂）・・・ 63
仁和寺 ・・・ 45
ねねの道 ・・・ 62
野宮神社 ・・・ 25・43・91
野村美術館 ・・・ 110

は 幕末維新ミュージアム 霊山歴史館 ・・・ 95
花見小路通 ・・・ 67
蛤御門 ・・・ 95
原谷苑 ・・・ 49
飛雲閣 ・・・ 93
東天王 岡﨑神社 ・・・ 102
東本願寺 ・・・ 87
平等院 ・・・ 108・109・166
平野神社 ・・・ 44・49
びわ湖疏水船 ・・・ 82
福田美術館 ・・・ 112
伏見稲荷大社 ・・・ 98
平安神宮 ・・・ 83
方広寺 ・・・ 93
宝厳院 ・・・ 42
宝泉院 ・・・ 169
法然院 ・・・ 46
法輪寺 ・・・ 102
細見美術館 ・・・ 105
保津川下り ・・・ 75
先斗町通 ・・・ 66

ま 松尾大社 ・・・ 34
円山公園 ・・・ 40・50
曼殊院門跡 ・・・ 39
万寿寺 ・・・ 92
萬福寺 ・・・ 167
御金神社 ・・・ 102
壬生寺 ・・・ 95
三室戸寺 ・・・ 167
妙心寺 ・・・ 79
無鄰菴 ・・・ 35
元離宮 二条城 ・・・ 84

や 八木邸 ・・・ 95
八坂庚申堂（金剛寺）・・・ 62
八坂神社 ・・・ 40
八坂の塔（法観寺）・・・ 62
安井金比羅宮 ・・・ 101
矢田寺（矢田地蔵尊）・・・ 101
由岐神社 ・・・ 171
夢京都 祇園本店 ・・・ 40
養源院 ・・・ 105
善峯寺 ・・・ 175

ら 樂美術館 ・・・ 110
らんぶらレンタサイクル ・・・ 75
立誠ガーデン ヒューリック京都 ・・・ 23
龍谷大学 龍谷ミュージアム ・・・ 114
龍安寺 ・・・ 37・45・78
廬山寺 ・・・ 24
六角堂頂法寺 ・・・ 102

わ 輪違屋 ・・・ 94

食べる

あ AWOMB 烏丸本店 ········ 133
あおい ········ 126
青いけ ········ 135
阿じろ 本店 ········ 129
アラビカ京都 嵐山 ········ 140
粟餅所・澤屋 ········ 44
伊藤久右衛門 本店茶房 ········ 139
イノダコーヒ本店 ········ 125
うめぞの CAFE & GALLERY ········ 143
梅むら ········ 131
大谷園茶舗 ········ 139
小川珈琲 本店 ········ 140
お茶と酒 たすき ········ 144
御料理 はやし ········ 118
御料理 めなみ ········ 126
か 懐石 瓢樹 ········ 120
かさぎ屋 ········ 64
花梓侘 ········ 125
割烹 露瑚 ········ 131
家傳京飴 祇園小石 ········ 138
cafe BLUE FIR TREE ········ 142
甘味処 月ヶ瀬 祇園いちむら ········ 69
祇園淺田屋 ········ 123
祇園さゝ木 ········ 122
祇園下河原 page one ········ 144
ぎおん徳屋 ········ 68
祇園 245 ········ 135
祇園にしかわ ········ 118
木乃婦 ········ 119
京都鴨川倶楽部 ········ 130
Kyoto 生 chocolat Organic Tea House ········ 141
京のおばんざい わらじ亭 ········ 127
京料理 たん熊北店 リーガロイヤルホテル京都店 ········ 124
京料理 なかむら ········ 119
ごだん 宮ざわ ········ 122
さ 茶菓円山 ········ 69
茶寮翠泉 高台本店 ········ 139
茶寮都路里 祇園本店 ········ 138
茶寮 宝泉 ········ 137
茶ろんたわらや ········ 138
サロン ド ロワイヤル 京都 ········ 141
Chocolat BEL AMER 京都別邸 三条店 ········ 141
スマート珈琲店 ········ 140
西源院 ········ 129
然花抄院 ········ 136
ZEN CAFE ········ 68
草喰 なかひがし ········ 123
た 大極殿 六角店 栖園 ········ 133
たん熊北店 本店 ········ 121
朝食 喜心 kyoto ········ 124
豆水楼 木屋町本店 ········ 128
とようけ茶屋 ········ 128
虎屋菓寮 京都一条店 ········ 136

な 南禅寺 順正 ········ 128
二條若狭屋 寺町店 ········ 144
は 梅香堂 ········ 142
はり清 ········ 120
文の助茶屋 本店 ········ 64
pongee's Table ········ 143
先斗町 ますだ ········ 127
先斗町 魯ビン ········ 131
ま ○間-MA- ········ 132
まつは ········ 133
丸久小山園 西洞院店 茶房「元庵」 ········ 137
萬亀楼 ········ 121
みます屋 おくどはん ········ 127
モリタ屋 木屋町店 ········ 130
や 八千代 ········ 121
ら ラ・パール・デュー ········ 134
リストランテ キメラ ········ 134
わ 和ごころ 泉 ········ 120

買う

あ 葵家やきもち総本舗 ········ 99
あづま屋 ········ 71
井澤屋 ········ 152
一澤信三郎帆布 ········ 147
一保堂茶舗 ········ 157
井政 ········ 162
上羽絵惣 ········ 154
UCHU wagashi 寺町本店 ········ 161
裏具 ········ 146
URAGNO ········ 149
芸艸堂 ········ 146
永楽屋 細辻伊兵衛商店 祇園店 ········ 153
大原ふれあい朝市 ········ 169
小多福 ········ 69
おたべ ········ 164
おはりばこ ········ 152
朧八瑞雲堂 ········ 160
か 菓子屋のな ········ 23
かづら清老舗 祇園本店 ········ 154
亀末廣 ········ 159
亀廣永 ········ 158
カランコロン京都 本店 ········ 153
甘春堂 本店 ········ 159
祇園鳴海屋 ········ 160
KIJIRUSHI ········ 148
京うちわ 阿以波 ········ 149
京きなな ········ 69
京 東寺 うね乃 ········ 157
京都しるく 東山高台寺店 ········ 155
京都ちどりや 銀閣寺店 ········ 154
京・西陣 孝太郎の酢 ········ 157
京繊菓子 cacoto ········ 161
京湯葉 千丸屋 本店 ········ 156
Crochet 京都本店 ········ 161
恵文社 一乗寺店 ········ 151
KOTOSHINA ········ 155
COHAKU KAIRASHI ········ 147

こんなもんじゃ ········ 70
さ 産寧坂まるん ········ 64
さんじ堂 ········ 153
三友居 ········ 162
ジェイアール京都伊勢丹 ········ 163
塩芳軒 ········ 164
しののめ ········ 156
聚洸 ········ 159
嘯月 ········ 158
Sfera ········ 150
SOU・SOU 足袋 ········ 147
総本家 宝玉堂 ········ 98
た 竹笹堂 ········ 149
タマス京都 ········ 146
民の物 ········ 150
鍛金工房 WESTSIDE 33 ········ 148
長久堂 北山店 ········ 159
鶴屋吉信 IRODORI ········ 165
D & DEPARTMENT KYOTO ········ 151
出町ふたば ········ 160
東寺餅 ········ 89
十六五 ········ 68
な 内藤商店 ········ 149
中村藤吉本店 京都駅店 ········ 165
nikiniki á la gare ········ 165
は 花よりキヨエ ········ 71
半兵衛麩 ········ 156
菱岩 ········ 162
麩房老舗 ········ 71
フルーツパンダ。by bekkaku ········ 143
HOTOKI ········ 148
本田味噌本店 ········ 157
ま マールブランシュ ········ 164
松屋常盤 ········ 158
三木鶏卵 ········ 71
美玉屋 ········ 160
村上重本店 ········ 156
紫野源水 ········ 158
聞香処 ········ 152
や よーじや 祇園店 ········ 155

泊まる

あ アマン京都 ········ 180
庵 町家ステイ 和泉屋町 ········ 182
五辻庵 ········ 182
さ ザ・リッツ・カールトン京都 ········ 181
炭屋旅館 ········ 178
た 俵屋旅館 ········ 179
は 柊家 ········ 179
フォーシーズンズホテル京都 ········ 181
星のや京都 ········ 177
HOTEL THE MITSUI KYOTO ········ 22
ま MUNI KYOTO ········ 22
ら 旅館花屋 ········ 182

STAFF

編集制作 Editors
(株)K&Bパブリッシャーズ

取材・執筆 Writers
嶋嵜圭子　内藤恭子　古都真由美　鈴木茉耶
後藤久美子　瓜生朋美　佐々木歩　堂下まみ子
アリカ(岩朝奈々恵　白木麻紀子　永野香　新家康規
藤本りお)　遠藤優子　伊勢本ゆかり

撮影 Photographers
谷口哲　平野谷雅和　大島拓也　コーダマサヒロ
内藤貞保　中島光行　藤岡みきこ　鈴木誠一
福森クニヒロ　小野さゆり　木村有希　瀬田川勝弘
津久井珠美　マツダナオキ　佐藤佑樹　渡邉力斗

本文・表紙デザイン Cover & Editorial Design
(株)K&Bパブリッシャーズ

表紙写真 Cover Photo
アフロ

地図制作 Maps
トラベラ・ドットネット(株)
DIG.Factory

写真協力 Photographs
今宮神社　宇治市 源氏物語ミュージアム　大阪城天守閣
何必館・京都現代美術館　北野天満宮　北村美術館
貴船神社　京都迎賓館　京都国際マンガミュージアム
京都国立近代美術館　京都国立博物館
京都市京セラ美術館　京都水族館　京都鉄道博物館
京都府立堂本印象美術館　京都文化博物館
宮内庁京都事務所　建仁寺　嵯峨嵐山文華館
相国寺承天閣美術館　真如堂(真正極楽寺)　随心院
住友コレクション 泉屋博古館　角屋もてなしの文化美術館
清凉寺(嵯峨釈迦堂)　泉涌寺　退蔵院　天龍寺
等持院　東福寺　錦天満宮　西本願寺　野村美術館
幕末維新ミュージアム 霊山歴史館　平等院　福田美術館
伏見稲荷大社　細見美術館　三井記念美術館　妙心寺
元離宮二条城事務所
養源院　樂美術館　立命館大学アート・リサーチセンター
龍谷大学 龍谷ミュージアム　六角堂頂法寺
関係各市町村観光課・観光協会　関係諸施設　PIXTA

取材協力 Special Thanks to
鷲巣謙介

総合プロデューサー Total Producer
河村季里

TAC出版担当 Producer
君塚太

TAC出版海外版権担当 Copyright Export
野崎博和

エグゼクティヴ・プロデューサー
Executive Producer
猪野樹

おとな旅 プレミアム 京都 第3版

2021年2月12日　初版　第1刷発行

著　　者　TAC出版編集部
発 行 者　多田敏男
発 行 所　TAC株式会社　出版事業部
　　　　　　（TAC出版）
　　　　　〒101-8383 東京都千代田区神田三崎町3-2-18
　　　　　電話　03(5276)9492(営業)
　　　　　FAX　03(5276)9674
　　　　　https://shuppan.tac-school.co.jp
印　　刷　株式会社　光邦
製　　本　東京美術紙工協業組合

©TAC 2021　Printed in Japan　ISBN978-4-8132-9457-3
N.D.C.291　　　　　落丁・乱丁本はお取り替えいたします。

本書は、「著作権法」によって、著作権等の権利が保護されている著作物です。本書の全部または一部につき、無断で転載、複写されると、著作権等の権利侵害となります。上記のような使い方をされる場合には、あらかじめ小社宛許諾を求めてください。

本書に掲載した地図の作成に当たっては、国土地理院発行の数値地図(国土基本情報)電子国土基本図(地図情報)，数値地図 (国土基本情報)電子国土基本図(地名情報)及び数値地図(国土基本情報20万)を調整しました。